—我们所有的努力，都在和遗忘对抗—

时代纪录
www.TimeDoc.tv

TIMEDOC

时代纪录 4

洪海 著

从零到一的破局者

商务印书馆
The Commercial Press

图书在版编目（CIP）数据

时代纪录.4,从零到一的破局者/洪海著.北京：商务印书馆,2025.— ISBN 978－7－100－24831－0

Ⅰ.K811

中国国家版本馆CIP数据核字第2024NT2416号

权利保留，侵权必究。

本书中部分历史资料图片由本人提供，其余人物图片均由洪海拍摄。

时 代 纪 录 4
从零到一的破局者
洪 海 著

商 务 印 书 馆 出 版
（北京王府井大街36号 邮政编码 100710）
商 务 印 书 馆 发 行
徐州绪权印刷有限公司印刷
ISBN 978－7－100－24831－0

2025年1月第1版　　开本 670×970　1/16
2025年1月第1次印刷　印张 19¾　插页 1
定价：88.00元

我们所有的努力，都在和遗忘对抗
——《时代纪录4》·引言

所谓时代精神，大抵就是这个时代中代表人物的精神。

我们希望可以找到这些人物，呈现他们的精神，给这个时代留下一点记录。

这些人物，每个人身上都有向上、向善的力量。每个人，都在努力地向这个世界发出一点微光。这些微光汇聚在一起，可以在那些漆黑的夜里，为人们照亮一段前行的路。

虽然黑格尔说"人类从历史中学到的唯一教训，就是没有从历史中吸取任何教训"，但历史并不只有教训，它还蕴含着许多值得学习和传承的经验。

遗忘是天性，我们没有奢望改变。
但是，
如果记忆能蓄积文明的力量，
那么，
遗忘就值得对抗。

《时代纪录》是一本杂志书MOOK（Magazine&Book），也是一部纸上纪录片。我们用图片、文字、视频结合的形式讲述故事。

历史是由关键少数推动的，未来也是由关键少数定义的。

我们在科学、商业、艺术、人文领域，寻找这些关键少数，对这些人物进行了多年的跟踪记录，其中部分人物的跟踪已经跨越了二十年。时间是最好的作者，会给出那些未知的答案与结局。

我们重视每个人物内在的生命线，在冗长的个人生命史中挑选出闪耀着光芒的"珍珠"，这些珍珠经历岁月的酝酿，凝结成了某次事件、某个瞬间或某种感悟，将它们沿着生命线串联起来，便化为一条条独一无二的珍珠项链，映射出每个人独特的生命轨迹与意义。

《时代纪录》小心翼翼地收集这些项链，试图提供一个展陈的空间，让前来观看的人可以和更好的自己对望，让光与光相见。

时过经年，再回首，
终会发现，
这项链价值连城。

洪　海
2024年12月27日
于深圳·十七英里

CONTENTS　目录

- 012　谢伟山　战略创新的中国式突围
- 038　杨　澜　享受没有答案的人生
- 072　黄亚东　终结阿尔茨海默症
- 096　刘　诚　杀死实体肿瘤
- 120　张　晖　重要的是用户体验
- 148　张　旭　做中国最大的冷链物流
- 178　毛大庆　无界空间
- 206　刘欣诺　中国第一个非银行外汇企业
- 242　冷冰川　一刀刀刻画失去
- 276　傅高义　中国先生
- 285　时代纪录　三十六问

- 307　后　记

TIMEDOC

TIMEDOC

杨澜
2014.5.10.

TIMEDOC

TIMEDOC

TIMEDOC

TIMEDOC

TIMEDOC

TIMEDOC

TIMEDOC

TIMEDOC

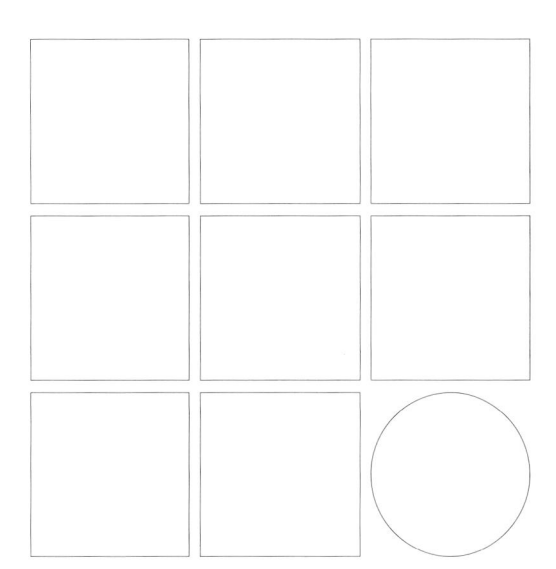

谢伟山
NOAH XIE

君智战略咨询创始人兼董事长、国际管理咨询协会理事会（ICMCI）学术专家

战略创新的
中国式突围

Strategic Consulting
with Chinese Wisdom

少成若天性

塞内加在《论天意》里有一句话——烈火试真金,逆境试强者。

中文的"危机",事实上包含了两个字。一个是"危"险,一个是"机"会。在这个持续下行的市场里,别人看到了危险,他却看到了机会。

他是谢伟山,中国领先的企业战略咨询公司——君智咨询的创始人。

今年56岁的谢伟山,习惯穿一身唐装,腰背挺直,身形健硕,印堂饱满,双目炯炯有神,身型板正。初见面时,总会让人联想起武侠小说里那些衣袂当风、目光如炬的侠士。除了自律的饮食和规律的作息以外,谢伟山日常的习惯是每天站一个小时的"矛盾桩"。和普通的站桩不同,矛盾桩是大成拳的重要桩法,以培养锻炼"内劲"见长,而且还具有独到的技击作用。该桩的站法是:左脚在前、右脚在后,成丁八步,后胯内裹,两臂抬起,左肘与肩基本同高,右手在后略低于左手。矛盾桩包含了对立与统一两个方面,后手为矛,前手为盾。矛有进攻之意,盾为防守之状。站桩60分钟下来,常常是大汗淋漓。未曾经过训练的人,如此站立十分钟都会困难。

2024年,他有两个出人意料的大手笔:一是重金投入在深圳前海启用了2600平方米的新办公空间。二是与客户深度绑定,共同投资了直营旗舰店,实现从战略策划到产业落地的闭环。

20世纪60年代末,谢伟山在湖南岳阳出生。范仲淹曾在此地写下"先天下之忧而忧,后天下之乐而乐"。年少的谢伟山不

→ 2024年6月,谢伟山在上海公司站桩。

→ 2024年9月,谢伟山在君智深圳公司站桩。

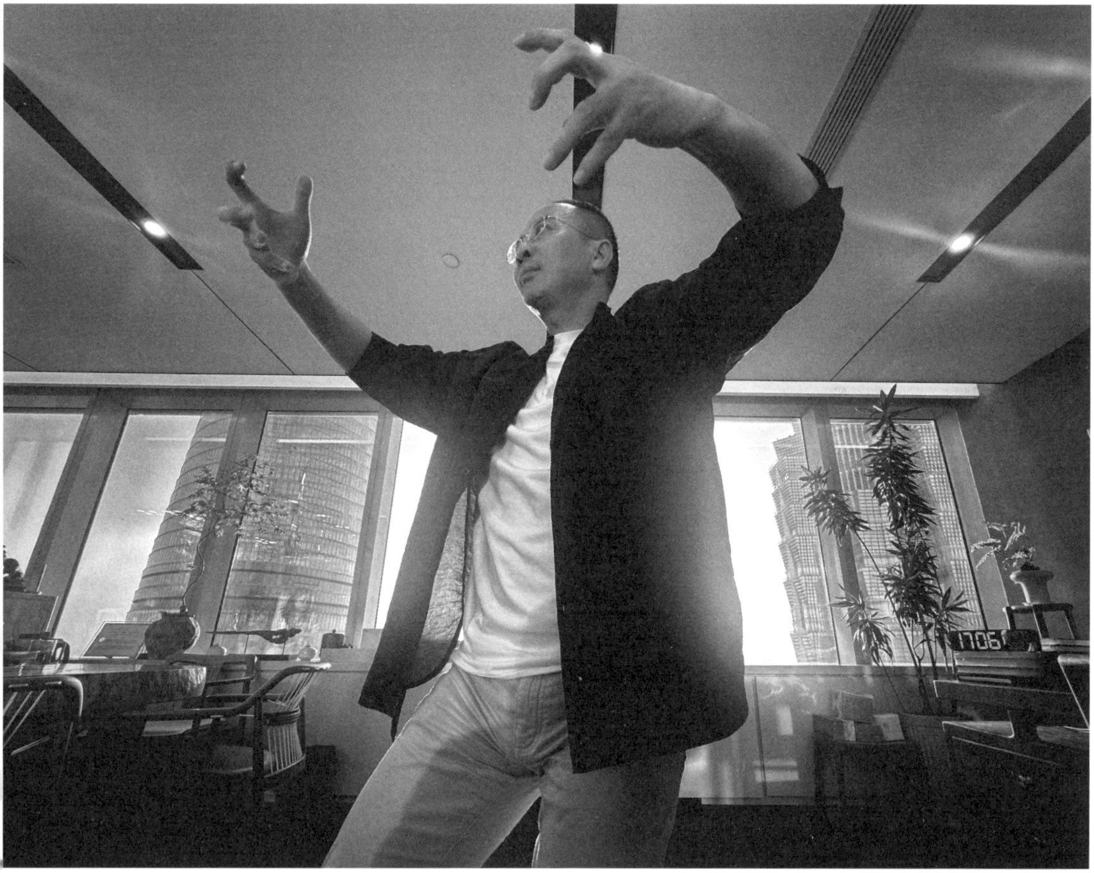
1706

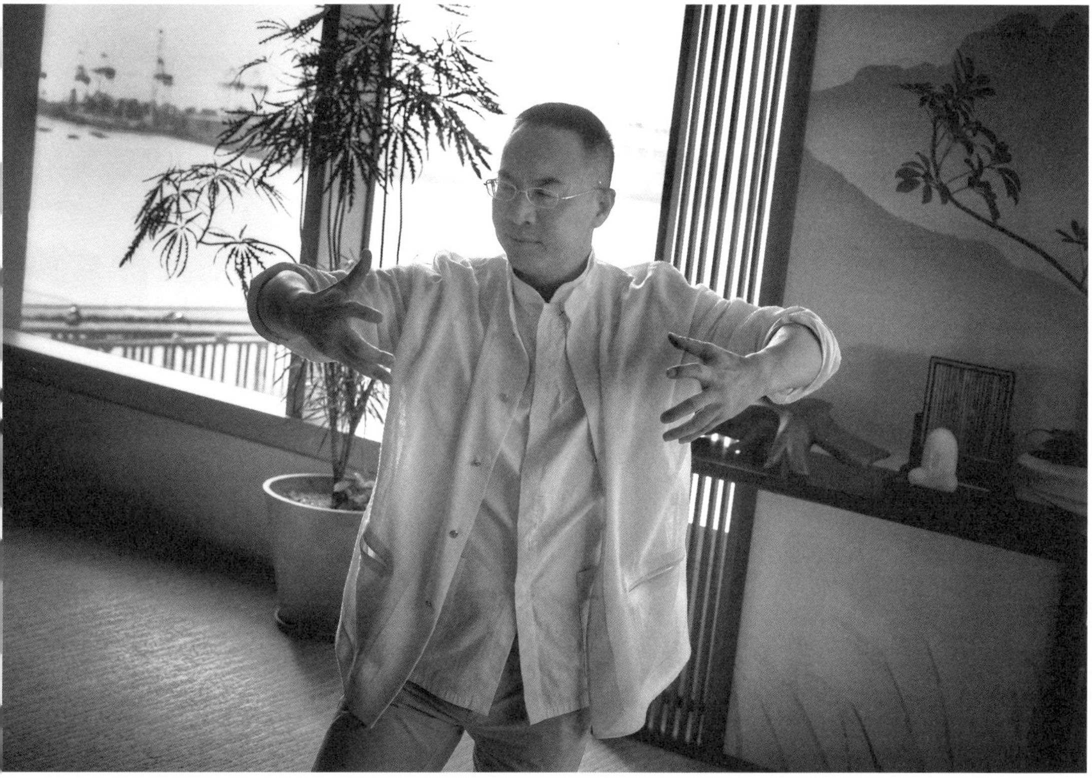

敢说受到多少家国情怀的影响，但是，体恤他人、款曲周至的品质倒是从小就有。

家中有两位分别大他13岁、14岁的哥哥，所以谢伟山打小就学着哥哥们的做法，善于照顾和体恤别人，小小年纪就愿意换位思考。

上小学的第一天，他就被老师任命为班长。原因很简单，老师叮嘱同学们不要去触碰讲台的一个边角，因为那里水泥未干。于是，下课的时候，谢伟山就主动一个人站在讲台的水泥角那儿，张开双臂呵护起来，以防其他同学触碰。老师看见这一幕，就任命他为班长。也就是从那开始，他的领导力开始被逐步发掘，后来竟然一发而不可收。即便全家搬迁到了一个全新的环境，他也可以不出两个月就成为家属大院的孩子王。

谢伟山善于顾及他人的品质，也有点家族渊源。他的爷爷曾是远近闻名的中医。爷爷悬壶济世、治病救人的故事从小就

在谢伟山心里扎了根。

走过的路，每一步都算数。这些孩提时代养成的品质，为他以后的人生道路提供了不少帮助。

谢伟山大学毕业之后回到岳阳创业，从旅行社到餐馆，再到网站公司，一路顺风顺水。后来，家中出现了一些变故，谢伟山意识到，如果想要有一番作为，必须让自己融入更大的环境。于是，2000年他告别岳阳来到长沙。那会儿的长沙，媒体广告格外盛行。谢伟山到了一家经营户外广告的公司。凭着出色的履历，他刚入公司就拿到了副总的职位。他也没有让公司失望，很快就做到了业务第一，每年都能有几十万元的提成。

在长沙举目无亲，刚开始时对业务也并不熟悉，他是如何做到优秀业绩的呢？方法其实也很简单，"勇敢、勤奋，外加一点粗暴"。那段时间，他挨家挨户走遍了长沙大大小小几乎所有的写字楼。有些公司至今仍然记得那个推销户外广告的执着青年。但并不是每家公司都有耐心听他讲述，不少时候他是被写字楼的保安押出大楼的。"我当时最大的敌人是前台"，谢伟山如今谈起这段经历，坦然自嘲。但是作为一个曾经在岳阳八面来风、风流倜傥的年轻人，是如何能承受这样的反差的呢？

让谢伟山不能放弃的力量来自他给母亲的一个承诺。当时，谢家可谓囊空如洗，谢伟山为了拯救家业，来长沙闯荡前狠心向母亲借了所剩无几的积蓄。"我挣得回来的。"这是他拿走钱时对母亲说的话。

← 2024年9月，谢伟山在君智深圳公司。

笃行不倦

"天道酬勤",千年古训诚不我欺。谢伟山的努力,除了让他个人有丰厚的收入以外,也让他结交了一帮朋友,积累了市场经验,同时,遇到了他生命当中的一位贵人。这位贵人给谢伟山分享了一本对其影响颇深的著作——《定位》。这是谢伟山第一次知道这本书,本来这只是一次因为洽谈业务而产生的不超过5分钟的交流,结果他们谈了两个小时,谢伟山也听进去了这位贵人最重要的建议——"把这本书读100遍"。

"书读百遍,其义自见",这句古训耳熟能详。但大部分人认为所谓"百遍"无非是一个形容而已,意思不过是要读很多遍,没有谁会认为什么书真的需要读100遍,如果有人真的这么

做了，恐怕会被旁人以"呆子"形容，一笑置之。可是，谢伟山就是这样的"呆子"。当我质疑百遍必要性的时候，他这么回答："10遍、20遍，你最多只能娓娓道来，肯定不够。100遍对我而言是一个铁律，因为只有读了100遍之后才能真正形成功夫和能力。"

书读百遍，有的时候是一件危险的事。

当一本书读了100遍之后，大脑可能被书当中所输出的思想观念重新格式化了。如果这是一本圣贤之书，那么会有获益，但是如果这本书内容未必准确，甚至这本书的方向错了呢？那就会是灾难性的误导。

当把这个问题抛给谢伟山的时候，他的答案是"有的时候，确实是需要靠一点运气的"。

谢伟山的运气很好。

21世纪刚刚开始的时候，中国的市场营销可以用"百废待兴"来形容。鱼龙混杂、枭雄四起、新产品新机遇甚至新市场都层出不穷，一时间好不热闹。那时候，迈克尔·波特（Michael E. Porter）的《竞争战略》、里斯（Al Ries）和特劳特（Jack Trout）的《定位》，大家还都很陌生，甚至像"顾客心智"这样的词汇都还未出现。就在这样的环境下，几位敏锐的学者和市场人士发现了机会，将定位理念引入中国，并且使用定位的方法，占领消费者心智，形成异军突起之势。

《定位》这本书近300页，20万字左右。逐字逐句读100遍需要多少时间？这是一道简单的算术题。每天花5小时读30页，那就意味着需要5000小时，至少3年的时间才会读完。有一段时间，谢伟山曾经企图旁征博引，对比其他名家书籍去论证书中的观点。"事后看来这些都是错的"，因为当时的自己还无从判

← 2024年1月，谢伟山在君智上海公司接受采访。

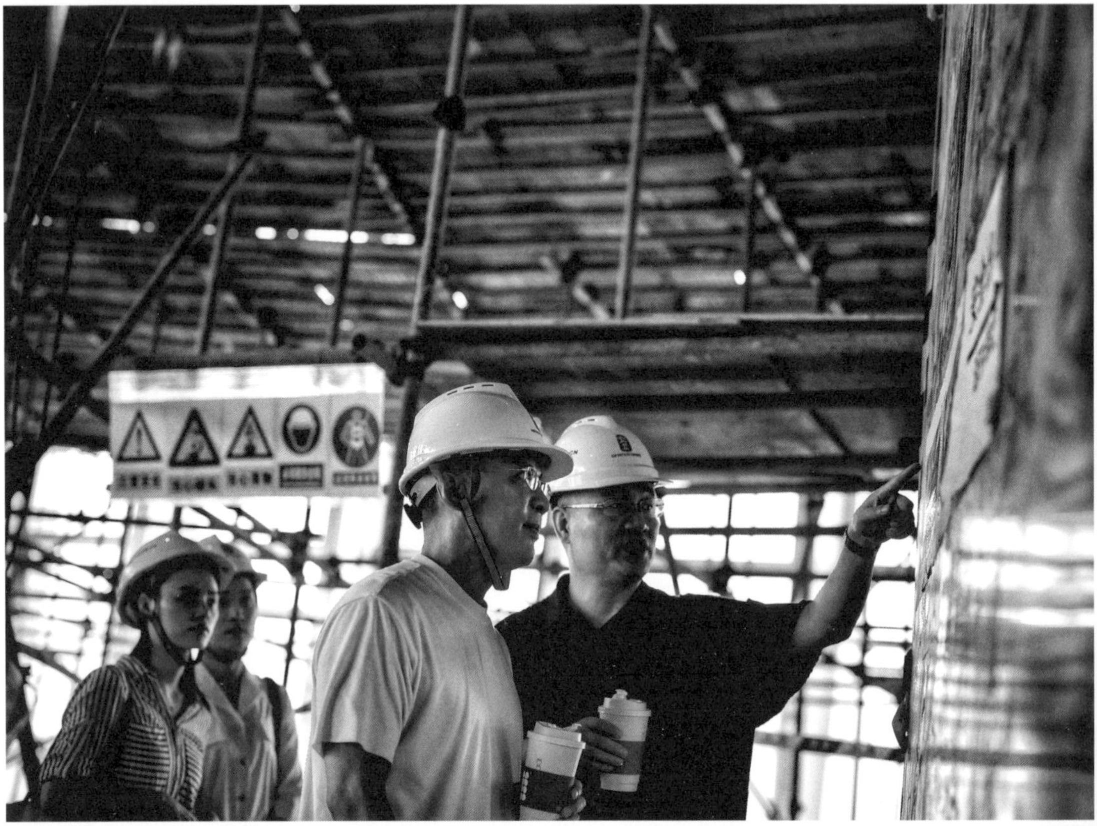

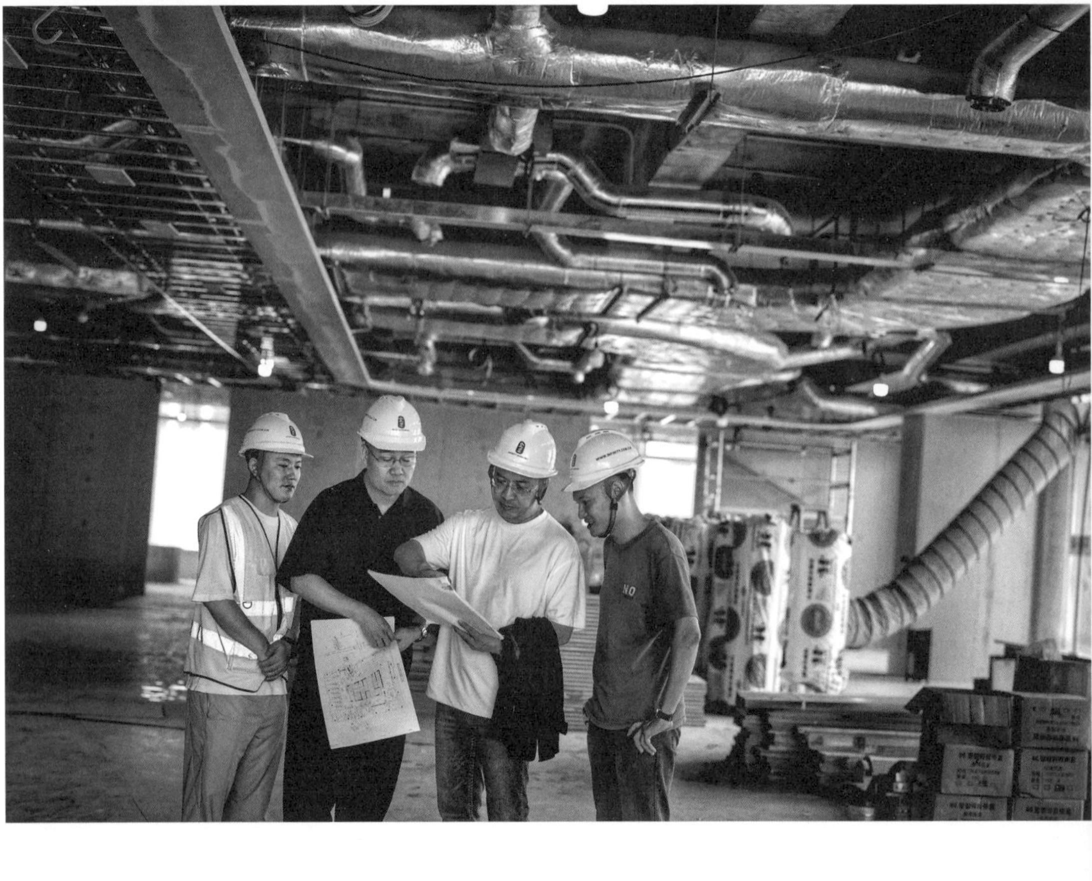

断。他索性就定下心，赌了一把，花了整整三年时间，咬牙坚持读了百遍。

他赌赢了。

这是他个人的一场蝶变，也是一个人如何通过持之以恒的深入学习，掌握商业密码的异闻。

卧久者行必远，伏久者飞必高。

2003年，经过朋友的介绍，谢伟山从长沙转战到北京。三年后，他做起了特劳特战略定位咨询公司（《定位》一书作者的美国公司）在北京办事处的负责人。

那段时间，他的所学有了用武之地。客户面对的难题，他都可以成竹于胸、逐个击破。那一刻，"定位"这个企业战略部署中最为核心的环节，对他而言似乎是一个低垂的果实，信手拈来。

后来，他把定位理念和案例打磨成3天的课程，为企业家授课。不少名企参加过这个课程。

在那个离我们并不久远的年代里，市场营销还是一个新鲜词汇。国际著名4A广告公司奥美凭着一本《奥美的观点》，把市场营销的概念带入中国广告界。而《定位》这本书的引入，更是一时间让不少人大梦初醒，从企业战略的视角，针对消费者市场打开了一个新的天地。谢伟山在这个特定的阶段里，做出了他的贡献。2008年，特劳特公司从北京调任谢伟山到上海总部。

但是，随着与企业家的交流越来越多，谢伟山自己的困惑却也越来越多。

他可以清晰地看到客户企业引入战略定位之后，对运营产生一些积极的影响，但出于多种原因，他并没有多少机会看到

↖ 2024年6月，谢伟山（右二）
↙ 在装修中的君智深圳公司。

成果。"如果看不到企业拿到的实际结果，那我的价值就等于零。"这是一个他无法绕过去的问题。

当时的公司离浦东世纪公园很近，他常常带着这个问题去散步，不知不觉在那里走过四季。他坚持认为应该"使用客户反馈的实际成果作为衡量企业战略是否成功的唯一标准"。

2015年，谢伟山最终决定自己创业。按照自己的理想成立了君智咨询，开始了创新实践。

君智这家公司的管理似乎有点"随意"。任何一个项目团队只要觉得有需要和客户沟通，就可以安排出差。项目出现问题，团队自主牵头进行复盘。所有的工作最终评判标准只有一个——是否为客户带来了效果？

"随意"的管理，给君智带来的成果是，截至2023年，协助七家企业营收规模突破百亿元。

2024年，更是实现了客户年度续约率100%。

以令率人，不若身先

谢伟山领导的君智咨询"七年助力七家企业营收破百亿"，一次两次的成功可能是偶然，甚至第三次也可以说是巧合，但是如果连续成功七次，那么这个成功背后必然有它值得尊重的逻辑。

现代企业的起源最早可以追溯到19世纪初。随着工业革命的推进，企业的组织形式和管理方式逐渐发生变化，现代企业制度开始确立。1884年英国出版的《公司法》是一个重要的里

→ 2024年9月，谢伟山在君智深圳公司。

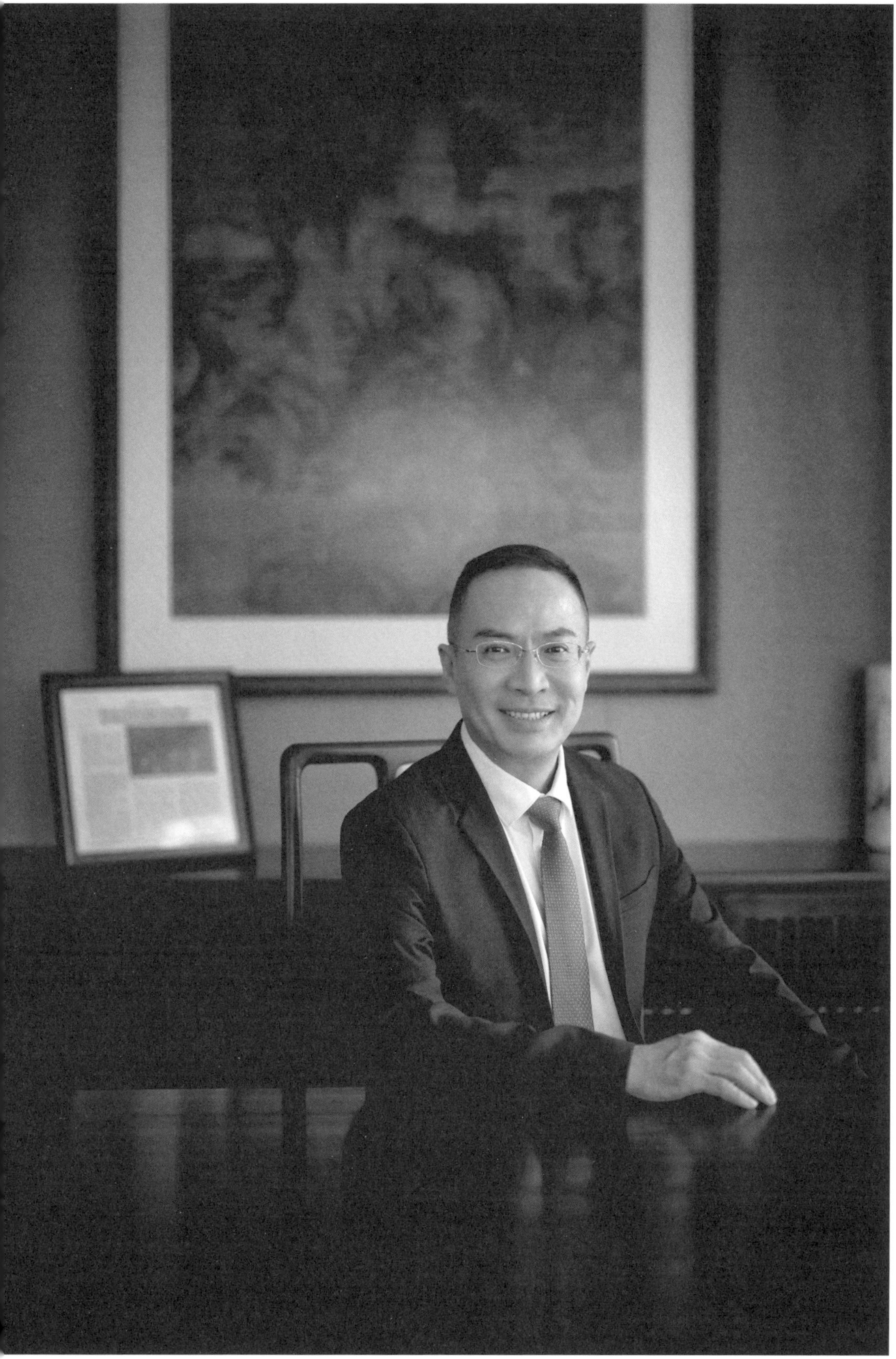

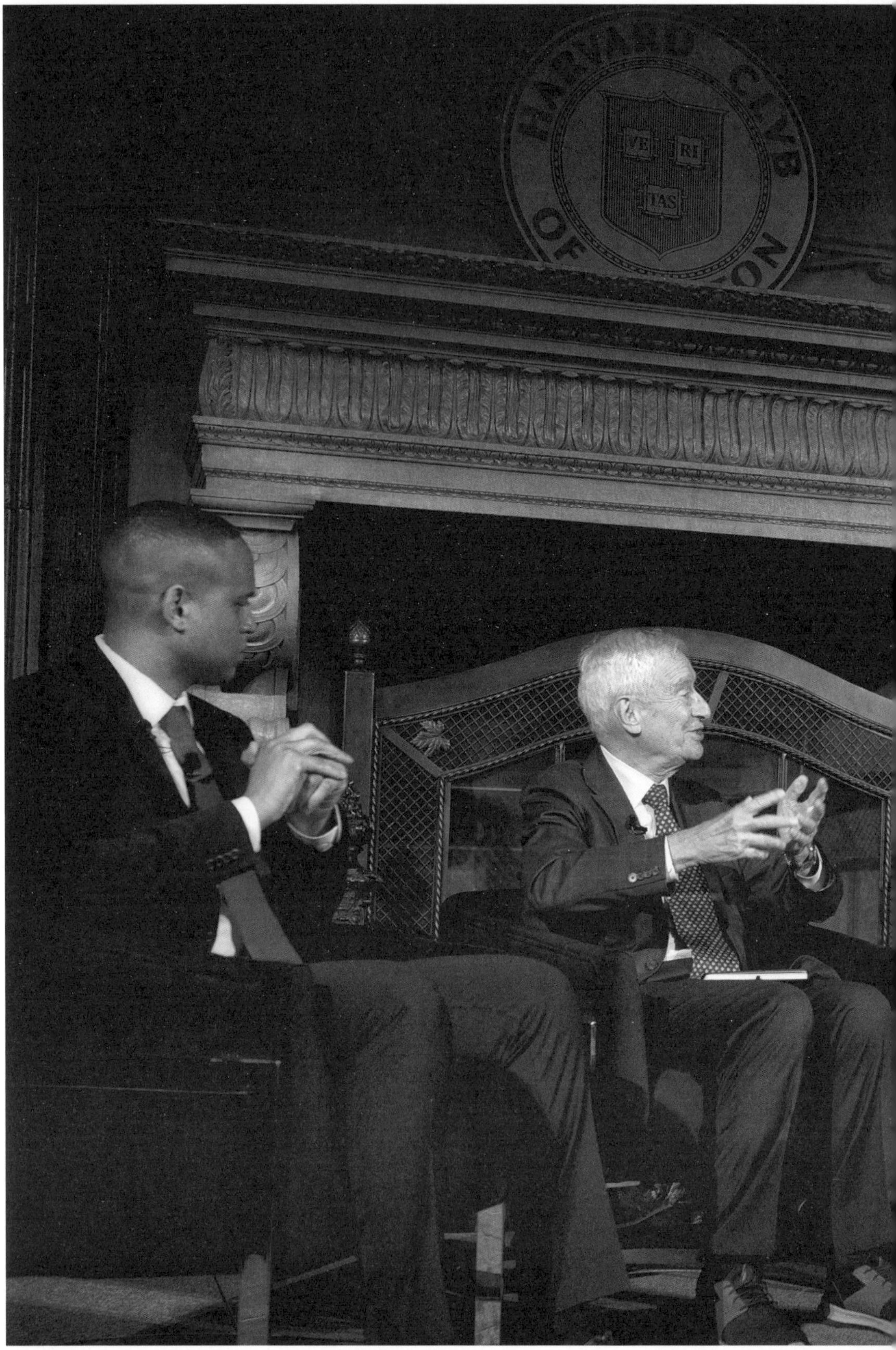
VE
RI
TAS

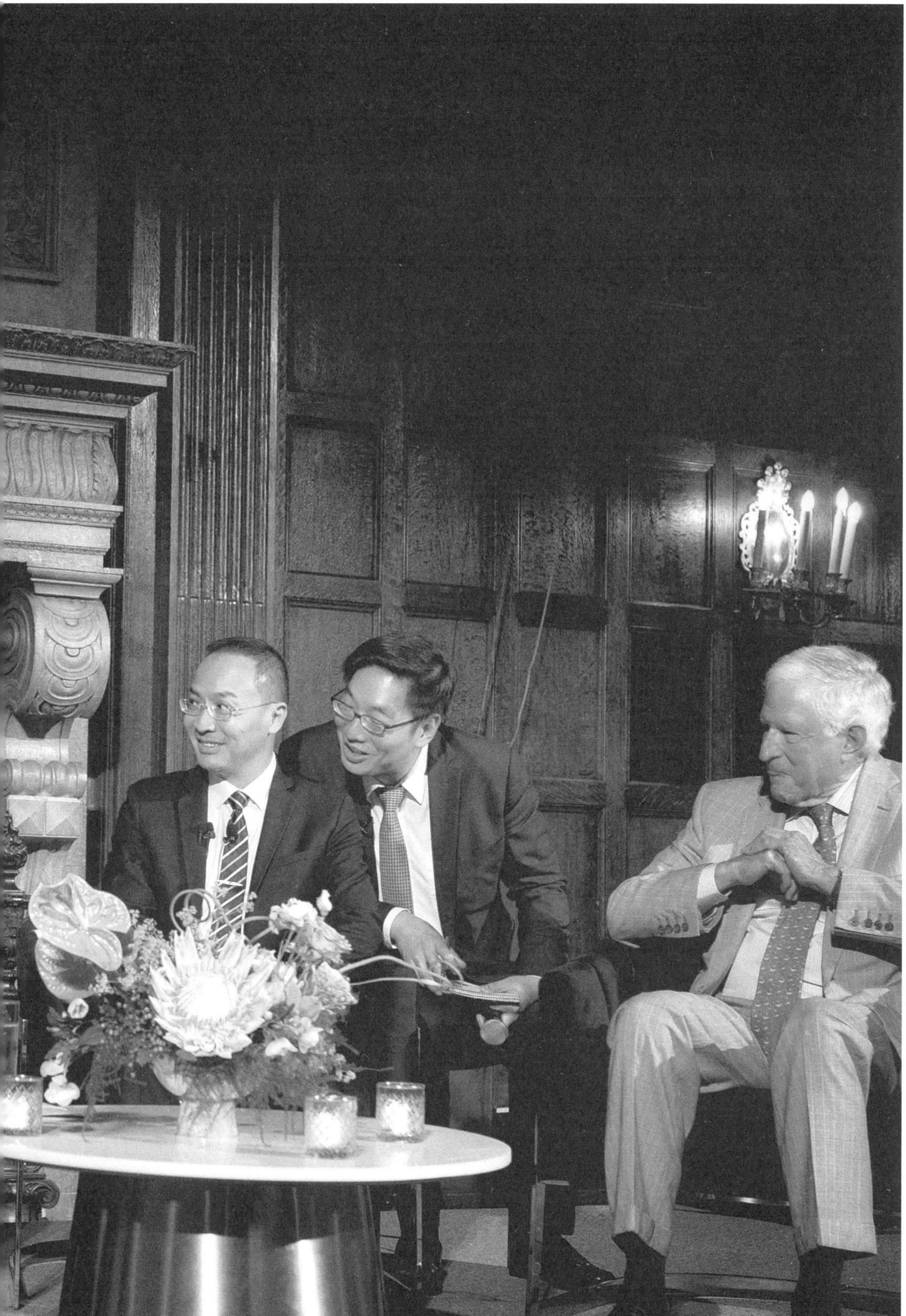

程碑。20世纪50年代，美国人伊戈尔·安索夫（Igor Ansoff）写了《公司战略》，这本书后来被广泛认为是首次系统性地提出公司战略概念的著作，因此安索夫也被誉为"企业战略之父"。在他之后的迈克尔·波特，分别以《竞争战略》和《竞争优势》，进一步探讨了企业如何在激烈的市场竞争当中制定战略并通过优化内部活动来保持竞争优势。

如同500年来中国缺席了人类科技进步的历史一样，在商业上，中国的理论和实践也显得迟疑。很长的一段时间以来，谈到现代企业只能言必称西方。做企业战略咨询的时候，大部分中国企业聘请的也都是西方咨询公司，谢伟山创立的企业战略咨询公司"君智"，需要在这样的环境下突围。

和西方战略咨询公司不同，谢伟山更了解中国。在人类懵懂开智的轴心时代，中国的战略家前有"兵者诡道"和"兼爱非攻"的孙子、墨子，后有"合纵连横"定天下的苏秦、张仪。对于谢伟山而言，《孙子兵法》《道德经》等根植于中国本土的智慧让他补上了西方战略理论中所缺少的一块中国拼图，如此，在中国市场常常水土不服的西方企业战略，在谢伟山手中开始长袖善舞。

唐代诗人贾岛曾在"僧敲月下门"和"僧推月下门"之间犹豫不决，后来巧遇大文豪韩愈，定下"敲"字，遂拜了一字之师，这就是"推敲"典故的由来。中国汉语的精妙之处，有时确实是西方人难以理解的。维特根斯坦在《逻辑哲学论》中强调过"语言是世界的逻辑图像"，是与现实的逻辑对应。语言在企业的战略当中也起着重要的作用，从这个角度而言，熟悉中国传统文化、善于文字推敲的谢伟山更占优势。

雅迪电动车是君智的第一个客户。当时，整个行业深陷价

↑ 2024年6月，谢伟山（左三）在美国哈佛俱乐部与罗伯特·卡普兰（左二）、彼得·沃克（右一）交流分享。

→ 2024年6月，谢伟山在美国哈佛俱乐部交流分享。

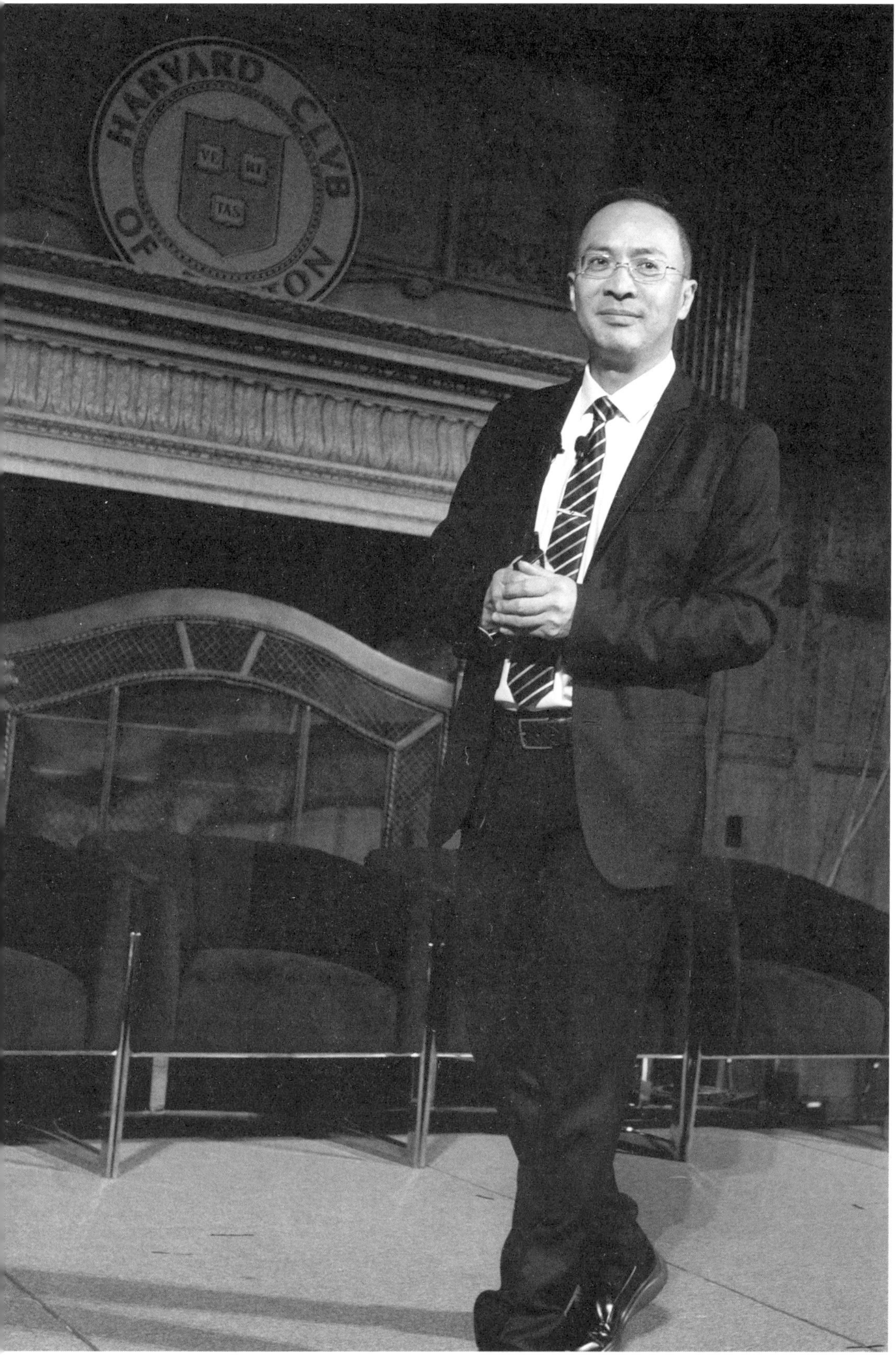
HARVARD CLVB
VE RI TAS

格血战，都认为消费者只对价格敏感，所以厂商间竞争有时甚至不惜击穿底价。

但是君智团队做市场调研时发现，"顾客宁愿价格贵一点，也要买有品质的车"。

这让谢伟山看到了破局的曙光。一次早餐会上，团队正头脑风暴争论不休，谢伟山用了一个"更"字，最终协助雅迪确立了"更高端的电动车"这一战略方向。事后证明，这一方向对赢得消费者的心智起了重要作用，同时，巧妙的定位语也让竞争对手措手不及，正如《孙子兵法》所言，"敌不知其所守"。目前，雅迪已经连续7年两轮电动车全球销量第一。

对《孙子兵法》《道德经》等中国传统经典口诵心行的谢伟山一直认为，"语言确定性的那一部分并不重要，而通过语言所表达的言外之意才重要"。

敢为人先

在国内取得一定成功后，谢伟山也有了东学西渐的想法。从2023年开始，他就每年前往一次美国波士顿，在哈佛俱乐部、MIT、布朗大学与来自各方的企业战略咨询专家坐而论道，在一个西方主导的行业中，人们开始正视这个来自中国的不同声音。2024年的交流里，哈佛商学院荣誉教授、"平衡计分卡"创始人罗伯特·卡普兰，用"珍宝"二字形容谢伟山的企业战略思想。

谢伟山相信，"战略是科学与艺术的融合，战略的顶端其实是美学"。针对美学认知，他要感谢两个人，首先是李泽厚。李

→ 2024年9月，谢伟山在君智深圳公司。

百亿商战课.003.

泽厚对美学中"情本体"的界定，情感与理性两者关系的探讨，以及对中国传统文化与西方哲学之间关系的思考，构建了谢伟山对美学认知的基础。李泽厚认为西方素来追求理性，现代科学、文化、制度等都建立在理性基础上，但东方智慧更注重情感，如果"西体中用"交相融合，则无往而不利。这一思想影响了谢伟山对战略的思考。在他看来，西方商业理论注重理性，追求的是一种必然性和普遍性，而竞争很多时候是偶发的、不可预测的。这时，中国智慧可能更善于在不确定和变化中捕捉机会，《孙子兵法》这本中西方读者都耳熟能详的经典著作，书名翻译成英文是"The Art of War"，也就是"战争的艺术"。

谢伟山其次要感谢的是他太太。他太太是一位歌唱家，本科毕业于武汉音乐学院，后来在中国音乐学院、武汉大学读了研究生和文学博士，毕业后又去上海大学新闻传播学院做了博士后，在武汉大学艺术学院做过教师。每当谢伟山灵感凸显的时候，对美学敏感的太太总是第一读者，在关键时候给了他很多意见。谢伟山与太太恩爱多年，因为太太娇小，容颜经年未改，每次介绍的时候，谢伟山还免不了主动说一句"她是我原配"。在他眼里，太太是"恃吾有所不可攻也"的内在力量。

创业十余年的时间里，谢伟山举办了至少上百堂企业战略课程。他把实战案例和课程结合起来相辅相成，已有九篇案例入选哈佛全球案例库，其模式可以理解为课程教学积累客户，助力客户形成新案例后又反哺进入课程教学这样的一个正向循环。某种程度上来说，有点像哈佛商学院的运营模式。

谢伟山深知"教学相长"的道理，在传播知识的过程当中，课堂本身对自己而言也是一个进步迭代的过程，所以他也乐在其中，甚至"有瘾"。有一次春节期间，谢伟山在加拿大看望家

→ 2024年9月，谢伟山与夫人在君智深圳公司。

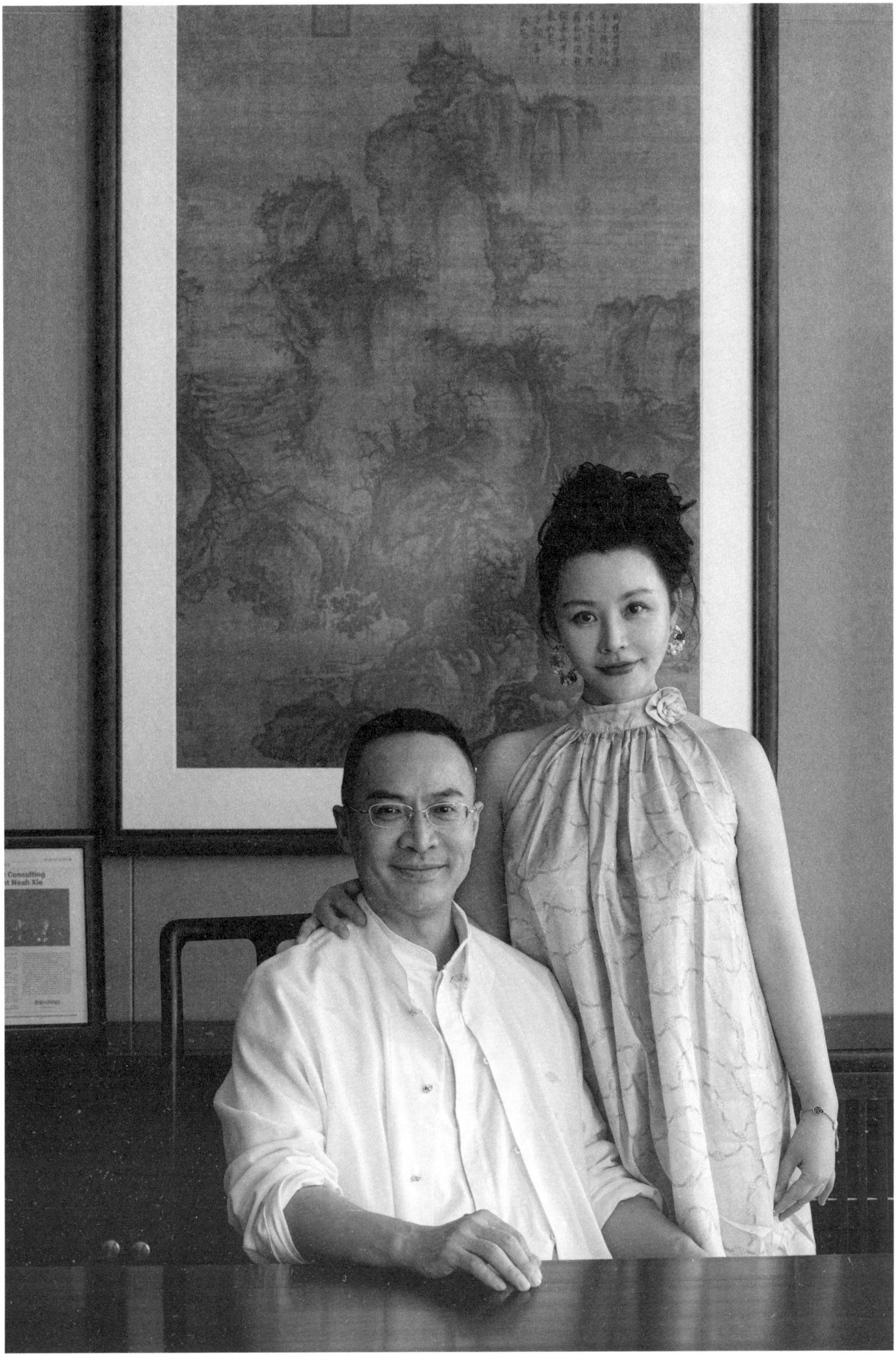
Consulting
Noah Xie

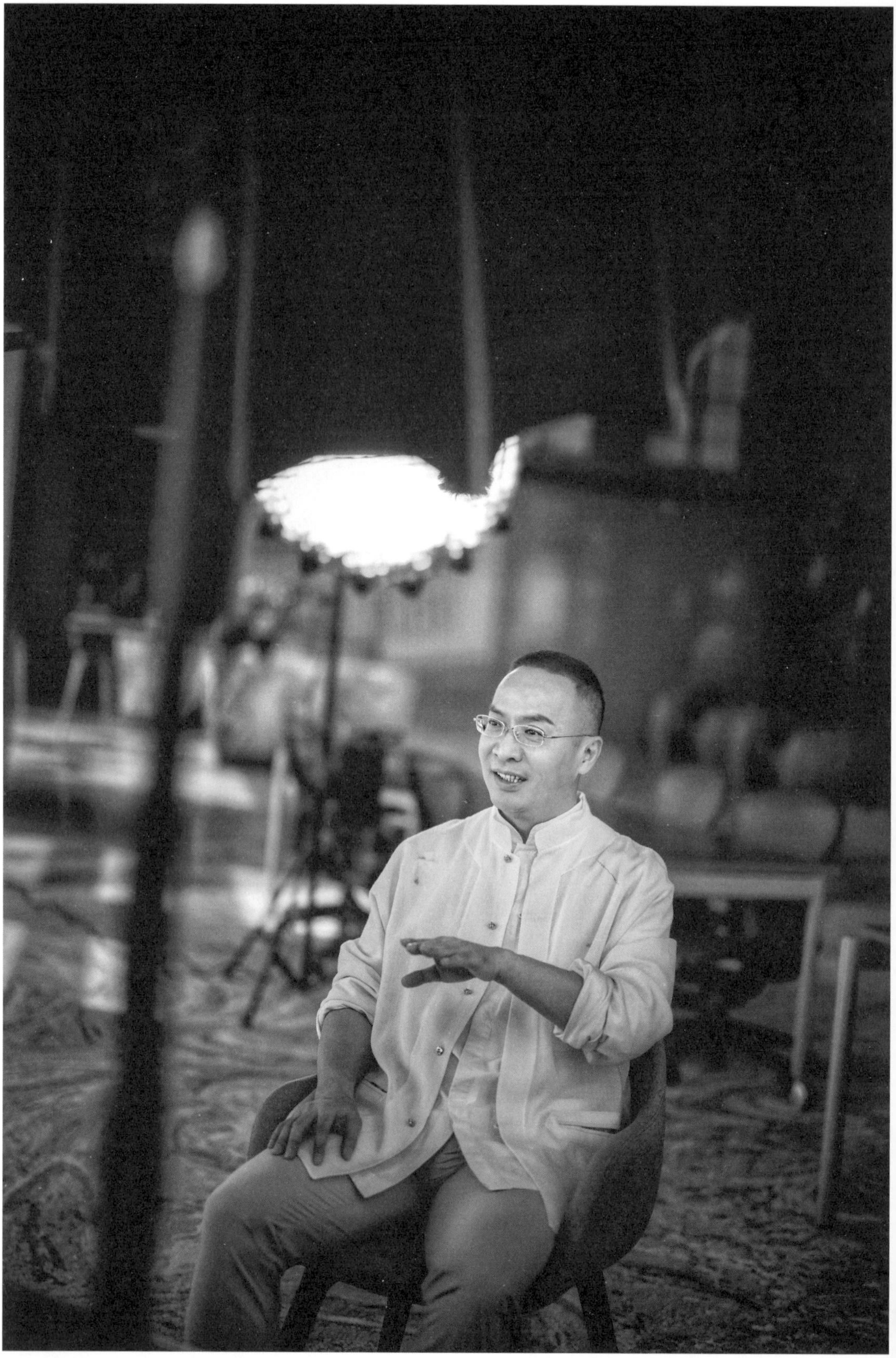

人,君智案例激起了亲朋好友广泛的兴趣,他索性到万豪酒店包了场,邀请亲朋好友一同前往分享。那一天大雪纷飞,交通堵塞,但酒店的宴会厅仍然座无虚席。

通常要做战略咨询的企业,有自己待了很长时间的舒适区,有路径依赖,面对突如其来的新战略方向常常会显得手足无措。另外,企业战略也不是什么立竿见影的灵丹妙药,都需要有一个执行的过程。所以如何平衡效果和耐心,是个考验。

当三聚氰胺事件几乎击垮了整个中国奶制品行业的时候,国内行业排名第七的飞鹤奶粉找到君智做战略咨询。经过调研,君智给出了后来被飞鹤集团董事长冷友斌认为价值千万的战略定位——"更适合中国宝宝体质的奶粉"。有了方向之后,战略落地仍然需要漫长的过程。2016年初,飞鹤的包装和陈列都按新战略方向进行了更换,几个亿的广告费也已经打出去了,但销售额并未如期增长,大半年过去了,终端出货几乎没有变化。这个时候是否继续执行?团队压力空前。不过,谢伟山发现营销数据上的一个细节,虽然营业额无增长,但是高端品的销售占比在悄悄上升。

最终他说服了飞鹤坚持投入,这一步"最后的坚持"终于迎来丰硕的成果,年尾飞鹤企业业绩开始扶摇直上,截至2021年营收已经突破了200亿元。

对于"行业增长困境""行业天花板"这样的说法,谢伟山总是保持着本能的质疑,因为他觉得"价格是消费者决定的,要让消费者看见平庸的对手和精彩的你,只有Only one(心智的唯一)才可以Number one(市场的第一),市场潜在空间超乎你的想象"。家电品牌"公牛"是一个很好的例子。公牛集团在插座领域市占率已达70%,自认为已经抵达了"行业天花板",但

← 2024年9月,谢伟山在君智深圳公司接受采访。

是谢伟山带领团队通过打造战略品"轨道插座",助力公牛掀开了行业天花板,持续大幅增收。

做企业战略这么多年,谢伟山认为最成功的作品仍然是他创立的"君智"公司本身。

这间公司的起点来自里斯和特劳特的《定位》,过程中融合了中国传统智慧,形成新的战略体系,然后建立了自己独特的价值观——"把企业成果当成第一任务"。

2025年,君智成立十周年,此时经济形势正面临严峻挑战,但谢伟山倒是乐观,因为"每天都是限量版",企业家天生就是要面对各种不确定性,"经济下行期,其实恰恰是行业集中度提高的机会","高处时佛隐,低潮时纵横",由此,他笃定做出投入重金设立君智深圳公司的决定。

在君智深圳公司的新办公室,背靠前海湾,谢伟山又站起了"矛盾桩",通过身体内外力量的对抗和平衡,提升着自我专注的核心力量。此时窗外,跨海公路上的车辆正疾驰如织,川流不息。

→ 2024年6月,谢伟山在君智深圳公司大楼外。

35

我终于做到了！君智新一代战略闪耀哈佛、布朗及 MIT

| 谢伟山

像从大地之书中抽离的一行文字，孤单的飞鸟射向天空，舒展的翅膀打开了天边的朝霞。

晨起漫步查尔斯河畔，我仍沉浸在昨晚的君智战略论坛场景中。这次北美行最后一站来到了拥有百年历史的哈佛波士顿俱乐部，多位商界领袖、知名学者也曾在此演讲。热烈的掌声回荡在耳边，静水流深安抚着我激动的心绪——君智新一代战略闪耀哈佛CLUB、布朗及MIT，我终于做到了！

大地无言，历史如其所是地走在中途。无论是此时国内端午龙舟竞渡划破沉默的水面，还是数百年前"五月花"号登上这片陌生的土地，都是以笃行者姿态探索未知的世界。

在中外民间交流史上，我们祖先中这样的笃行者也不绝如缕。唐初玄奘法师西行求法，横穿大漠，艰苦卓绝；盛唐年间鉴真为弘扬佛法，六次东渡，锲而不舍。这些笃行者成功的原因，一是意志坚定，面对艰难险阻绝不却步；二是他们超拔于普通人，洞悉这种文化交流的真义。

这次来哈佛CLUB、布朗及MIT分享君智新一代战略已有一周。在我看来，这也是一次如同这些笃行者般的商业思想交流之旅。改革开放之初，老一辈企业家们对西方管理经验孜孜以求，多有引进消化，打开了中国企业成长的"天花板"。如今，中国鲜活的商战案例精彩纷呈，商业理论不断迭代创新，正是与西方交流的绝好时机。商业文化的输入与输出，冥冥中与玄奘求法和鉴真弘法轨迹暗合。

当然，君智与北美商业精英的互动绝非易事。长期以来，藤校在很多人眼中就像希腊古神庙阿底顿，供奉着西方商业理论圣品，常见的战略理念工具也多源于此。这次的"交手"，是怀着分享融合东西的战略理念而来，犹如站在理解之桥的中间，向前跨了一步，扩大了双方交集。

其实放下心防，坦诚交流，你会发现查尔斯河畔夏日的微风也在为你歌唱。大地仰望天空，天空也想走向大地。6月14日布朗大学IEMBA课堂上的频频举手，16日MIT斯隆管理学院分享时的侧耳倾听，昨晚哈佛俱乐部现场的掌声如雷……"君智在战略领域做出了开创性的见解，这些见解融合了西方战略理论精华和东方智慧结晶"，类似赞誉不绝于耳。不少人对君智案例表示出极大兴趣，甚至还邀请我到其母国分享。

一次民间的学术交流为何能引发如此反响？

重点或许在于构思科学和艺术的叙事。就好比给月亮和星星讲故事，没有童话的滋养它们就会毁灭。

我留意到MIT校徽上刻着"Science and Arts"，科学主要是一种改造自然界的力量，而艺术则是升华人类心灵的力量。君智所从事的战略咨询专业，就是要把科学和艺术这两种力量巧妙地结合在一起。这些年来，我发现诸多国际咨询公司却没能很好地统合这两者。

在我看来，战略就是要赢得人心，在顾客心中构建属于你的"蒙娜丽莎的微笑"。要创建这种摄人心魄的魅力，则须融合东西之长。君智在战略实践中，基于定位理论找到一个让顾客选择你而不选择对手的"认知钉子"，借鉴迈克尔·波特提出的配称理念形成一整套"运营锤子"，再运用《孙子兵法》中"凡战者，以正合，以奇胜"的思想发动一场场"制胜战役"，实现从科学到艺术的跃升。

水火相济，盐梅相成。起于定位理论，旁收波特竞争战略理论，兴于《孙子兵法》，君智站在巨人的肩膀上融东西之长、通奇正之变，创造了五破百亿的战略实践。我们为企业制定战略报告、战备报告及战役报告，让战略发挥出惊涛骇浪般的威力，从而获得认知优势、经营成果、竞争机会及团队士气的最大化。

风好正是扬帆时，奋楫逐浪向未来。2023年已棋至中盘。此时此刻，我更加笃信，中国大市场蕴藏着书写商界神话的无限机遇，中国经济战车也将重现久违的推背感。未来，君智也愿将中国传统智慧应用于现代商战的实践分享给广大企业家，启发更多领域的东西融合。

走笔至此，一首诗送给大家：
十年磨一剑，智慧东西融。
锋芒藤校试，出鞘势如虹。

杨澜
YANGLAN

著名主持人、媒体人，
阳光媒体集团董事长，
阳光文化基金会主席

享受
没有答案
的人生

Enjoy
a Life
of Adventure

人生的解法

在上海的外婆家，杨澜度过了童年。外婆是杨澜最崇拜的人，外婆17岁时候的故事常常被杨澜提起。那时的外婆就敢于反抗包办婚姻，独自坐船，一路辗转到了上海。先是进了手帕缝制厂，后来和丈夫一起经营一家小店，生下了八个孩子。时代动荡，命运多舛，外婆的一生经历了战乱、船难、运动、蒙冤、抄家，但始终相信"什么都能被拿走，靠一双手的劳动，别人拿不走"。

满百天的时候，杨澜被抱去照相馆。那时照相馆在每张照片上都要印一句毛主席语录。杨澜第一张照片的语录是："不要吃老本，要立新功。"这是照相馆工作人员的无心之举，冥冥中也成为一种牵引。

从学生时代开始，杨澜就是典型的"别人家的孩子"。一般吃完晚饭，杨澜就关上房门，专心做功课，桌上堆满各种习题和卷子。桌面的玻璃板下夹着她字迹工整的课程表，从周一到周六排得满满当当。还有一张从杂志上剪下的奔牛图，寓意自强不息。当时大学的录取率只有10%左右。

虽然学业繁忙，但是功课之余，她还是会挤时间读几本自己喜欢的小说，《简·爱》《约翰·克利斯朵夫》《战争与和平》《老人与海》……她梦想着去看看外面的世界，就像简·爱走上房顶眺望远处的田野时，内心所想："我渴望一种可以超越限制的目力，可以达到那富有生命的地带，那都是我所听过而没有见过的……他们一定会说我不知足，可是，没有法子，我天生不宁静。"

↑ 1972年，杨澜于上海外滩。

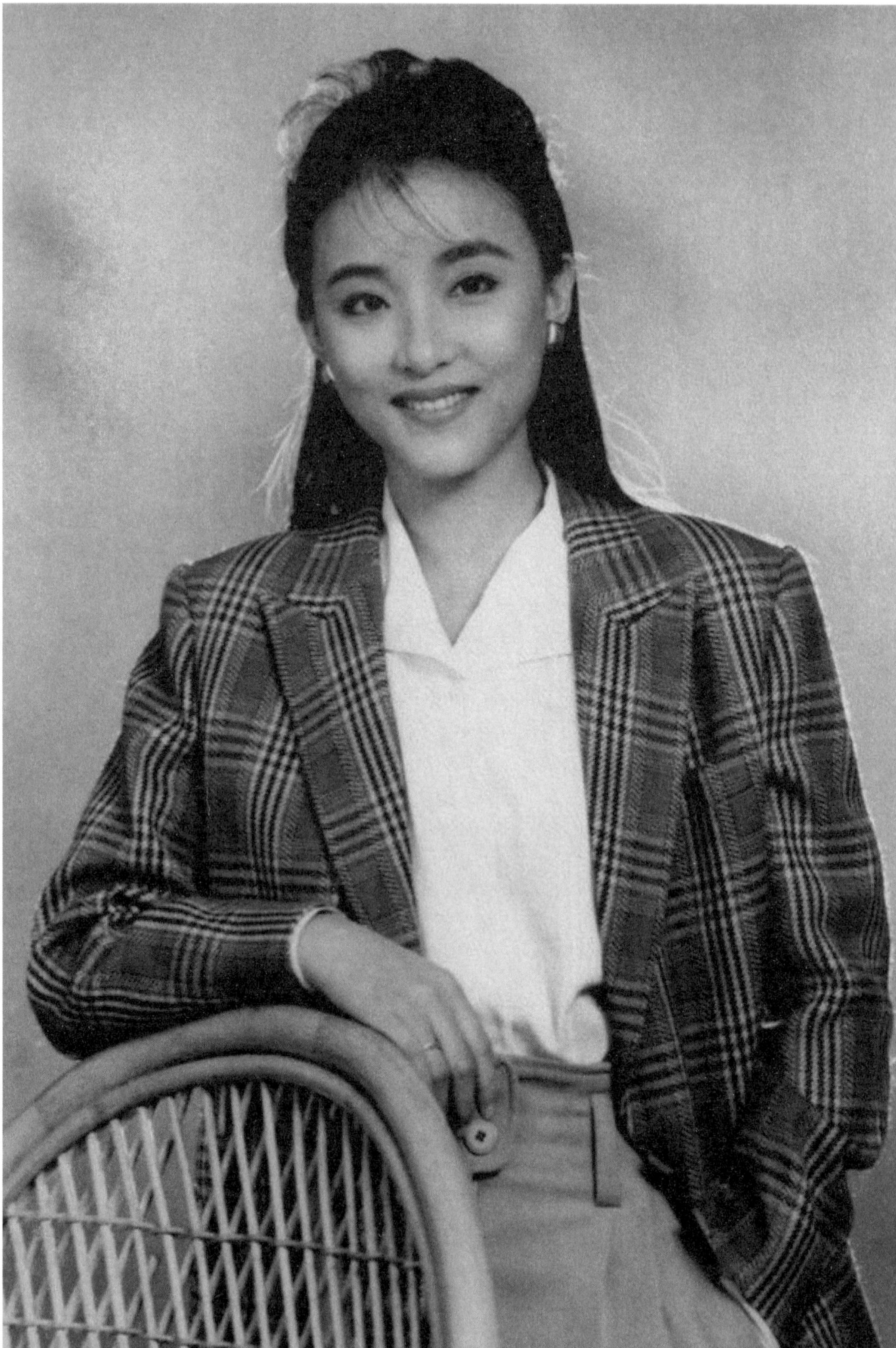

← 1990年杨澜大学毕业，于北京。

看世界的机会很快叩响了杨澜的命运之门。

1990年杨澜从北京外国语大学的英语系毕业时，中央电视台首次面向社会招聘主持人，而且不限制专业。杨澜抱着试一试的心态参加了面试。经过七次面试，和上千名竞聘者较量，杨澜最终接过话筒，走上《正大综艺》的舞台。于是每周日晚19:30，杨澜会准时出现在荧屏上，用一句"不看不知道，世界真奇妙"的串词来宣告开场。

那时，改革开放不久，大部分人对外面的世界知之甚少，又不乏好奇。在娱乐节目匮乏的年代，《正大综艺》成为国人开眼见世界的一扇窗，观众可以跟着外景主持人的镜头去看南极一望无际的冰川、北欧清幽宁静的小城、生命力喷薄的非洲大草原、植物千姿百态的热带丛林……荧屏上旖旎的世界风光、异域的奇闻趣事，吸引了一大批观众。《正大综艺》红极一时，曾是中国收视率最高的节目，1993年收视率一度达到22.2%。

而作为国民级节目的主持人，杨澜自然收获了巨大的名气。名气像悬在头顶的气球，当它越来越鼓的时候，杨澜内心的恐慌却越攒越重。她忍不住想：自己所收获的一切是否与自身的努力匹配？自己的内心或头脑是否足以支撑这一切？她给自己的答案是否定的。这种危机感还在于，在当时的节目制作过程中，主持人只需要积极参与内容，对其他工种仅仅是粗通，这让她觉得综艺节目主持人只是一碗青春饭。她希望更深地介入媒体内容的策划与制作工作。

1993年在摩纳哥，杨澜第一次代表中国做申请主办奥运会的陈述，当她将十万国人站上长城作为中国申奥决心的例证时，外国人却一笑置之。这让她意识到，东西方世界的认知和表达是有隔阂的，走出去看世界的渴望在内心滋长。但当她表露出

↓ 2024年7月6日，由杨澜发起、阳光媒体集团主办的一场文化盛宴——"新生万物——中国非遗与当代设计展"在卢浮宫西翼的法国装饰艺术博物馆隆重揭幕。

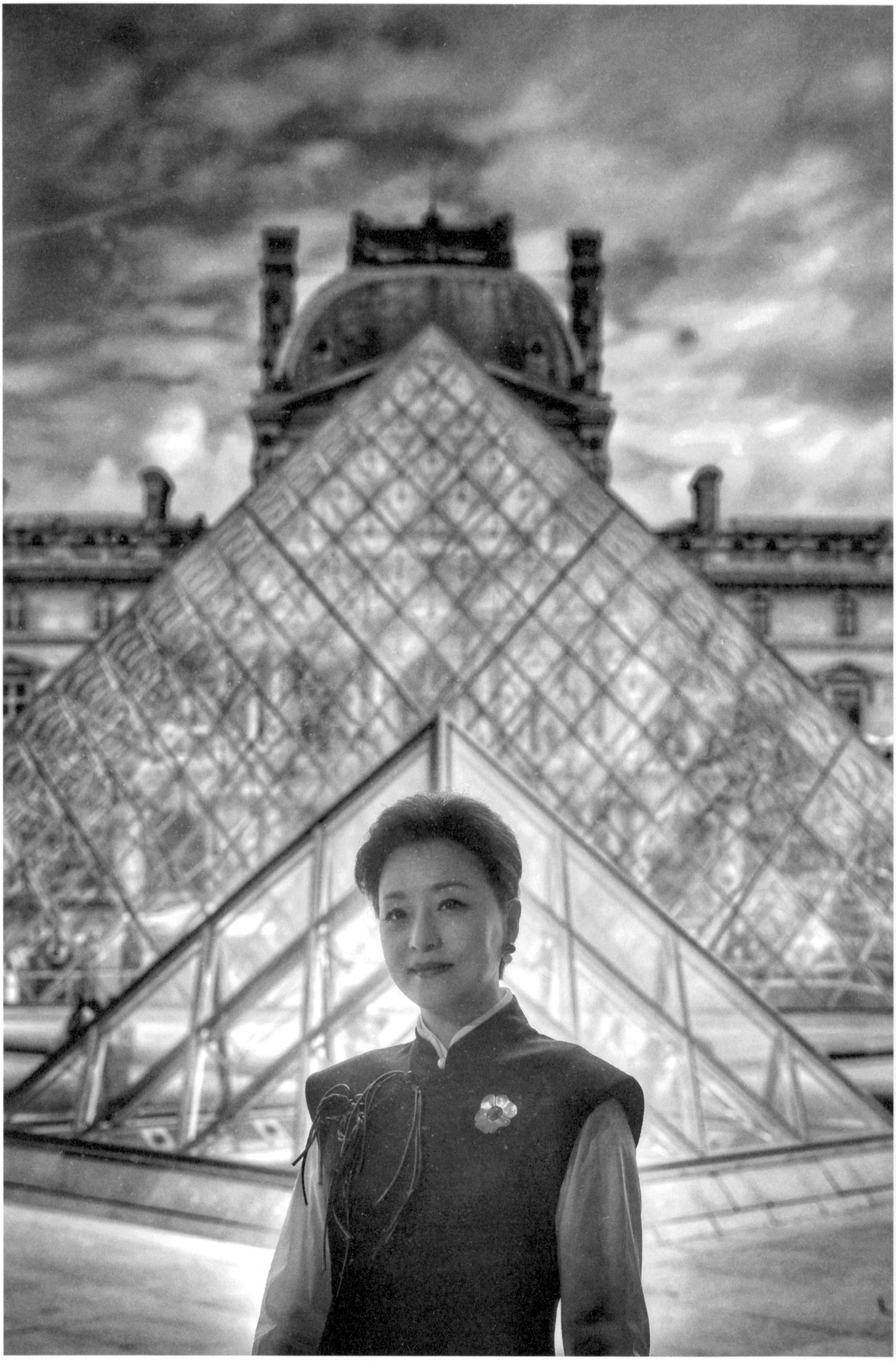

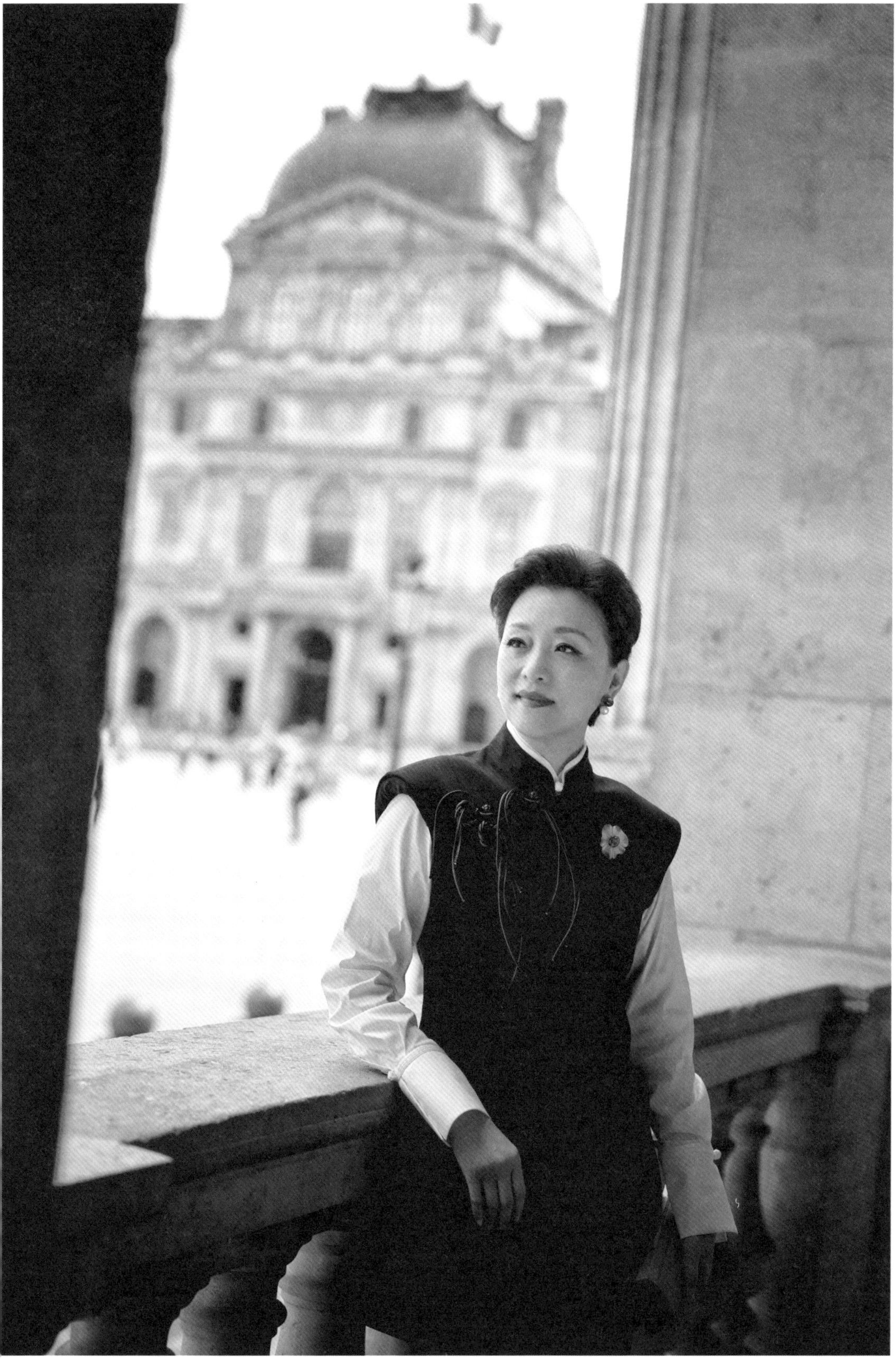

离职去国外留学的想法时，周围没有人支持，几乎都劝她放弃："多少人挤破头想要有你现在的机会，你却放弃一切去重新做学生？疯了吗？""学完了又能怎么样？再想回来可就没有你的位子了！三思啊！"

更现实的问题是，如果要留学，就要先辞职，然后才能申请私人护照，需要把档案放到人才交流中心，而且还不一定能获得签证。经历许多个辗转反侧的夜晚，未来会更好还是更坏，杨澜依然想不出答案。看着镜子里的黑眼圈，她狠心做出了决定，给自己鼓劲："如果年轻时都不敢去外面闯一闯，那还等什么时候呢？"

很多年以后，当杨澜读到伍尔夫《达洛维夫人》(*Mrs. Dalloway*)中写的"人不应该是插在花瓶里供人观赏的静物，而是蔓延在草原上随风起舞的韵律。生命不是安排，而是追求。人生的意义也许永远没有答案，但也要尽情感受这种没有答案的人生"，她不禁产生了时空穿越的恍惚。

↑ 2024年7月，杨澜在法国巴黎卢浮宫。

好提问的基础

1994年，杨澜远赴美国哥伦比亚大学，在国际和公共事务学院修读国际关系专业硕士学位。在开学进行的基础概念课摸底考试中，好学生杨澜得了一个"不及格"。何谓"联合国系统中的几大机构"？何谓"古巴导弹危机中对峙与心理战"？这些考题，对于杨澜来说都是全然陌生领域。

这次魔鬼考试之后，25岁的杨澜开始了一段疯狂填补空白的求学历程。第一学期需要修读4门课，杨澜却一口气选了6门课，如饥似渴地学习国际政治、外交、经济、传媒、社会等各个领域的知识。学业繁重，阅读量超大，书永远读不完，她常常熬夜学习到凌晨2点。生活拮据，舍不得打国际电话，她连写信给家人也要写满信纸的两面，以免超重。最崩溃的一次，杨澜写论文至深夜，电脑突然死机，来不及保存，辛苦写就的论文荡然无存。又急又累的杨澜崩溃大哭，但也只能擦干眼泪，从头开始，写至天明。

杨澜远渡太平洋留学的那一年，上海东方电视台《飞越太平洋》的栏目摄制组也来到了美国，在哥伦比亚大学校园里采访了她。正是这次接触，让双方有了进一步合作的机会，最终在1996年联合推出了电视节目《杨澜视线》，向中国观众介绍美国社会与文化。在这一过程中，杨澜采访了美国前国务卿基辛格等众多知名人士，奠定了后来打造高端访谈节目的基础。

尽管主持过4年综艺节目，但在深度访谈领域，当时的杨澜还是初出茅庐的新手。与基辛格的首次访谈并不成功，杨澜后来回忆："自己的问题完全是混乱的，所有的问题是在书桌前硬憋出来的，当时也不知道怎么做功课，也不知道问题的顺序，一会儿问人家吃了多少烤鸭，一会儿又问和周恩来谈判的细节，都是东一榔头，西一棒槌。紧张到根本听不见人家说了什么，只管把自己的问题问完。"

不同于《正大综艺》的主持工作，这一次杨澜成了主导节目的核心人物，在《杨澜视线》这档社会专题片节目里，她开始承担制片、策划、导演、主持人、撰稿人等多重角色。那些尴尬的采访反倒成为杨澜快速学习和历练的机会。1996年是杨澜收获的一年，她不仅顺利获得了学位，拥有了首档打上杨澜个人标识的节目,还与丈夫吴征结婚并孕育了第一个孩子。

自主、勇敢、进取与刻苦像是一种主义,贯穿着杨澜的成长轨迹。她形容自己是功课主义者:"我不是一个绝顶聪明的人,所以我更要不断地努力。在各种挫折和失败当中去积累一点点的认知和经验。"

生活在一个渴望成功、追逐成功者的时代,杨澜一直在寻找机会证明自己。受到香港电视台《杰出华人系列》纪录片的启发,她希望推出中国的首个高端访谈节目。1997年下半年,杨澜加入创业氛围浓厚的凤凰卫视,开始制作带有国际视野的深度访谈节目《杨澜工作室》。在最初的两年,她满世界寻找成功人士,希望通过节目呈现那些成功的秘诀和经历。

1998年,采访华裔诺贝尔物理学奖获得者崔琦时,杨澜做节目的观念开始发生转变。崔琦出身农村,在母亲的期许和坚持下,他被送去香港求学。20世纪50年代,父母因为饥荒去世。在接受杨澜采访时,他说:"其实我宁愿是一个不识字的农民。如果我还留在农村,留在父母身边,家里有一个儿子毕竟不一样,也许他们不至于死吧。"世俗的成功多么耀眼都不足以弥补失去双亲的心痛。那时候的杨澜意识到,如果失去了对人性更深层次的了解和体会,专注于成功学的制作思路最终会让节目归于浅薄。

2001年,她推出了《杨澜访谈录》,那是中国电视最早,至今也是持续播出时间最长的高端访谈节目。节目的首访嘉宾是原国家主席刘少奇的夫人王光美,这是杨澜印象最为深刻的一次访谈。

王光美本是推广"四清运动"和"桃园经验"的主导者,后来因为运动愈演愈烈,一发不可收拾,王光美和丈夫刘少奇

↗ 2024年5月，杨澜在阳光媒体集团公司录影棚。

为了纠偏反倒成为运动的受害者。在长达12年的牢狱生活里，她每天只能够看到窗户缝里透进来的阳光，根据阳光的角度才知道晨昏昼夜。

在那次采访里，杨澜问道："有没有想过在这之前的历次政治运动中，你也有可能冤枉过别人？"王光美应声答道："那真没准！所以我就是希望中国不要再搞什么运动。呼啦啦地打倒一大片，肯定会冤枉不少人。"

时代浮沉，祸兮福所倚；聚散离合，烟雨不由人。是历史选择了人，还是人创造了历史，这人与时代的纠葛让杨澜着迷。从那时起，"记录时代的精神印迹"成为《杨澜访谈录》的追求。

从业三十多年，访谈过上千位人物，但每次采访前，杨澜依然会紧张和兴奋，"感觉采访像是一次探险，是一种对人心的探险，做专访常常是交浅而言深"。这种步步深入的探险之旅需要好的问题投石问路，但什么是好的问题？经历过数万次提问后，杨澜总结了自己的答案："一个好问题应该是在适当的环境

49

里，针对采访对象的独特性，提出来的或具有启发性，或独一无二，或从未被提及的问题，它刺激你的对手产生了从未表达过的思想或理念，还能够给更多的人带来启发。"

问的基础是学，正如清代文学家刘开说："问与学，相辅而行者也。非学无以致疑，非问无以广识。"每次专访，杨澜都会提前做功课，平均每次访问的阅读量达到10万至20万字，以期对受访者及其所在的领域有基本了解。"有时，看一本书并不保证能够产生一个好问题，但起码让我避免了十个愚蠢的问题。"

面对受访者的丰富经历、海量的案头资料、有限的访问时间，一个个好的问题如何有机串联？《杨澜访谈录》常常以"复合顺序"组织访谈，即融合话题、时间和空间三种顺序，先通过设置关键句，继而切分主题单元，然后提出具体的问题。在不同的主题单元，时间、空间、话题三元素有机穿插其中，这是形成最后问题单的逻辑依据。

以关键句的方式定位受访嘉宾，是节目策划会的骨干议题。它的生成与获得，需要策划、导演、主持人各方重点解读与人物相关的文献资料，并在文献知识点的基础上进行多维度分析和整合，最后这个关键句成为访谈文案的"锚"，所有的主话题与子话题依次从这里启程。

中美建交30周年之际，杨澜争取到了再次访谈基辛格的机会。"当时关于政治和国际事务，我有了更多的体会和研究。他所有外交论述的文章和书籍我基本都看了，有时候一本书只提炼出一个问题。"杨澜在通读所有资料之后，又对基辛格的国际政治、外交思想的发展脉络进行梳理，组织了一份非常扎实的提纲，才打动了这位大人物，争取到十个问题、二十多分钟的访谈机会。而这一次，基辛格给杨澜的打分是"amazing"。

→ 2024年11月，杨澜在阿塞拜疆COP29联合国气候大会现场。

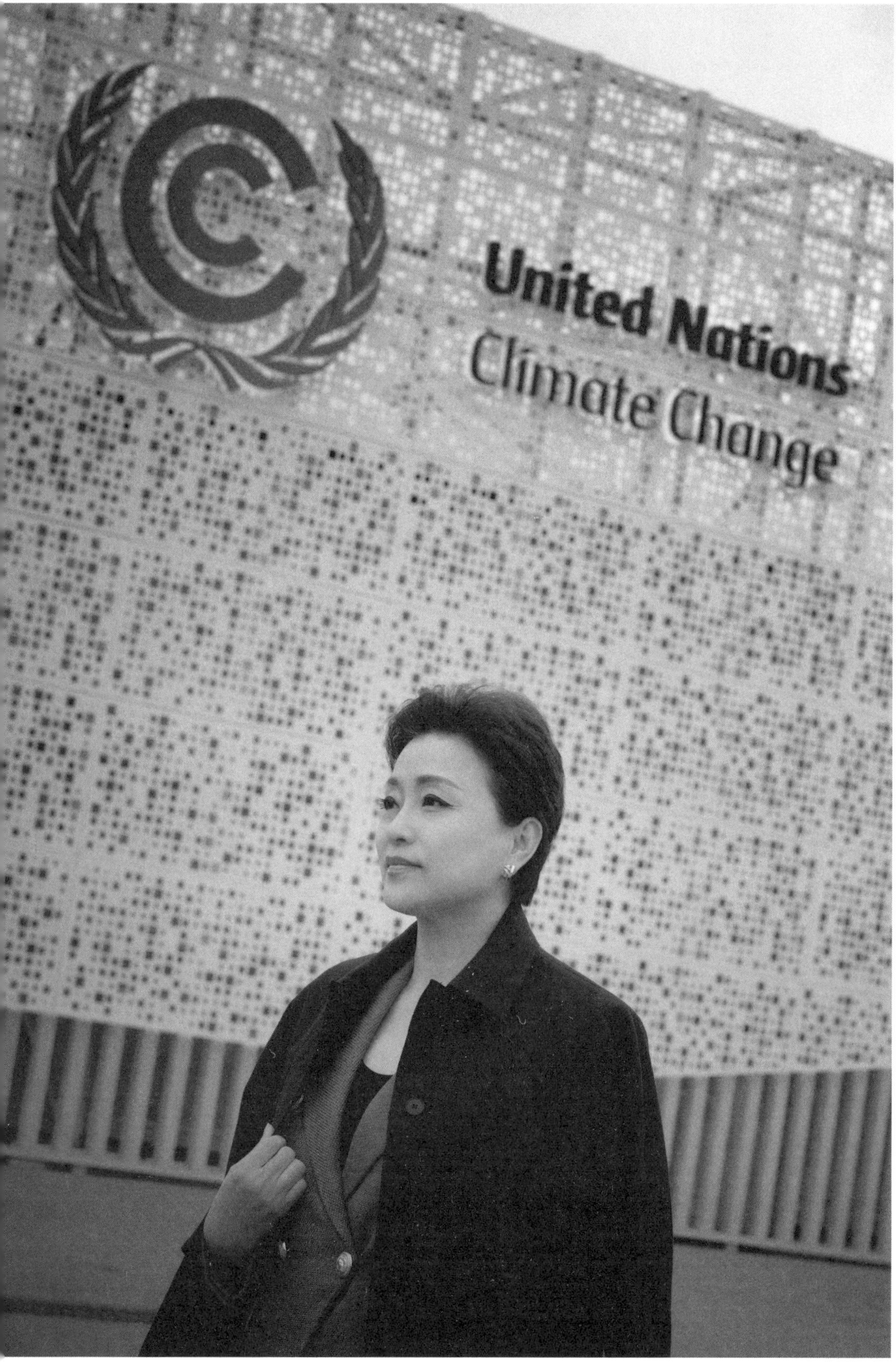
United Nations
Climate Change

杨澜做节目，坚持"在现场"的采访方式。从采访技巧的角度而言，在受访者熟悉的地盘上开展访问，会使得受访者，尤其是低调、寡言、内向的受访者，感到整个环境是熟悉而非陌生的、温暖而非冷冰冰的，降低生理上、社会上、心理上的距离感。但更为重要的是，每次访谈，每次相遇，都会让杨澜与彼得斯所说的话产生深深的共鸣，后者在《交流的无奈》中写道："我们有限的生命既神圣又悲哀。我们只能够和一些人而不是所有人度过共同的时光，因此，亲临现场恐怕是最接近跨越人与人鸿沟的保证。"受访者愿意付出时间接受采访，对杨澜来说是一个珍贵的机会。坚持场景化的采访和呈现，则是杨澜对受访者和观众致以回敬。

二十二载春秋，上千次的访谈，上万次的提问。《杨澜访谈录》团队的飞行距离超过260万公里，相当于环绕地球60多圈。后来做纪录片《探寻人工智能》也延续了"在现场"的坚持。2016年李世石与AlphaGo在韩国进行世纪对弈时，杨澜冒着初

↓ 2024年7月，杨澜在巴黎卢浮宫旁的咖啡厅。

春的小雪，在麻省理工学院的校园里对谈人工智能领域的教授。团队跑了6个国家近40座城市，采访了80多个顶尖实验室及研究机构的150多位行业专家。一会儿在日本，"探店"全球首个人工智能酒店，体验无人入住和智能餐吧；一会儿进入美国IBM实验室，与最先进的机器人对话；一会儿参观中国科大讯飞研究院，体验智能语音技术与智慧家居的联动。跟随杨澜的镜头，世界各地最前沿的科技与应用呈现在观众眼前，令人目不暇接。

从《杨澜视线》到《杨澜工作室》再到《杨澜访谈录》，节目名称多次更迭，背后还隐藏着杨澜许多事业的转变。唯一不变的是，访谈是杨澜连接世界的窗口。杨澜认为，"人的生命、智慧、能力各个方面都非常有限，访谈提供了很多间接经验，帮助我绘制一张认知世界的地图。而且随着采访对象更加多元，采访问题更加深入，地图的颗粒度慢慢变得更加精细，使我对这个世界认知不断加深，变得准确。与此同时，它让我会始终知道我在这条路的什么地方。但地图只能提供指引，路必须自己走，答案只能自己去寻找，别人没有办法给你一个现成的答案"。

创造不止

高中时，杨澜迷上了罗曼·罗兰的《约翰·克利斯朵夫》。书的序言中写道："什么是真正的快乐？唯有创造是真正的快乐，其他的都是无关紧要的，漂浮在地上的影子。创造是消灭死。"这句话被她抄写在日记本的扉页上，奉为人生座右铭。

"做了主持人，我就要求导演：是不是我可以自己来写台词？写了台词，就问导演：可不可以我自己做一次编辑？做完编辑，就问主任：可不可以让我做一次制片人？做了制片人，就想：我能不能同时负责几个节目？负责了几个节目后，就想能不能办个频道？"杨澜前15年的时间一直在做加法，去创造更多可能，年轻的杨澜乐此不疲。

从业10年之际，杨澜决定再次踏出舒适圈，期望成立理想中的电视专业化频道，打造一个中国的Discovery。20世纪末，国内电视媒体内容同质化严重，大多电视节目依靠迎合观众而生存，节目制作受到投资方意志、电视台方等诸多因素干扰。同时，她观察到美国综合频道逐渐式微，专业化频道进入发展的黄金时期，这一态势让她相信只要节目做出专业品质和个性内容，一定会收获忠实拥趸。当时宽频通信技术的发展也提供了新的商业机会，网络电视受众增加。杨澜萌生了自己搭建一个电视台的想法。

2000年，杨澜和丈夫吴征投入3500万港元，集资2亿港元，与友利电讯联手收购了一家上市公司，将其更名为"阳光文化网络电视有限公司"。公司重点打造的阳光卫视，以历史人物传记片为主要产品，为各媒体及网络电视观众提供服务。

阳光卫视的起点不可谓不高。2000年8月8日夜，亚太地区第一个以历史文化、人物传记为特色的主题频道——阳光卫视开播了。时任香港特首董建华身着庄重的黑褐色西装，与杨澜一同按下启动仪器的按钮，连成一片的闪光灯记录下了这个激动人心的历史瞬间。

阳光卫视成立之初，便在香港、北京、上海三地布局。杨澜按照电视台的正规建制，在香港耗资数千万元建立电视制作

↗ 2024年5月，杨澜在办公室进行视频会议中。

中心，每年制作几百个小时的原创节目。北京办事处设在CBD核心圈的高档写字楼，主要从事纪录片的创作。上海节目制作中心设在永嘉路387号的小洋楼里，主要是翻译进口纪录片和筹备新版本的《杨澜工作室》。杨澜的大手笔出乎丈夫的意料。他在参观刚刚建好的制作中心时，被吓了一跳，对兴致勃勃的杨澜说："没想到你们拉了这么大一个摊子，这样做是要出问题的。"

多年之后，杨澜在谈及阳光卫视时，会用"幼稚、性急"来总结自己的失败。"现在看来，我的文化理想冲动，远远大于我的商业和企业管理认知水平。"由于纪录片投入成本高、受众市场小，加之受到国内政策影响，境外卫视不能在内地完全落地，收视人群"窄中加窄"，严重限制了频道的广告收入。真正产生广告收入的主要是晚上黄金时段，但为了维持频道24小时播出，不得不制作和购买大量内容。这导致阳光卫视自创办那天起就一直入不敷出。由杨澜主导的阳光卫视，其资产额只占整个"阳光文化"的5%，营业额只占20%，但亏损却占了80%以上，严重拖累了公司的整体业绩。

丈夫吴征曾担任香港亚视运营总裁，在企业管理和资本运作上都更有经验。他反复劝说杨澜引进纯娱乐类的节目，减少纪录片创作，这样可以开源节流。可在杨澜看来，如果把阳光卫视打造成既娱乐又人文的"大杂烩"，那还不如不做。就这个问题，两人曾发生过激烈的争吵。

初涉企业经营管理，第一次让杨澜感受到"创造的痛苦"，留下了很多的痛苦时刻和糟糕回忆。摆在眼前的经营压力、放弃文化理想的不甘、对个人能力的自我怀疑、对大环境的无力感……各种情绪千滋百味，心力交瘁到极限的时候杨澜哭过很多次。但让她最伤心和错愕的是"身边人的背叛"。这记忆是刻骨铭心的，以至于今天问她最希望具备的一种能力是什么的时候，她会回答："识人的能力。"

阳光卫视后期阶段，虽然吴征通过资本运作争取了一部分资金进来，但也很快就被消耗得一干二净。其中，阳光文化和新浪网的联姻最为轰动，当时新浪网收购了阳光文化29%的股份，宣布共同搭建中国最大的宽带门户及跨媒体平台。但由于技术不成熟等原因，最终网络与传统媒体的"强强联合"未能实现。

在阳光卫视运营的第三个年头，频道累计亏损超过2亿港元。持续的打击之后，杨澜开始凝视这些失败，让自己得到理性成长："对于人性，对于世界会趋于更加理性的认识，对于自己能做什么，不能做什么，也趋向于更加理性的认识。"做加法需要勇气，做减法则需要智慧。2003年6月，杨澜最终决定出售阳光卫视，退出卫视的经营。

虽然道路坎坷，但是对于充满好奇心甚至有时候"好奇心过了头"的杨澜而言，"创新"还是深植于内心的信念，"创新

↑ 2024年5月,杨澜在阳光媒体集团录影棚。

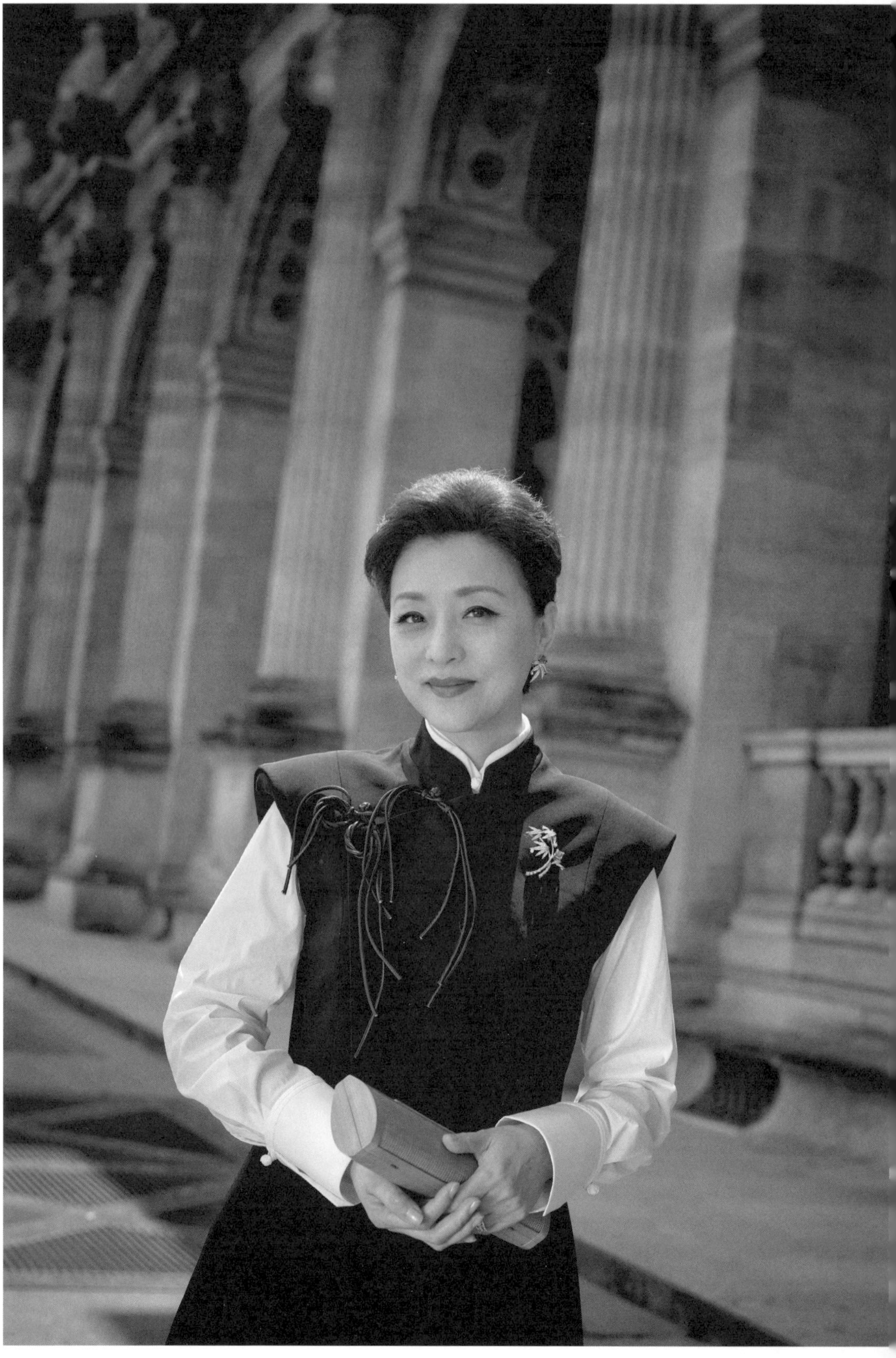

就必须好奇，就必须学习，必须有勇气也必须要犯错，创新会产生新的连接，然后带来新的价值"。30多年的经历，其实不断强化了她对于创新的热爱。

美国著名节目主持人奥普拉当被问及"你相信什么"的时候，愣了神，这是一个不容易有答案的问题。杨澜对于这个问题倒是并不犹豫，一一罗列："我相信创造是一件充满了快乐的事情。我相信对于这个世界的探索是没有穷尽。我相信人性当中是有着对于真善美的不懈渴望。我相信人和人之间是有着复杂的，但是也是有美好的情感联系的。我相信人生有那么多的苦难麻烦，但是依然值得好好地过。"

传媒领域深耕多年，杨澜认为自己还处于"为伊消得人憔悴"的探索阶段。她还是保持着对社会不同的观察和表达欲。杨澜觉得人的比较优势可能只有一两项，而自己的比较优势在"韧性"和"学习力"上。"韧性"表现在自己"对于新的领域和知识不害怕"保持着持续的好奇心，而且"每过几年就会关注到不同的领域，不会觉得一个主题不熟悉，我就应该远离它，反而我会对它很好奇，想要去接近它"。而"学习力"体现在自己的"合纵连横"上，她既可以做垂直类节目，对一个领域垂直深入地呈现，也可以横向拓展，触类旁通。当她专注于某个节目或者某个行业的时候，她一定尽自己所能，不断学习，好似打一口深井一般，打到能够达到的最深层。当打了很多"深井"，一件美妙的事会发生："你会发现横向领域是彼此关联的，这些不同的领域会发生奇妙的化学反应，更加核心的思考和本质发现会浮出水面。"杨澜有敏锐的观察力，早在2015年，她就发动团队策划《探寻人工智能》，2016年李世石与AlphaGo人机大战之前，她也成为中国第一位系统采访和介绍全球人工智能

← 2024年7月，杨澜在巴黎卢浮宫。

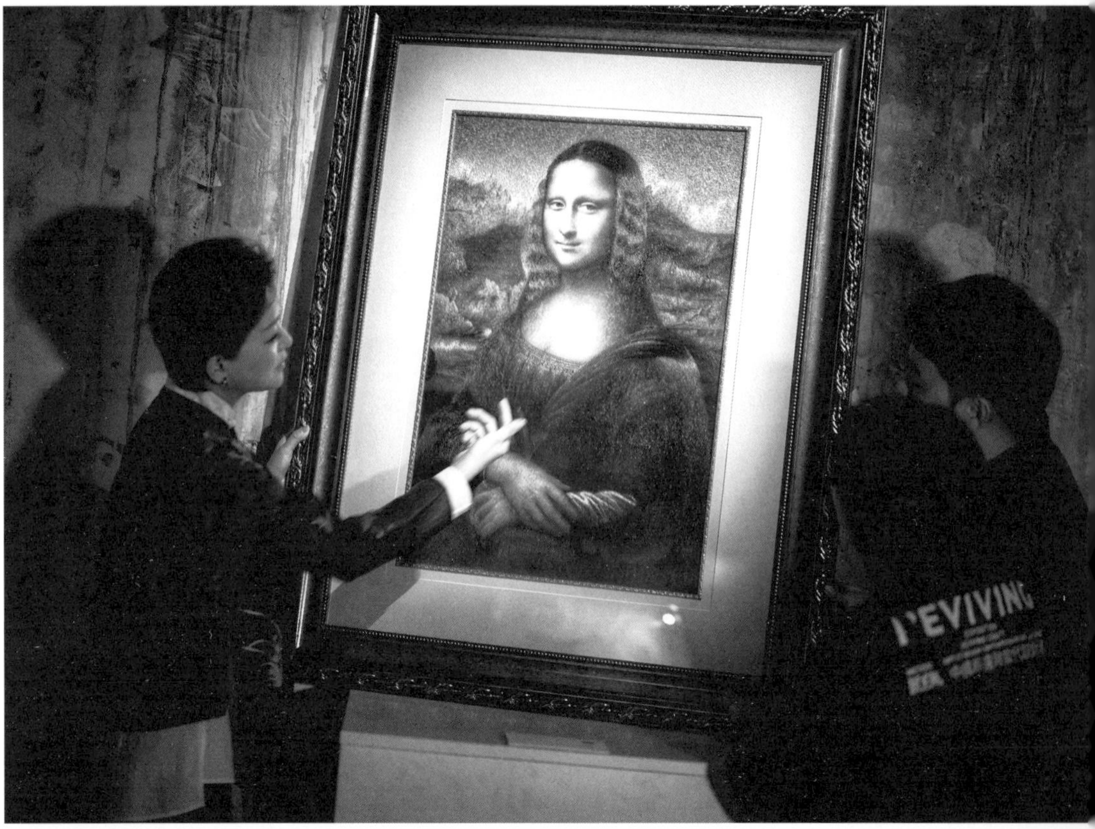

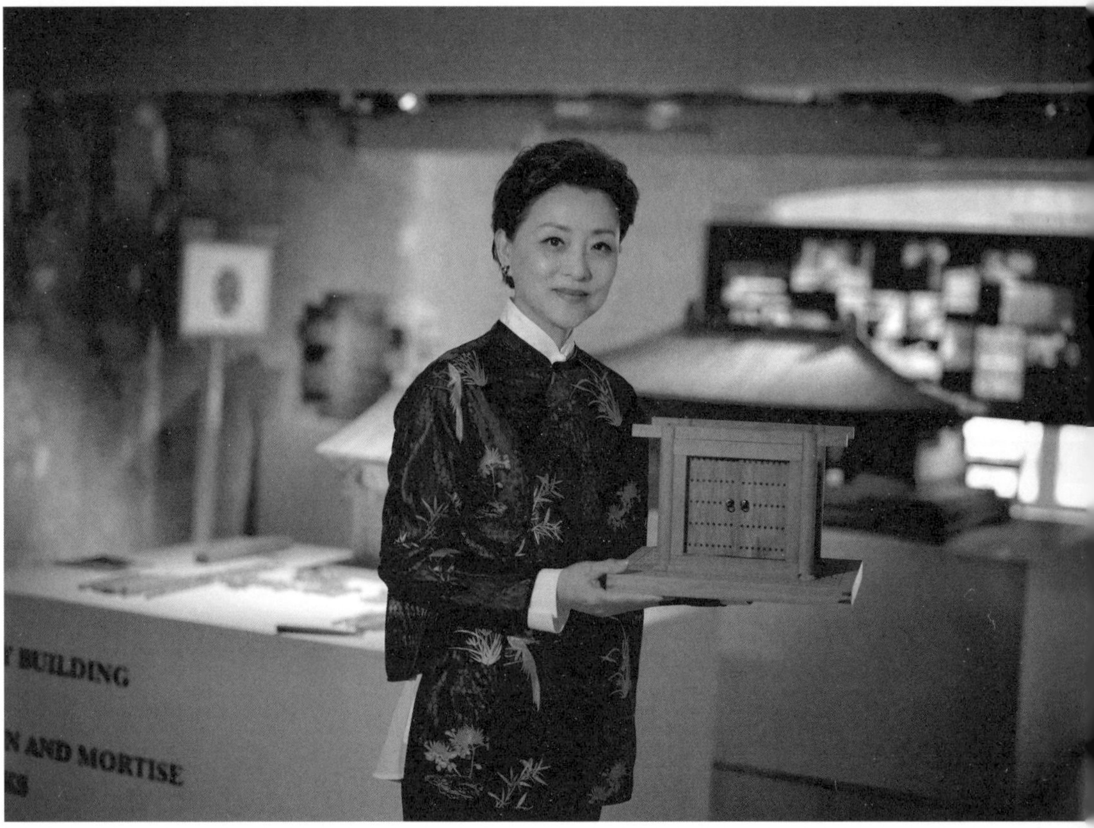
BUILDING
AND MORTISE

发展的制作人。2025年4月，她策划和组织的"横琴—澳门国际数字艺术博览会"将盛大开幕。她相信，人工智能时代，科技与艺术在顶峰相遇。

2024年7月6日，第33届夏季奥运会开幕前，"新生万物——中国非遗与当代设计展"在法国卢浮宫西翼的法国当代艺术博物馆里揭幕。作为联合策展人的杨澜，提出一个"空间即媒体"的概念，把这里打造成融合了金、木、水、火、土元素的五行空间，陈列了花丝镶嵌、木作竹编、制茶、酿酒、陶瓷、纺织刺绣等百余件作品。

这个展览是杨澜制作的系列纪录片《新生万物》的线下延伸。在这里，"新生"有三重含义：第一重新生，取自宋应星的《天工开物》，他认为古代农业和手工业是天人共作的结果，天地孕育了万物生灵，人类通过自己的创造赋予它新的生命；第二重新生，是指当代的设计师，他们是在古法传承的基础上又有新的设计、新的工艺和新的情感的表达；第三重新生，是指用多媒体和人工智能的方式在讲述故事和呈现手工艺，带来新的观展体验。

例如，清华大学丘成桐教授的数学团队把打籽绣、切针绣、松针绣等几十种苏绣针法做成了机器算法，把过去用放大镜都看不清楚的针法，通过显性的方式呈现出来。冬奥会视频导演曹雨西，用AIGC来表现陶瓷的釉色在高温炉窑里产生的化学变化和融合窑变的过程。此外，展览空间里，除了视听、触觉之外，还设计了一些嗅觉装置和味觉感受的环节，弥漫的酒香、茶韵也成了鉴赏的一环。

2023年，杨澜给青梅竹马的父母庆祝了钻石婚，父母的爱情给了她对于家庭的信心。当记者们问她："事业和家庭哪个更

← 2024年7月，卢浮宫西翼的法国装饰艺术博物馆，杨澜在"新生万物——中国非遗与当代设计展"现场与同事交流。

← 2024年7月，在卢浮宫西翼的法国装饰艺术博物馆，杨澜策展了"新生万物——中国非遗与当代设计展"。

重要?"她常反问:为什么只问女性这个问题呢?在她看来,这两者都很重要,无法取舍。杨澜和丈夫吴征在一场聚会上相识,她对这位体魄魁梧、性格率直的陌生男人有种莫名的信任,两人对话畅快,相见恨晚。在向对方第一次表露爱意的时候,两人竟然写下了同一句话:"人生得一知己足矣。"后来,在杨澜最危急、最困难、最低落和最没有自信的时候,丈夫吴征都给予她坚实的支持。从罗曼蒂克的爱情,上升到相互之间的精神认同,彼此深刻支持,这应该是两个个体之间能够形成的最好关系了。

2009年,当杨澜采访法国女明星朱丽叶·比诺什的时候,曾被反问:"你的谜是什么?"杨澜的回答是:"我的谜是,孩子们长大了会是什么样的,这是我最希望知道的。"15年转瞬即逝,孩子显现出的特质让杨澜高兴和自豪,女儿毕业于电影专业,热衷于用电影的方式讲述当代艺术家和设计师的故事;儿子学艺术和策展专业,一方面跟父亲学习新能源方面投资领域的知识,一方面也帮杨澜做些策展工作。他们有正直和善良的底色,和人友好相处,情商很高,也有追求理想的个性和主见。

杨澜对于成就的定义是自己作为一个普通人,能够收获"普通人的尊严"。所谓普通人的尊严,就是一步一步走好自己的路,老老实实做好自己的事,付出应该付出的心血和泪水,然后期待在这个过程当中对自己有一些小小的认知,和周边的人能有一些生命的和情感的联结。如果能够达成这样的状态,就堪称"伟大的成就",让人开心和知足。

不过,她还是拒绝给自己过往的人生评分:"路还长着呢,卷子刚答到一半。"

→ 2024年7月,在卢浮宫西翼的法国装饰艺术博物馆,杨澜在"新生万物——中国非遗与当代设计展"现场。

↓ 2024年7月,在卢浮宫西翼的法国装饰艺术博物馆,杨澜和丈夫吴征在"新生万物——中国非遗与当代设计展"现场。

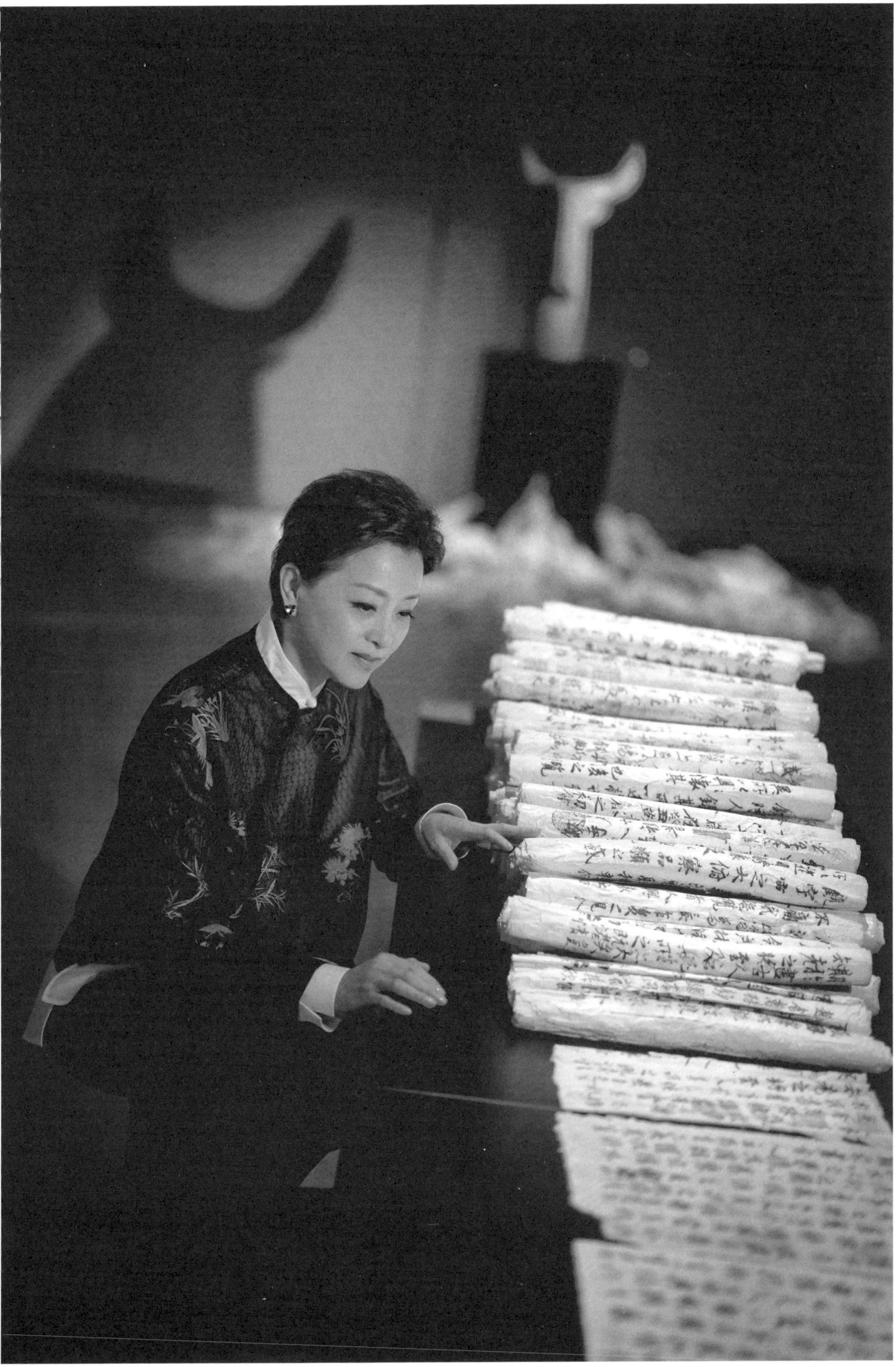

METIERS D'ART ET DE
新生灣得 中國
主辦方
戰略合作

POSITION
NG CRAFT
EMPORAIN DE LA CHINE
設計展

创造这件事，很酷

| 杨　澜

总有一些事，让我们兴致勃勃。

我上小学和中学的时候，特别喜欢做手工。最享受的是周日中午，等爸爸妈妈睡午觉了，我就在自己的小房间的书桌上，摆上画笔、刀剪等工具，铺满各色纸片、布头、扣子等材料，参照着搜罗来的图案、绘本，动手制作各种小东西——剪纸、贺卡、摆设、饰品什么的，不亦乐乎。那一个多小时，不知不觉就过去了，是我快乐的少年时光。

也许这就是为什么我对手艺人有着特别的亲近感。2018年，我制作《匠心传奇》时，采访了12位非遗传承人，2022年起，又作为发起人制作了非遗探索焕新节目《新生万物》。在拜师学艺的过程中，我和单霁翔、张国立、蒋昌建等老友，还有十几位年轻设计师，沉下心来，一手一脚学习传统技艺，大受启发。

有些劳动是需要些体力的。

在景德镇，我们跟着黄国军大师奋力抡锤，将高岭土石块砸成鸡蛋般大小，再放到水碓里去敲击成粉末，筛细之后，用脚把瓷土踩成泥坯，这样的瓷泥才细腻紧实。

在安徽泾县，我们跟着师傅们挑着五十来斤的湿稻草（师傅挑的是两百斤的担子），颤颤巍巍地爬上布满鹅卵石的山坡，再把稻草铺晾开来，让它接受阳光暴晒和雨水冲刷。只有经过三次蒸煮和晾晒，才能彻底除去稻草里的淀粉和蛋白质，留下干净的植物纤维，做到"纸寿千年"。

在川西竹海，我们又在罗荣成、罗勇父子手把手的指导下，砍下十几米高的慈竹，再切割成五六米长的竹竿，扎成一捆，扛竹下山。

在洋河酒厂，我们在手工班学着师傅们的模样，挥动大铁锹，把湿重的酒醅均匀地铺在直径三米的酒甑里，只需两三次，就大汗淋漓、手臂发抖了……

有些手艺又要求极致的精巧。

在苏绣大师姚建萍的工作室，我居然成功地把一根丝线劈成了一百二十八分之一！那几乎就是一根蚕丝的模样，捏在手指里，它顺着空气的浮力垂直向上飘起，纤细到摄像师几乎无法在镜头里看到它的存在："你们别动行不行？好像在做无实物表演，又像几个孩子般手舞足蹈。"就是这样的轻丝，绣娘们一天要数百次穿过毛毛针的针眼，绣成猫咪抖动的胡须、金鱼摆动的透明尾巴和少女明眸里的眼神流转……

创造是手眼并用的过程。意到，眼到，手到。极致的专注，极致的精微，似乎激活了每一个细胞的感受能力，见平日之未见，听平日之未听，创平日之未有。姚建萍大师告诉我，常年用眼的绣娘，即使年纪大了，也很少有老花眼。但只要放下绣花针，很快就会花眼。这专注的力量对人的生理极限也产生影响啊！

无论是做粗活儿，还是做细活儿，匠人们都心无旁骛，全神贯注，似乎忘记了时间。那是身心高度统一、心眼手高度协调的状态。十几年乃至几十年的反复练习已经造就他们出神入化的把握与控制，但好的匠人又必不被套路所束缚，在一丝不苟中不失自由创意和神来之笔。

在创作中，他们的眼神如此自信，表情如此生动，有时会自顾自地锁紧眉头，有时又会心一笑。此时的他们，敏锐、灵巧、笃定，那种物我两忘的自由状态，就是体验所谓的"心流"了。

心理学家告诉我们，实现心流的途径是正念练习（mindfulness），这是一种觉知状态的专注。

学医出身的乔·卡巴金（Jon Kabat-Zinn）1979年在麻省理工学院医学院工作，他想去帮助那些没有被西医治疗方式照顾到的人，于是开设了减压门诊，结合坐禅、瑜伽、太极等东方修行中的实践，将正念冥想的方法介绍给自己的病人。他发现这对于减轻病人痛苦、加快身体康复有明显的帮助；如果持续练习，不仅可以抚慰情绪，减少压力，减轻疼痛，更能使人心胸宽广，与他人友善相处，增进健康。

他和其他一些科学家的实验发现，经过八周左右的冥想练习，人的染色体两端的端粒会变长，降解得更慢；大脑中负责认知与情绪处理的左前额皮层会增厚，负责记忆的海马体增长，对压力敏感的杏仁核变小，血清素上升，大脑处于更加平静的状态。长期练习者大脑中的灰质（负责高级信息处理的部分）会增加，这让人们在复杂情势下更能聚焦并更灵活地做出反应。

他们把这些经验加以推广。美国NBA球星菲尔·杰克逊（Phil Jackson）就成为一位长期的正念练习者，并带动球队其他队员一起练习，这增强了他们在比赛中的专注力和协调配合能力。

2018年，我曾经邀请卡巴金先生来参加天下女人国际论坛。在演讲中，他高度评价中国道家、佛教禅宗和印度瑜伽的智慧，认为它们都是古人的智慧，让浮躁之心安静下来，感受当下，体验自我的存在。比如，老子说："孰能浊以止，静之徐清？孰能安以久，动之徐生？"李白诗曰："众鸟高飞尽，孤云独去闲。相看两不厌，只有敬亭山。"他还说，中文中"怒"字的结构，是由"奴"和"心"组成，表示被心情所奴役，真是天才的创造。他也在现场示范，告诉大家正念冥想并不神秘，任何人都可以从稳稳地坐在一把椅子上开始，关注自己的呼吸，平静、不带评判地观察自己的内心和外部环境，专注于当下的体验。它既不能消除人生中的悲伤与挫折，也不执着于只允许积极的情绪存在。它强调的是专注、觉察和仁慈，包括对自己的仁慈。

这让我想起佛教中有句话叫"戒生定，定生慧"，说的就是摒除杂念，心定一处，力求达到更深层的意识和觉知。

出外旅行时，我喜欢走访一些古寺。比如，福州闽侯县的雪峰崇圣禅寺，建于唐朝，被称为"南方丛林第一"。它不仅历史悠久，还作为"打禅七"的圣地声名在外。所谓"打禅七"，就是在七天内密集地修禅，以求开悟。从这里走出过不少高僧大德，做了南方各寺庙的住持。传说公元870年，26岁的藻光和尚慕名前往雪峰寺拜谒义存禅师。义存出其不意地问："进一步则死，退一步则亡，如何？"藻光不慌不忙回答说："横行几步何妨？"

心无挂碍，生发智慧，让我们觉察到自己和世界本来的样子。

佛学的智慧给现代人带来很多启发，比如，如何理解"空"字。这五光十"色"、令人悲喜交加的世界,怎么可能是"空"的呢?几年前,普林斯顿大学进化心理学教授罗伯特·赖特(Robert Wright)写了一本书《洞见》(*Why Buddhism Is True*),通俗易懂地解释了佛学的真义。

他认为,自然选择让我们的大脑趋利避害,进而形成一种为世间万物打标签的机制,好与坏、美与丑,这些价值判断往往让我们不自觉地戴上了有色眼镜。不仅仅是看到一块巧克力或遇到一条蛇时会产生冲动,甚至连一些简单的数字都会唤起我们强烈的情绪。世间万物的确客观存在着,但我们的主观意识给它们赋予的价值和好恶,不是事物原本的模样,是附加上去的。

另外就是我们对自己的认识。大脑的另一个特点是"自我独特性",认为自己是高于其他物种的理性动物。但实际上,我们的许多重要决定都是被情绪左右的,比如,当屋子里出现女性的时候,男性的表现和彼此之间的竞争就会有微妙的变化。所以,你看,自我这个东西也是贴了标签的,不是完全客观的。这就呼应了佛学中"空"的概念。

赖特教授自己坚持做正念练习,他发现,当我们弱化或者关掉自动贴标签的习惯,也就是说,不"喂养"欲望时,情绪就变得更加平稳了。他举例说,邻居在装修,电锯的声音很烦人,他就先在自己的头脑中弱化"电锯声真讨厌"的痛苦,慢慢地甚至听出了其中的节奏感,也就不感到那么烦躁了。他将这一过程总结为RAIN,即识别(Recognize)、接受(Accept)、审视(Investigate)和不执(Nonattachment),与佛教中放下执念的教诲是不是挺吻合的?这一模型对我们管理负面情绪是普遍有效的。

所谓诚其意、正其心、善其事,每门手艺都可以是一种修行。人在高度专注中,不仅忘记时间的流逝,还能有人与物的奇妙互动。我常在匠人那里听到"只有自己的心清静下来,才能看到材料的本真"的说法;还有把劳作看作心性修行的比喻,漆器大师说"人磨漆,漆磨人",玉器大师说"人琢玉,玉琢人"。他们毕生追求以心悟道、以器载道的境界。

中文中"设计"这个词,古代指设下计谋,现代意义的"设计"直到19世纪才从日语中借鉴过来,而中国古代的匠人其实身兼设计师和工匠的双重身份，他们既负责创意，也亲自完成作品。在这物我合一的过程中，体会到物境、情境和意境的美妙。

20世纪80年代起，作为发达工业化国家的日本重新挖掘和提倡匠人精神。木工秋山利辉的"匠人须知三十条"写道："进入作业场所前，先学会打招呼；成为和蔼可亲的人；成为积极思考的人；成为熟练使用工具的人；成为乐于助人的人……"他不仅道出了一流木工的培养方式，更是唤醒了敬天感恩的心。他要求工人们在开工前，要向手中的木材感恩，珍惜这汲取了天地精华、经历了岁月洗礼的珍贵木材，它落在自己的手中，所以必须谨慎使用，用心打磨，以期发挥它最大的作用和持久的功能，让使用它的人可以代代相传。

我看到这匠人精神的背后有大写的"尊重"：尊重自然，尊重劳动，尊重时间，尊重客户，尊重同事，尊重自己……匠心，重在一个"心"字，就是把最大的善意、诚意和创意，注入器物之中。

国宝级漆器大师甘而可先生住在黄山脚下，他数十年专心致志地研究、制作漆器，恢复了汉代犀皮漆的工艺。他向我一边示范，一边介绍说，一件漆器的制作，从上山割漆到器物打磨完成，需要几十道工序，上一百多层漆，花上两三年时间是很正常的。他的夫人曾跟他开玩笑说："门口的高楼都盖起来了，你的一个瓶子还没做好。"甘而可不慌不忙地说："房子如果盖得不结实，不到三十年就要拆掉；而我的瓶子，过一百年、三百年也不会变形。那时候会有人把它捧在手上，体会到我今天的用心。"这就是他对于时间和价值的理解。

只有投入生命和情感的技艺才是鲜活的。

擅长扎染的大理白族人有"人生三块布"之说，即出生、婚嫁、离世，都要穿上扎染的服饰。"来，今天让我们来看看每口染缸的情绪怎么样。"被称为小白的扎染传承人张翰敏女士，身材不高但很匀称，虽然已经做了两个孩子的妈妈，但笑起来还是一张娃娃脸。说着，她递给我一板pH试纸和一个记录本，让我把院子里七八口大小不一的染缸的"健康"状况记录下来。染缸里浸泡的是板兰的茎叶，如果其酸碱度在3.5左右，就意味着它今天可以工作；

如果不是，那么就意味着要向缸里投喂一些糖或面粉，甚至黄酒，让里面的微生物得到滋养，以期尽快恢复健康。

"原来染料是活的！"我大惊小怪起来。过去一直以为那就是从植物中提取的色素而已，没想到是一系列生物化学反应！染的过程更加奇妙。把扎出图案的白布放入蓝得发黑的染缸，轻轻揉搓后拿起来。布先是呈现出草绿色，然后慢慢变成孔雀绿，随着在空气中氧化，蓝色逐渐加深。再投入缸中染第二遍，这次拿出来以后蓝色就更深沉了。之后要在清水中洗去多余的染料，把布拧干，在庭院里支起来晾晒。一片蓝天白云染，就在苍山洱海的微风里舞蹈起来。

全情投入，就是正念练习，能让人体验澎湃的"心流"。而创造，使这种内心的幸福外化，进而可以把这幸福分享给更多的人。我高中时代最喜欢的作家罗曼·罗兰就说过："什么是快乐？创造就是快乐。其他都是无关紧要的漂浮在地面上的影子。……创造是消灭死。"

《考工记》里写道："天有时，地有气，材有美，工有巧，合此四者，然后可以为良。"如果说宇宙之美在于生命，那么生命之美就在于创造。

黄亚东
HUANGYADONG

美国加州大学旧金山分校
病理学和神经病学终身教授

终结
阿尔茨海默症

The Terminator of Alzheimer

旧药新用

每周二下午，黄亚东教授都会在格拉德斯通研究所听取研究员汇报课题进展，目前实验室的25名研究员分成3个小组，从动物实验、干细胞和药物开发三个方向展开研究。每组的组长都和黄亚东共事了十几年，经验丰富。

从做博士后到在美国加州大学旧金山分校病理学和神经病学任教，黄亚东已经在这所校园徜徉了29年，一草一木都熟稔于心。

加州大学旧金山分校新校区在旧金山使命湾（Mission Bay）填海而建，有20年历史。其医学院、药学院、口腔学院、护士学院，都是在全美排名靠前的院系。

黄亚东教授所在的格拉德斯通研究所一进正门，左侧有一个半身铜像，那是美国商人杰克·大卫·格拉德斯通（Jack David Gladstone）的塑像，研究所就是他在20世纪70年代捐建

↓ 2023年8月，黄亚东在格拉德斯通研究所办公室里，拿着学生带回来的海马装饰品。

的。早期针对心血管研究，由黄亚东的导师Mahley博士带领七个人创建。发展到现在，已经是包括心血管研究所和针对艾滋病及其他病毒的病毒与免疫研究所、针对阿尔茨海默症的神经系统研究所等五个研究所，有500多人，获得了两次诺贝尔奖，走出了一批科学院院士。

黄亚东的办公室里，有一件用铜片制作的海马形象艺术品。那是他的学生毕业旅行带回来的。黄教授的团队是主要研究大脑海马体的，也就是大脑里主要负责短时记忆存储转换和定向等功能的区域，由于这个区域形状特别像海马，所以在医学术语上就用"海马体"指代了。

办公室外有一面形象墙，上面展示着黄亚东团队在*Nature*等顶级学术期刊上发表的文章。"我们经常更新，每年都在顶级刊物上有文章发表。"其中有一篇文章记录了他们正在研究的一种可以降低患阿尔茨海默症概率的药物。按照以往的惯例，在美国做一款新药从研发到上市一般要20年，耗资上亿元甚至几十亿元不足为奇。随着药物的不断上市和使用数据的积累，科学界开始流行"repurpose"（目的重塑）的研究方法。背后的逻辑是，目前医疗领域里事实上已经有了足够多的药物，每种药物在使用后产生的结果很多时候并没有被充分地发现。尤其是有时候一些意想不到的副作用，反而有可能是治疗另一类疾病的灵丹妙药，可谓"彼之砒霜，吾之蜜糖"。比如，最近医学界发现，治疗糖尿病的二甲双胍，既可以延长寿命，也可以减肥。

按照这个思路，黄亚东组建了格拉德斯通转化医学中心并任中心的主任。他的团队在美国食品药品监督管理局已经批准的药物里筛选了1300多种药物，结合大数据分析和临床，建立了一个评分机制，对每种药物进行评分，希望能够找到对阿尔茨海默症里那1000个表达量发生变化的基因有纠正作用的药物。

历经层层筛选，黄亚东团队最终找到了一款名为布美他尼（Bumetanide）的利尿剂药物。"这个药很便宜，已经上市40年了。我们就把它在老年痴呆老鼠模型上用了3个月，发现非常有效，记忆力的问题都慢慢纠正过来了，很多指标都会逐渐恢复正常，有效率几乎是100%。"

此后，黄亚东团队将两个医疗中心的患者作为研究样本，调用了数百万的临床数据，筛选数千例有效样本，采用了随机选10次、建立对照组的方式。发现65岁以上使用这种药超过半年以上的患者，基本上得老年痴呆的概率可以降低35%—75%。

作为一种极其复杂的疾病，黄亚东认为阿尔茨海默症的发病与进展与多个蛋白表达有关。"老年病不太可能是一个原因导致的，是方方面面的综合因素。"人体一共有22000多个基因，但是每个人从这些基因表达出的蛋白量是不一样的。老年痴呆患者的基因里有1000多个基因的表达量发生了变化，并不是序列上的变异，只是表达量升高或降低，综合效应导致发病。

"我们认为，可能是这1000多个改变里头，有一两百个关键的变化，但绝对不是一个两个。"其中，载脂蛋白ApoE4是阿尔茨海默症的主要遗传风险因子。研究证实65%的阿尔茨海默症患者均携带ApoE4的等位基因。"ApoE有三个等位基因，分别编码表达出ApoE2、ApoE3和ApoE4蛋白。与ApoE3相比，ApoE2降低老年痴呆症的发病风险，ApoE4升高老年痴呆症的发病风险。ApoE4的携带者有超过50%的可能性会在70岁之后患老年痴呆。"针对ApoE4基因表达，黄亚东研究了近30年，重点解决ApoE4的人群如何能够提前诊断和避免病症，在病发的时候如何能及时控制和治疗。

→ 2023年8月，黄亚东在格拉德斯通研究所办公室的展示墙前，背景是他和团队在 Nature 等顶级学术期刊上发表的文章。

→ 1992年，黄亚东在德国明斯特实验室。

↓ 2023年8月，黄亚东在格拉德斯通研究所实验室，和团队一同做跟踪实验。

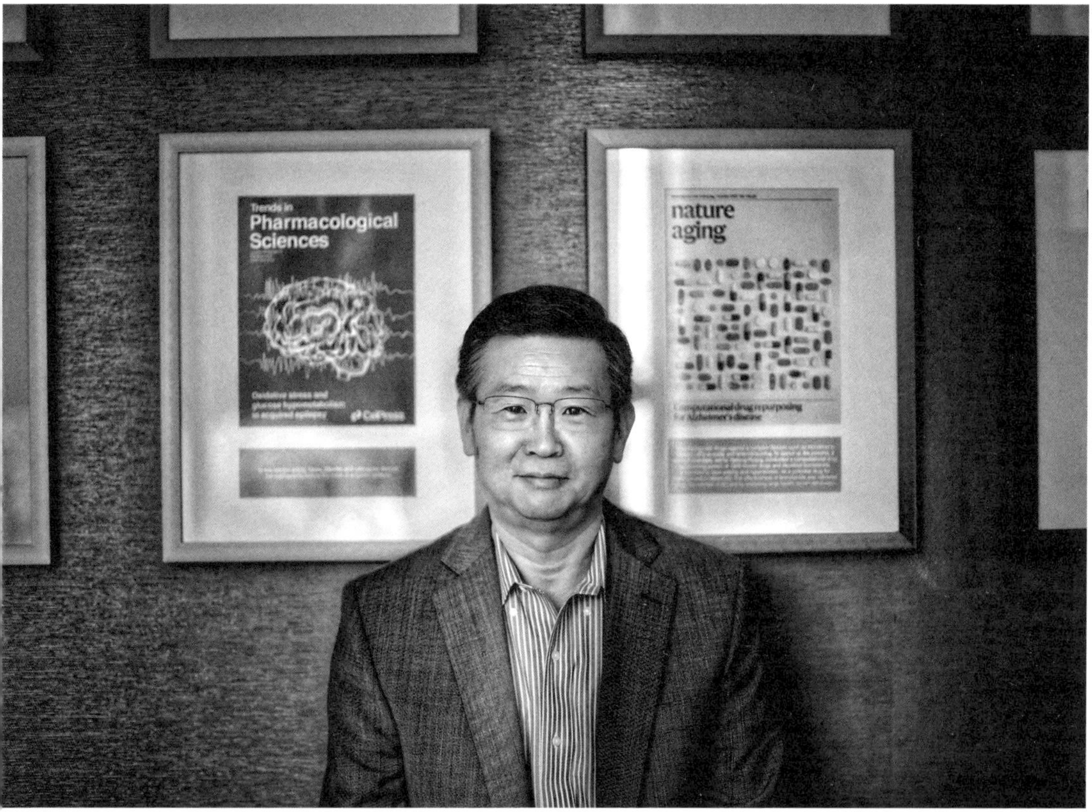
Trends in
Pharmacological
Sciences
nature
aging

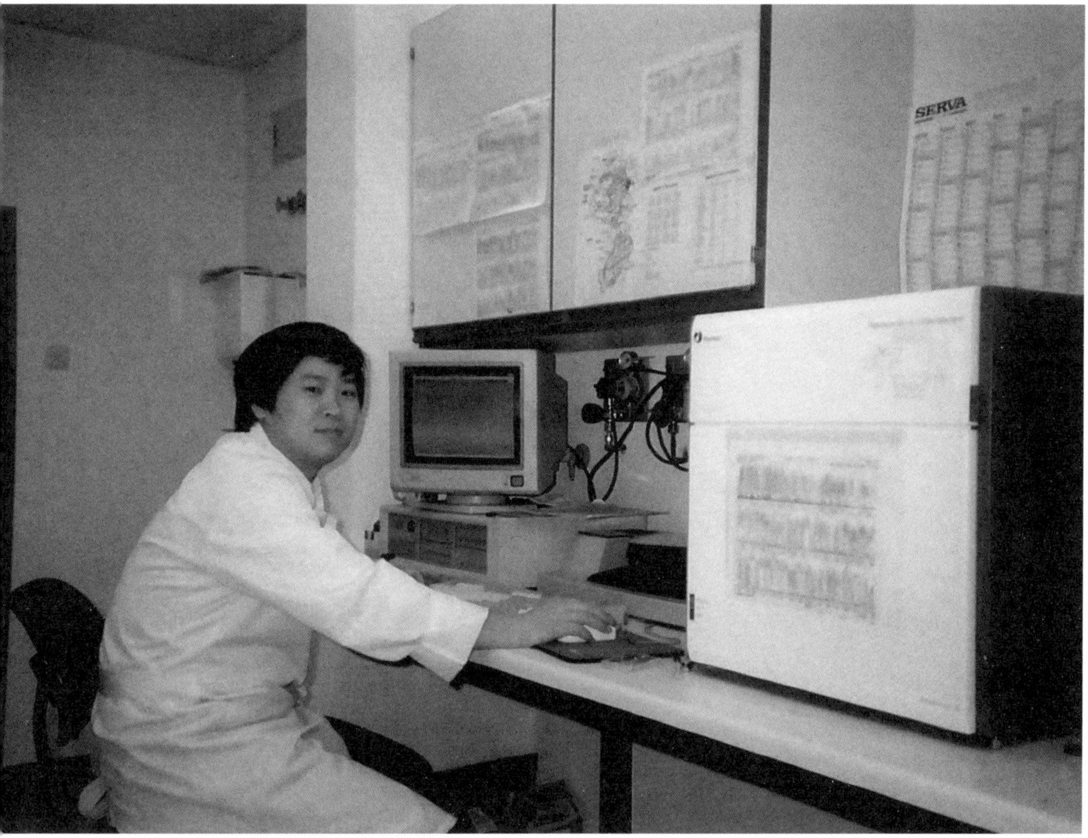
SERVA

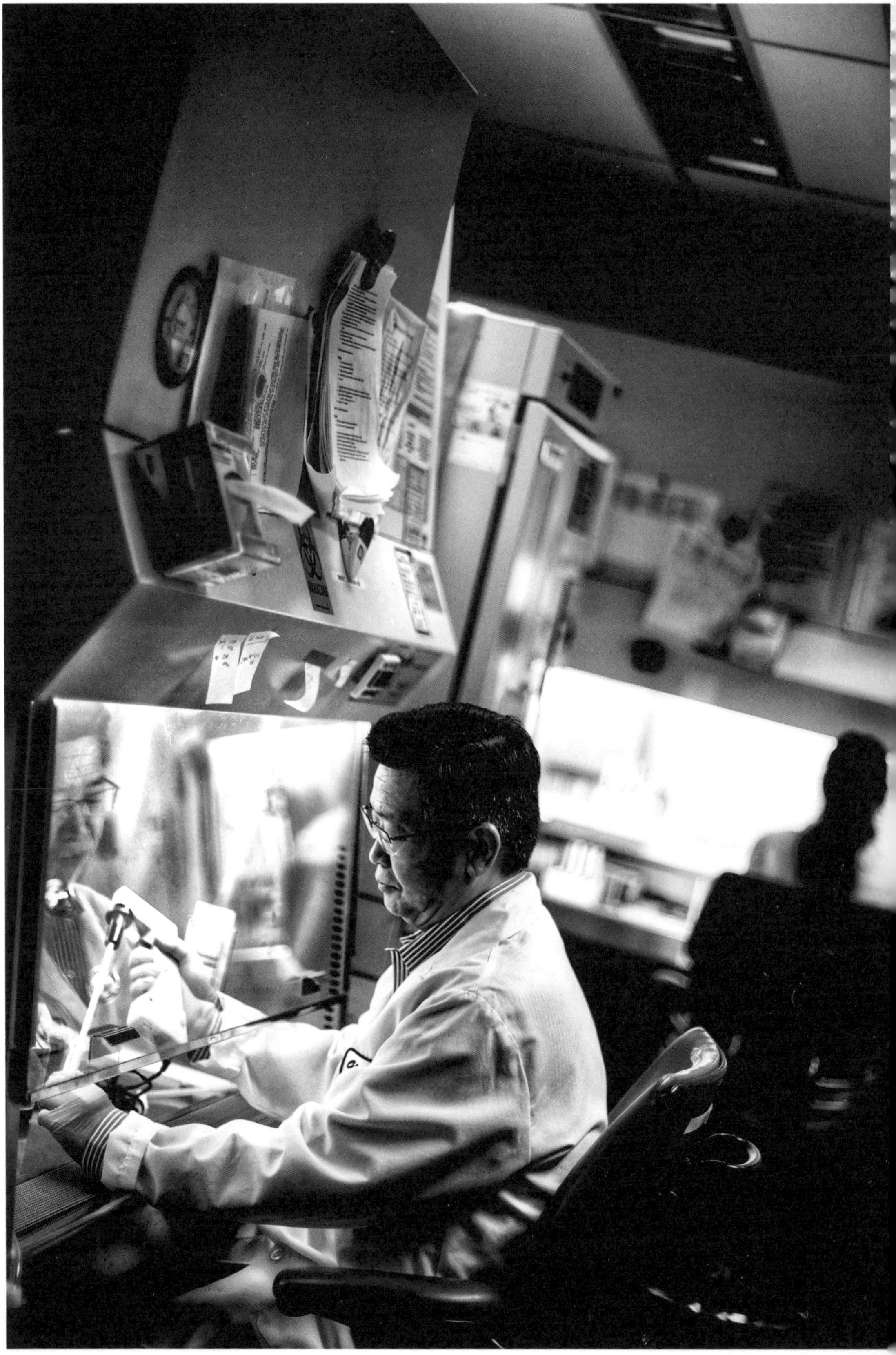

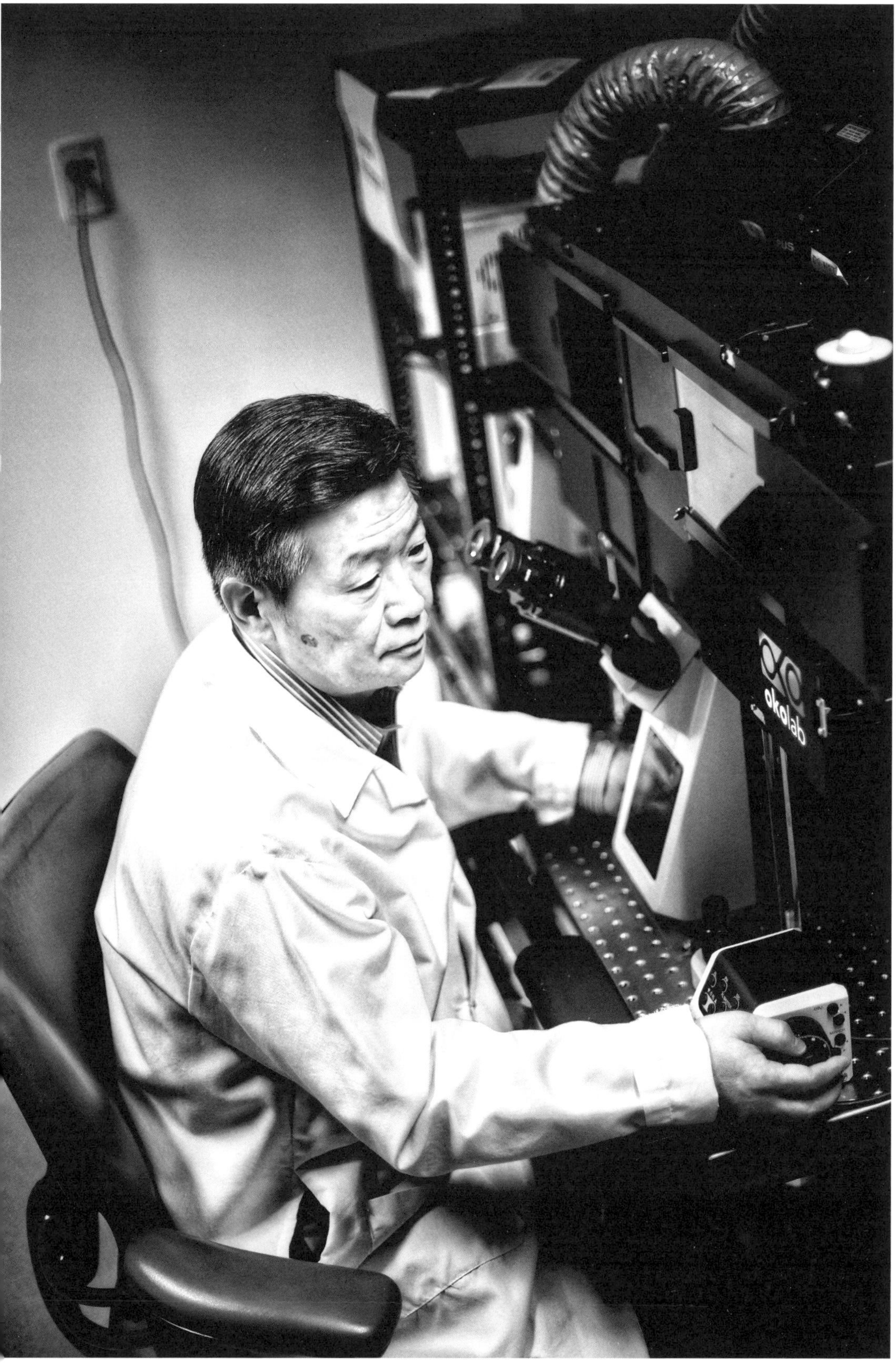
okolab

事实上，在研究刚刚开启的时候，黄亚东也曾一度陷入瓶颈。在百万人使用的千余种药物里，对照每个人千余个基因表达，一一分析。然后，要发现究竟是哪个药物或者哪种药物成分，能够纠正阿尔茨海默症里1000多个表达量发生变化的基因……这需要强大的数据分析能力和极为丰富的科研和临床经验。

就在黄亚东一筹莫展的时候，一位学生向他表达了自己对这一课题的浓厚兴趣，并且打算停掉已经做了三年的博士课题，重新开启这个新课题。这个学生曾在哈佛学了一年数学，有数学模型基础，之后又学了生物，有三年细胞培养的功底，背景和课题吻合度很高。如此，两人一拍即合，展开了研究。

后来，黄亚东又邀请了一位做大数据分析的教授一同加入，强强联合。从建立概念到成果发表，进展迅速，只用了两年时间。

2021年底，文章发表以后，美国国立卫生研究院（National Institutes of Health）的院长在Facebook上表达了对这一研究的关注，各大报纸也对他们的研究成果予以报道。而作为课题组第一作者的博士生，还没有毕业就有好几个公司邀请她加入，包括谷歌AI健康团队邀请她去做小组负责人，目前她已经在纽约一家公司担任副总裁。

↑ 2023年8月，黄亚东在格拉德斯通研究所实验室。

大脑里的"指挥家"

老龄化是一个全球性挑战。根据联合国发布的《2023年世

↑ 2024年7月，黄亚东在旧金山家中。

界社会报告》，预计到21世纪中叶，全球65岁及以上的人口数量将增加一倍以上，达到16亿人。如此庞大的体量，使得阿尔茨海默症的有效预防和治疗迫在眉睫。不过，有数据显示中国人得老年痴呆的比例，似乎比西方人低。黄亚东对于这个统计结果不置可否，"实际上到大城市一看，没有多少差别。很多家庭未必能觉察到，人们往往认为老了，记不住了，都是正常的。其实这是阿尔茨海默症典型症状之一"。黄亚东预计随着长寿时代的到来，阿尔茨海默症也会呈现爆发式的增长。

在我们的大脑里，有抑制性神经元，有兴奋性神经元，后者占绝大多数。我们的行为、语言，都需要兴奋性神经元的协调运作，这一过程需要抑制性神经元的参与和调控。黄亚东团队发现ApoE4相关的阿尔茨海默症往往与抑制性神经元功能损伤或死亡导致的兴奋性神经元过度活化有关。一个抑制性神经元可以控制3000—5000个兴奋性神经元，就像是乐队的指挥，调节哪个先兴奋，哪个后兴奋，从而让人的行为、语言流畅平衡。

最近，黄亚东团队的研究又有新成果。用皮肤分化诱导性干细胞，做成抑制性神经元，然后移植到老年痴呆模型小鼠的海马，"相当于把乐队指挥放回去了，乐队就可以重新工作了"。在老年痴呆小鼠模型上看到显著成效后，黄亚东与合伙人创建了GABAeron药物公司，计划将这一干细胞移植疗法发展到临床应用。

黄亚东教授从事的研究获得了行业的高度尊重和认可。美国国立卫生研究院是美国生命科学领域最重要的研究支持机构

↓ 2023年7月，黄亚东在旧金山一次交流会上，与大家分享他的研究成果。

↑ 2024年7月，黄亚东和妻子缪迎晖在旧金山家中准备午餐。

之一，为全美相关科研提供基金。黄亚东是NIH老化研究董事会的董事，也是十多名董事里唯一的华人。NIH是黄教授项目经费来源之一。除了NIH以外，默克制药也曾投入4000万美元，联合黄亚东教授研究最重要的脂质转运蛋白ApoE4。

做对关键的几件事

黄亚东出生在河南郑州，在山东烟台长大，父母是老家的第一批大学生。他自己先是在青岛医学院就读，后来又到北京

中国医学科学院和协和医科大学攻读硕士学位，两年后转成博士。1991年他前往德国做了四年半博士后。那期间，他买过多次可以天天坐、3个月有效的学生火车票，每张140美元左右。为了省住宿费，他几乎都在火车上睡觉，"星期五晚上9点以后坐火车到一个6小时左右才能到的城市，睡一觉，白天到了下来玩一天，晚上再找一个远一点的城市，再坐上火车睡一觉"。就这样，他几乎把欧洲走了个遍。

1995年，黄亚东只身奔赴美国，由于难以直接被聘为教授，他便继续做博士后，刚开始的时候很困难，申请基金不顺利，还遭遇过歧视，后来研究成果的文章逐渐发表了，境遇也就开始改观，4年后终于拥有了自己的实验室。

如今，黄亚东开始游刃有余地展开研究工作了，加州大学

↑ 1999年7月，加州大学旧金山分校格拉德斯通研究所给黄亚东建立了自己的实验室，在研究所特地举办的庆祝派对上黄亚东和夫人缪迎晖合影。（图片提供：缪迎晖）

→ 2023年8月，黄亚东在加州大学旧金山分校。

Roger Evans Terrace

旧金山分校新校区建成后，他在马路对面买了套公寓，步行距离5分钟，他常常随便穿了件T恤就到办公室了。

黄亚东的夫人也是家学渊源深厚。爷爷是周恩来总理从海外请回来的人文、哲学领域的一级教授，首批博士生导师，会讲很多种语言，翻译过很多书籍。最初在北京大学任职，后来参与建立中国人民大学。奶奶在中国社会科学院做人文研究，也是最早开始带研究生的导师之一。两位老人从广东中山到国外再到北京城，一步一个脚印，给黄亚东夫人从小就树立了榜样。

黄亚东和夫人在北京相识。刚到美国时，夫人在加州大学伯克利分校读流行病与统计学研究生，后来在初创公司及大药厂做高级临床数据分析师。"用'贤内助'肯定不足以形容我夫人的作用，很多时候她的专业能力给我很多启发。支撑着我的研究。"

↑ 2024年7月，黄亚东和妻子在旧金山家中。

→ 2024年7月，黄亚东和妻子缪迎晖在旧金山家中修整后院的植物。

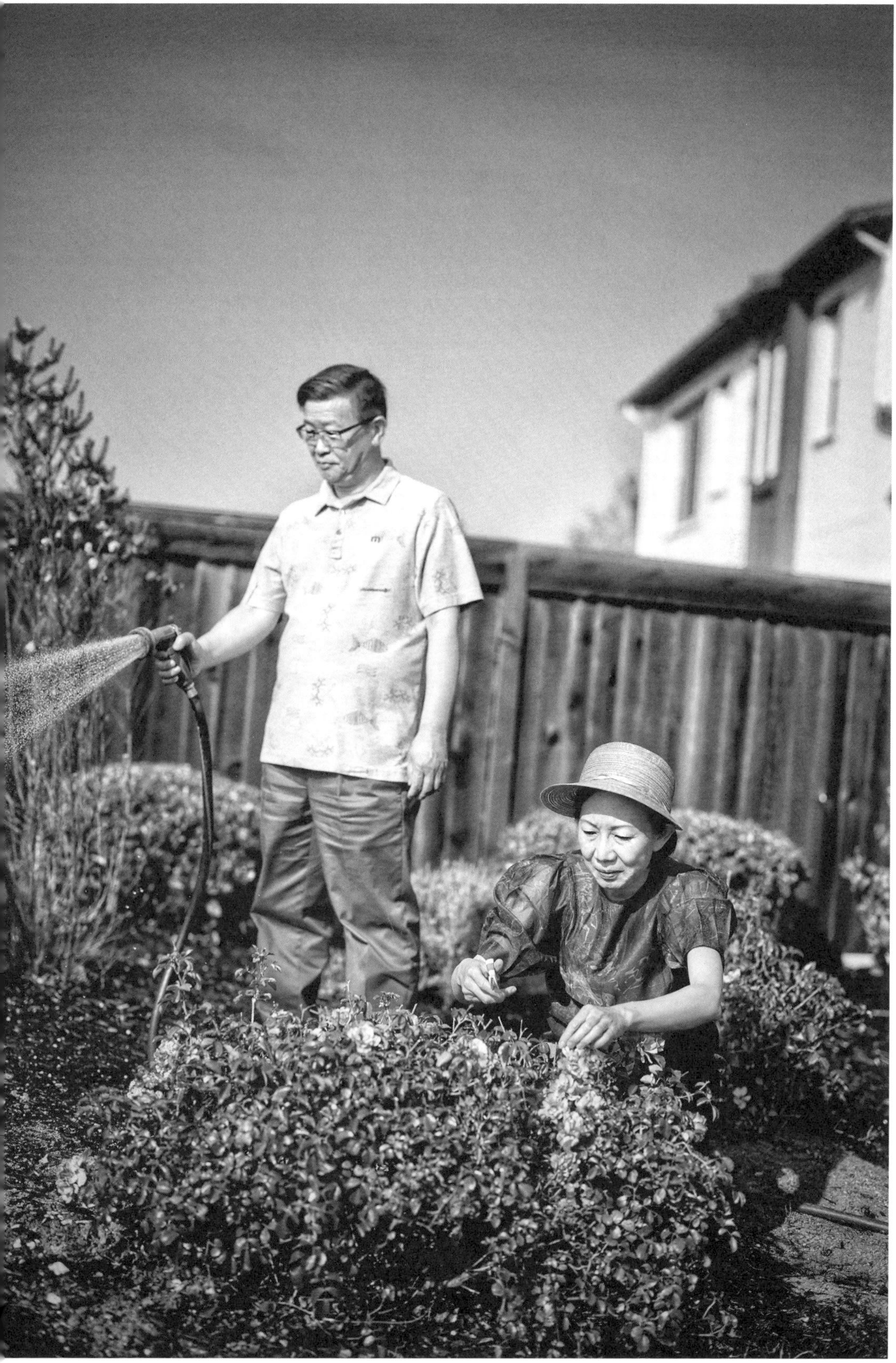

今年刚满60岁的黄亚东,从事老年痴呆领域的研究有差不多30年了,正值从事学术研究的黄金时间。"人生真正重要的,就是把几件关键的事做对了、做好了。人生好比是一条'珍珠项链',就活那几个瞬间,就是那几颗珠子,其他生命过程都是在为珠子做铺垫。"

实验与临床真实数据支持老药新用布美他尼预防和治疗 ApoE4 相关阿尔茨海默病

主要作者： Alice Taubes, Phil Nova, Kelly A. Zalocusky, Idit Kosti, Mesude Bicak, Yanxia Hao, Bin Chen, Benjamin S. Glicksberg, Marina Sirota, Yadong Huang（黄亚东）

摘要：阿尔茨海默病（AD）的显著遗传、病理和临床异质性给传统药物开发带来了挑战。我们进行了一个计算药物再利用筛选，以寻找治疗载脂蛋白（Apo）E4相关AD的药物。我们首先通过分析公开可用的人脑数据库，建立了依赖于ApoE基因型的AD转录组特征。然后我们将这些特征与包含>1300种药物转录组扰动的Connectivity Map数据库进行匹配，以识别那些最能逆转ApoE基因型特异性AD特征的药物。布美他尼（Bumetanide）被确定为ApoE4相关AD的顶级药物。在脑组织没有或有Aβ淀粉样变积累的ApoE4小鼠中，布美他尼治疗能够恢复其电生理病理或认知缺陷。单核RNA测序显示这些小鼠中特定细胞类型中AD特征的转录组逆转，这一发现也在ApoE4-iPSC来源的神经元中得到证实。在临床真实数据中，布美他尼的暴露与两个电子健康记录数据库中65岁以上个体的AD患病率显著降低相关，表明布美他尼在预防和治疗AD方面可能有效。

引言：阿尔茨海默病（AD）是全球范围内导致痴呆的首要原因，目前没有有效的治疗方法。AD患者中明显的遗传、病理和临床异质性给传统药物开发带来了挑战，几乎所有针对单一AD相关途径的药物开发努力都在后期人类试验中失败。这些失败共同表明，开发一种药物来治疗所有AD患者可能是不可能的。相反，一种允许通过已知疾病相关基因突变或多态性进行指导的精准医学方法，可能是识别对更均质的AD患者亚群有效药物的可行替代方案。

结果：ApoE基因型依赖的阿尔茨海默病转录组特征

为了建立ApoE基因型依赖的阿尔茨海默病（AD）转录组特征，我们分析了一个公开可用的，包含AD患者、非痴呆对照组和ApoE基因型信息的人类颞叶转录组数据集（GEO编号GSE15222；n=213，其中非痴呆的ApoE4/4纯合子>3）。与大多数临床研究一样，AD组中的ApoE3/4和ApoE4/4携带者比例明显高于对照组（卡方检验P<0.001）。数据集随后按ApoE基因型进行了分层，并在每个患者子集上评估了基因的差异表达（DE）。与ApoE基因型匹配的对照组相比，在ApoE4/4、ApoE3/4和ApoE3/3基因型的AD受试者中分别有539、295和1079个差异表达基因。值得注意的是，所有三种AD组中只有108个差异表达基因（占所有差异表达基因的5.6%）是共同的，这凸显了在转录组水平上AD发病机制中每种ApoE基因型的不同病因。

布美他尼被识别为ApoE4/4阿尔茨海默病的顶级候选药物

接下来，我们将ApoE基因型特异性的AD转录组特征与CMap数据库进行匹配，以识别潜在的治疗性预测药物。在CMap数据库中，那些更能"翻转"AD转录组特征回到正常状态的化合物在临床研究中更可能有效。因此，我们计算了所有化合物针对ApoE基因型特异性的AD在CMap数据库中的"翻转"分数。在被识别为ApoE4/4阿尔茨海默病的顶级候选药物中，我们通过文献搜索一般药理学信息和潜在作用机制，选择了一个化合物进行进一步评估。被FDA批准用于治疗高血压和水肿的利尿剂布美他尼被发现是最高排名的药物。因此，我们进一步分析了布美他尼在ApoE4/4相关阿尔茨海默病中的疗效。

在CMap数据库中的布美他尼处理的细胞中，ApoE4/4阿尔茨海默病中上调的基因在治疗后向下调，而下调的基因则向上调（蒙特卡洛模拟，P<0.001）。布美他尼的转录组效应也显示出对ApoE4基因型的偏好，其对ApoE3/4、ApoE3/3阿尔茨海默病及不控制ApoE基因型的AD状态的CMap分数逐步减弱。然而，总体的负CMap分数表明它至少在一定程度上也可能对ApoE3阿尔茨海默病或一般阿尔茨海默病有效。

布美他尼治疗能够逆转ApoE4-KI小鼠大脑老化的转录组特征

为了能够测试布美他尼对ApoE4相

关阿尔茨海默病小鼠模型的效果，我们分析了布美他尼是否也能逆转ApoE4-KI小鼠大脑老化的转录组特征，使用了一个公开可用的RNA-seq数据集。我们首先分析了12月龄或24月龄与3月龄ApoE4-KI雌性小鼠大脑皮层的转录组差异。12月龄与3月龄和24月龄与3月龄ApoE4-KI小鼠大脑中有64个差异表达基因和4个差异通路。CMap评分分布分析表明布美他尼在针对12月龄与3月龄和24月龄与3月龄ApoE4-KI小鼠脑老化的转录组特征时，分别位于最有效的第7和第8百分位。CMap数据库中布美他尼处理的细胞中，上调的基因在老化的ApoE4-KI小鼠脑中向下调，而下调的基因向上调。这表明了布美他尼可能对ApoE4-KI小鼠的脑老化病理表型具有疗效。

布美他尼治疗能够恢复老年ApoE4-KI小鼠海马中神经元的正常兴奋性和可塑性

我们随后验证了布美他尼对16月龄雌性ApoE4-KI小鼠中ApoE4引起的神经元兴奋性和可塑性缺陷的影响。通过在老年ApoE4-KI小鼠的海马CA1区域的输入输出曲线分析进行测量，我们首先确认了已知的ApoE4-KI小鼠中过度兴奋性表型。使用布美他尼（每日0.2mg/kg，腹腔注射，8周）的长期治疗恢复了这一病理生理现象。我们还发现，在这些老年ApoE4-KI小鼠中，与ApoE3-KI对照组相比，长期增强作用（LTP）的能力受损。LTP是神经元可塑性的电生理学测量，对正常记忆形成至关重要，并在AD动物模型中受损。令人惊讶的是，布美他尼治疗完全恢复了老年ApoE4-KI小鼠的LTP缺陷。因此，布美他尼治疗恢复了老年ApoE4-KI小鼠海马中神经元的正常兴奋性和可塑性。

布美他尼治疗能够恢复老年ApoE4-KI小鼠的正常空间学习能力

我们随后检查了布美他尼治疗对22月龄雌性ApoE4-KI小鼠认知缺陷的影响。我们使用Morris水迷宫测试，在隐蔽平台试验中测试了5天的空间学习，随后进行探针试验以测试记忆。学习曲线分析表明，ApoE4-KI小鼠的学习速度明显慢于ApoE3-KI小鼠。布美他尼治疗显著提高了ApoE4-KI小鼠的学习表现，达到了ApoE3-KI小鼠类似的水平，而布美他尼治疗对ApoE3-KI小鼠无显著影响。

总之，这些数据表明布美他尼治疗恢复了老年ApoE4-KI小鼠中的正常空间学习能力。

布美他尼治疗能够逆转ApoE4-KI小鼠大脑中的ApoE4相关AD转录组特征

为了探讨布美他尼对ApoE4-KI小鼠体内转录组的影响，我们对经过8周布美他尼治疗（每日0.2mg/kg腹腔注射）的老年ApoE4-KI小鼠的海马进行单核RNA测序。我们鉴定了18个不同的细胞簇，进一步分析了细胞类型特异性的药物效应。在18种细胞类型中的12种，包括所有兴奋性和混合型神经元簇以及SST/PV中间神经元，ApoE4 AD中上调的基因在布美他尼治疗后向下调，而下调的基因向上调。这证实了布美他尼的转录组扰动特征与老年ApoE4-KI小鼠海马中这些神经元亚型的人类ApoE4 AD特征之间呈负相关。当所有显示出显著"翻转"的神经元亚型的数据结合在一起时，ApoE4 AD特征基因的显著逆转是显而易见的。这一转变支持了CMap的预测，以及通过逆转疾病特异性转录组特征的假设，即使在动物模型中也是一种合理的计算药物再利用策略。

布美他尼治疗能够逆转J20/E4-KI小鼠大脑的功能障碍并降低其淀粉样变的程度

接下来，我们验证了布美他尼治疗在表达与早发型家族性阿尔茨海默病（FAD）相关的突变人类APP的小鼠中的效果，这些小鼠通过将ApoE4-KI小鼠与过表达APPFAD的J20小鼠杂交而产生。J20/E4-KI小鼠从6月龄开始形成显著的Aβ淀粉样变斑块。我们在10月龄时对J20/E4-KI和J20/E3-KI小鼠进行布美他尼治疗（每日0.2mg/kg腹腔注射）12周。治疗后，我们首先通过在海马CA1区域的输入输出曲线分析电生理学地测量了已知的过度兴奋性表型。布美他尼治疗12周后，J20/E4-KI小鼠恢复了这种病理生理学表型。我们还发现，J20/E4-KI和J20/E3-KI小鼠的LTP能力受损。令人惊讶的是，布美他尼治疗恢复了J20/E4-KI和J20/E3-KI小鼠的LTP缺陷。

布美他尼治疗能够逆转J20/E4-KI小鼠大脑中的ApoE4相关AD转录组特征

为了探讨布美他尼在同时存在ApoE4和Aβ积累情况下对转录组的影

响，我们对经过12周布美他尼治疗（每日0.2mg/kg腹腔注射）的J20/E4-KI小鼠的海马进行了单核RNA-seq分析。我们鉴定了25个不同的细胞簇，并分析了细胞类型特异性的药物效应。在25种细胞类型中的7种，包括DG颗粒细胞（簇1）、下丘脑神经元（簇5）、OPCs（簇6）、混合神经元/少突胶质细胞（簇9）、小胶质细胞（簇10）、星形胶质细胞（簇17）和纤维母细胞样细胞（簇20），ApoE4/4 AD中上调的基因在布美他尼治疗后向下调，而下调的基因向上调。这证实了布美他尼的转录组扰动特征与J20/E4-KI小鼠海马中这些细胞亚型的人类ApoE4/4 AD特征之间呈负相关。

布美他尼治疗能够逆转ApoE4-iPSC来源神经元中的ApoE4相关AD转录组特征

为了评估布美他尼对人类神经元的转录效应，我们在培养中处理ApoE4/4-iPSC来源的神经元（~79%为兴奋性神经元，~16%为SST/PV抑制性神经元，~5%为多巴胺能神经元）6小时，然后通过RNA-seq进行转录组分析。在布美他尼处理的ApoE4/4-iPSC来源的神经元中，ApoE4/4 AD中上调的基因向下调，而下调的基因向上调，与布美他尼治疗后的老年ApoE4-KI小鼠海马中的神经元亚型数据一致，这些数据进一步证实了布美他尼对人类iPSC来源神经元的适用性。

可能的布美他尼作用机制

为了探索布美他尼作用于ApoE4/4 AD特征通路的潜在机制，我们进行了重叠富集的本体通路分析。首先，来自老年ApoE4-KI和J20/E4-KI小鼠单核RNA-seq数据的分析显示，在布美他尼"翻转"的细胞簇中有22条共享通路。然后，加入来自ApoE4/4-iPSC来源神经元的RNA-seq数据，将共享通路减少到6条。最后，将人类E4/4 AD特征通路包含在内，进一步将共享通路减少到3条，即GABA能突触、昼夜节律和吗啡成瘾通路。综合这些数据表明，布美他尼通过调节这三条通路可能发挥其在治疗或预防ApoE4 AD中的有益作用，值得未来进一步深入研究。

临床上使用过布美他尼患者的AD患病率显著低于未使用过布美他尼的对照组

我们推测，如果布美他尼对AD有

效，在65岁以上的个体中，布美他尼暴露组的AD诊断率将低于匹配的对照组。为了在人体中验证这一假设，我们分析了两个独立的电子健康记录（EHR）数据库。其中一个是来自加州大学旧金山分校（UCSF）的EHR数据库，包含2012年6月至2019年11月期间的130万名患者的完整医疗记录。经过过滤，我们找到了5526名使用过布美他尼的患者，其中1850名患者（1059名男性，57.2%和791名女性，42.8%）年龄超过65岁。另一个数据库是来自Mount Sinai健康系统（MSHS）的EHR数据库，覆盖了390万名患者。经过过滤，我们找到了3008名使用过布美他尼的患者，其中1901名患者（954名男性，50.2%和947名女性，49.8%）年龄超过65岁。

布美他尼通常用于治疗高血压和/或水肿。因为高血压已被确定为AD的一个风险因素，我们相应地匹配了10个对照组，每组的大小为布美他尼暴露组的两倍（1:2匹配），并使用倾向评分方法基于年龄、种族、性别、高血压和水肿诊断，从未暴露于布美他尼的65岁以上患者总体组中进行选择。对照组中未暴露于布美他尼的个体在两个EHR数据库中与布美他尼暴露个体具有类似的高血压和水肿诊断分布。我们随后分析了布美他尼暴露组和对照组（未暴露于布美他尼）中的AD病例数，并计算了两个数据库中AD的患病率。使用10次迭代匹配对照组的卡方检验，发现布美他尼暴露个体的AD患病率显著低于未暴露于布美他尼的对照组（降幅约为35%—75%）。

讨论

本研究是首次尝试将精准医学方法应用于ApoE基因型指导的计算药物再利用，以开发阿尔茨海默病的治疗方法。我们在两个阿尔茨海默病小鼠模型中验证了布美他尼这一顶级预测药物的疗效，结果显示其可以缓解AD相关的电生理学、病理学或行为缺陷。更重要的是，通过分析两个独立的EHR数据库中的真实世界数据，我们发现布美他尼暴露与65岁以上个体AD患病率显著降低相关，表明布美他尼在预防和治疗AD方面可能有效。这些数据支持了从细胞和动物研究生成的假设，表明这些结果可能具有临床转化潜力。未来的研究应进一步验证布美他尼在预防或治疗AD时是否具有ApoE4基因型依赖性效应。基于我们的药物再利用分析结果，我们推测布美他尼可能对ApoE4和ApoE3携带者都具有预防或治疗AD的潜力，且在ApoE4携带者中的效果可能更好。显然，未来需要在ApoE基因型分层的阿尔茨海默病临床试验中进一步测试这一药物。

虽然关于布美他尼在血脑屏障后的靶点NKCC1的相互作用的研究仍在争论，但布美他尼在中枢神经系统中的强效和潜在"非靶向"作用是显著的。我们提出，通过将药物对整个转录组的网络级别影响与文献知识相结合，以识别顶级候选药物布美他尼在ApoE4 AD中的作用机制，可能是一种有效的药物预测工具和理解其机制的路径图。尽管目前尚未在阿尔茨海默病的背景下进行随机药物集的全面比较，但我们在癌症治疗中已经进行了该方法的全球评估，发现那些能够更显著地"翻转"癌症转录组特征回到正常状态的化合物在临床研究中更可能有效。因此，我们认为我们的网络化方法可能会正确识别对阿尔茨海默病有效的药物。

（原始发表的科研文章见：Taubes, A., Nova, P., Zalocusky, K.A. et al. "Experimental and real-world evidence supporting the computational repurposing of bumetanide for APOE4-related Alzheimer's disease". *Nat Aging* 1, 932-947 [2021]. https://doi.org/10.1038/s43587-021-00122-7）

刘诚
LIUCHENG

北京大学遗传学学士、分子生物学硕士,美国加州大学伯克利分校分子细胞生物学博士,美国优瑞科生物科技公司(Eureka Therapeutics, Inc.)创始人、CEO

杀死实体肿瘤

Killing Solid Tumors with CAR-T Therapy

寻找治愈癌症的钥匙

翟中和院士塞给他一个存折,里面有435元,说:"这是私房钱,是出版《细胞生物学》的稿费,杨老师(翟院士太太)不知道,你现在毕业需要钱,拿去用吧。"30多年过去了,到今天,这笔钱他还没有还。"现在真的还不知道该怎么还,(这笔钱代表的情谊和对自己的期待)太重了。"他说。

那是在1990年,刘诚在北大生物系研究生毕业后,选择了前往美国继续留学。按照当时的政策,出国前,需要返交给学校一笔培养费用。当时他的导师翟中和院士知道这笔培养费用对他而言是个不小的压力,于是就把自己出版《细胞生物学》教科书的稿费全数给了这个爱徒。那时,翟院士一个月的工资是178元。

后来在美国加州大学伯克利分校待了6年,刘诚获得了生物学博士学位,然后跟着伯克利导师一头扎入一家国际药企继续做研究。

8年后,他带的科研组以全公司历史最快速度完成了一款重点新药开发,成绩斐然。也就是在这个时候,他看到了一个令人沮丧的事实,虽然新药开发完成,但是接下来等待他的是美国食品药品管理局(FDA)漫长的认证过程。

从认证开始到真正能全面临床运用,大概还需要10年时间。"加上药物开发周期5年,也就是必须用15年时间,你才能看到一个药的成果。这样的话,(我)一生也就最多能做2个药而已。这太慢了,(社会影响)也太小了,我不能接受。"刘诚说。他希望可以另辟蹊径,用更有效率的方式在医学研究和应用推广

→ 1988年摄于北大生命中心大楼306，刘诚和研究生导师翟中和教授（院士，中国细胞生物学会理事长）。

上做突破。

就在他寻找新路径的时候，他所在的企业传来了被国际著名制药商瑞士诺华并购的好消息。作为公司核心团队成员，他的薪资待遇也瞬间得到了极大提升，贴心的诺华管理层还在并购完成的那一天，专程在他的办公桌上放了一块瑞士手表，以示尊重和纪念。但也就是在那一天，他清晰了自己的路径，笃定了自己的选择。毅然放弃了优渥的待遇，走上了创业之路。

古希腊天才学者阿基米德在浴盆里发现浮力定律时，他高喊着"Eureka!"（希腊语：我找到了！）冲出浴盆。

自此之后，每当科学界有重大发现或突破时，都被称作"Eureka Moment"。刘诚用"Eureka"这个词给自己的创业公司命名，翻译成中文名是"优瑞科"。公司的目标纯粹、清晰——治愈人类实体肿瘤的癌症。"5—10年的时间里，人类一定可以找到治愈癌症的方法。"说这句话的时候，刘诚博士一边开着车，一边平静地聊着，他并没有用信誓旦旦、不容置疑的口吻，反而像是在唠着家常，觉得这就是一件自然而然会发

99

←1996年，刘诚和伯克利博士导师Giovanna Ferro-Luzzi Ames。

生的事儿。

"生命科学领域，正是创新的黄金时代。20年前，人类第一次完成了基因组的测序，花了10年，30亿美元。今天，一个人的全基因组测序，只需要一天，500美元。10年前，我们敲除一个基因，需要一个博士生奋斗一年，今天一个高中生一星期就可以完成。生命科学领域的创新，已经是天时地利人和。唯一缺的，是你们创新的渴望和不弃不舍的追求。"回到北大给学弟学妹们演讲的时候，刘诚博士这样说道。在说这段话的时候，他脑际浮现的，是100年前，他的外祖父乾一先生就读于北大时写下的诗句："莘莘学子，社会之英。旷观吾国，处境堪警。唯有和平，奋斗，亲爱，精诚，才能完成学与行。努力，努力，大家努力！我民族精神当如日升，我民族精神当如日恒。"时隔百年，祖孙二人的精神一脉相承，一以贯之。

打仗没有 Plan B

"癌症治疗其实主要是'找到'和'杀伤'两个维度上的事儿。你可以想象X轴和Y轴分别代表能精准找到（癌细胞）的程度和能杀伤（癌细胞）的程度，人类的肿瘤治疗就是在这两条轴线之间找寻一条45度上升的趋势线。"刘诚说。

人们对癌症细胞误解了一段时间。觉得癌症细胞是坏细胞，就应该直接杀死它。可是癌细胞只是"好吃懒做生孩子"，它去分化和代谢快、增殖快，而且是无限增殖。但是癌细胞本身并没有分泌毒素，并没有攻击其他细胞。癌细胞是每个人身体的一部分，是"自己人"，我们免疫细胞的作用机制是"抵抗外房"，无法杀死自己人。这就是病人自己的免疫系统不起作用的原因。

优瑞科研发的技术，就是要用基因工程的手段，赋予免疫细胞识别和杀伤肿瘤细胞的能力。用慢病毒手段引入一个抗体基因，通过基因编辑在免疫细胞上插入寻找癌细胞靶点的"侦察兵"。这样，就可以让免疫细胞来杀死癌细胞。使用这种细胞免疫疗法，人类在治疗血液肿瘤上已经取得了重大的进步，比如CD19的细胞免疫治疗白血病和淋巴癌。但是到现在为止，人

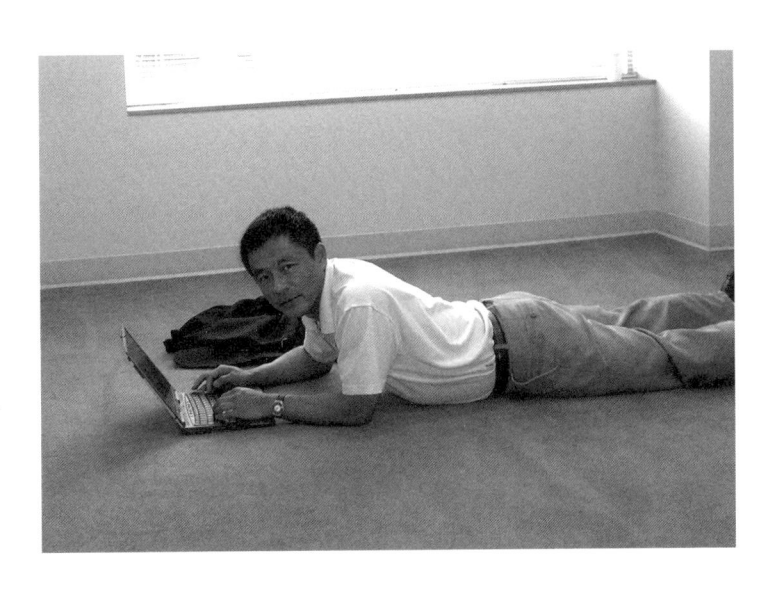

→ 2006年5月，开创优瑞科公司的第一天。

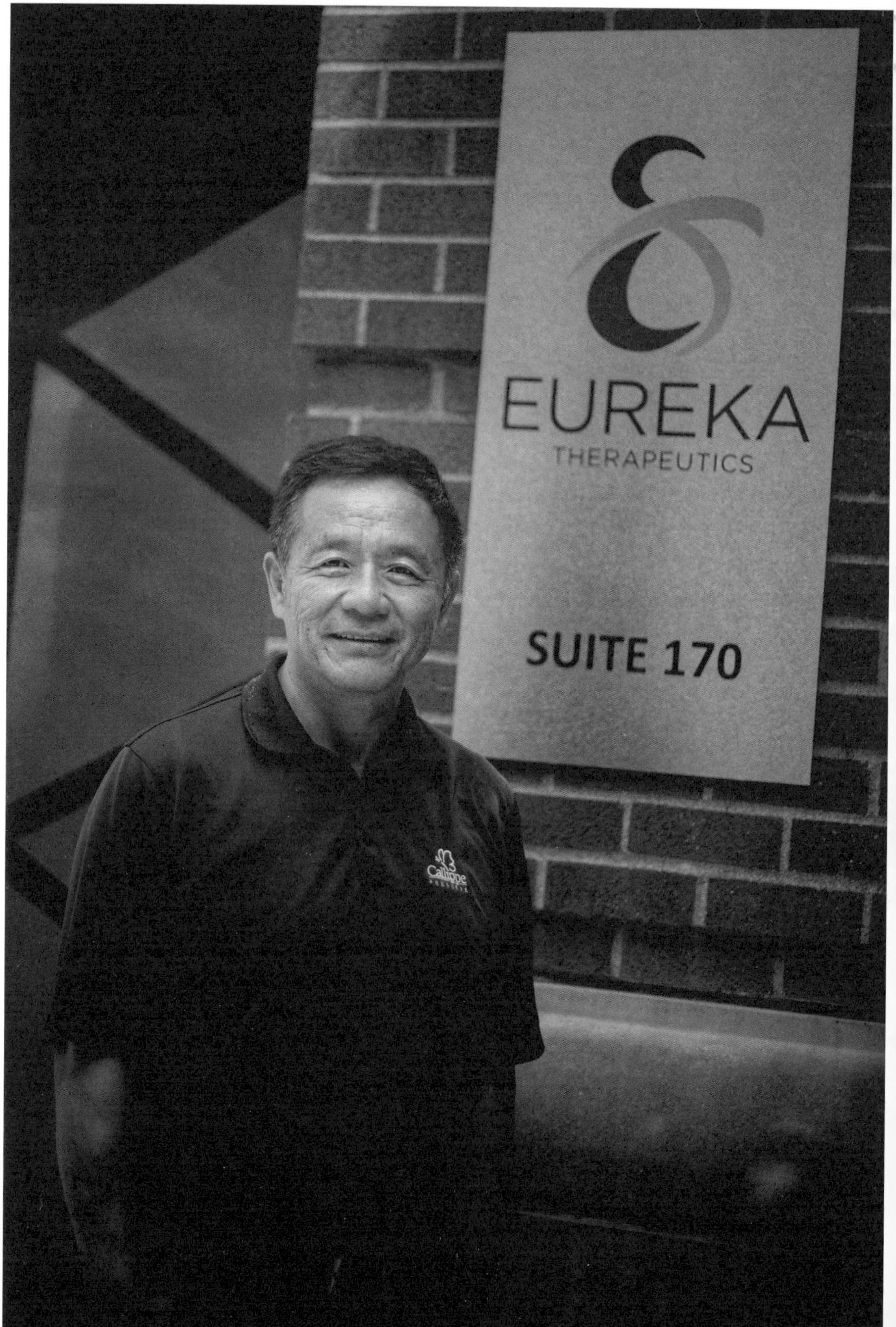
EUREKA
THERAPEUTICS
SUITE 170

类在治疗实体肿瘤上的效果并不好，而实体肿瘤在癌症中占到90%以上。主要原因是识别的精度不够，因为目前的免疫疗法只能在细胞表面找靶点，这样误差很大，也容易误伤正常细胞产生毒副作用。优瑞科用抗体技术，精准地识别肿瘤细胞内特异性靶点，然后用这样的抗体去武装免疫细胞，就可以专一性地去杀死癌细胞了。

"作为原研药，优瑞科的作用机理、靶点识别，在方式方法上都是世界第一。我们相信会在实体肿瘤领域率先突破，5—10年内，免疫疗法会有持续的突破进展，人类很有可能可以看到癌症成为可治之症或可控的慢性疾病。"刘诚说。

"就这么定了！"刘诚博士在邮件里面回复说。当时，他在和美国MSK斯隆凯特纪念癌症中心合作研究，发现了第一个针对癌症细胞内抗原（WT1癌基因）的全人源治疗性抗体。

"我和斯隆凯特纪念癌症中心的David Scheinberg教授就是邮件往来，然后就开始各自分工，我们负责筛选抗体，他们负责研究疗效。大家君子协定，利益五五分成，这件事儿就这么做了。后来诺华用高价买了我们合作研究的药物。我觉得好的科学就应该这么发生，通常科学家都比较单纯，因为时间是第一位的，你要是再去谈什么合同，找律师，研究没有做出来，时间倒是半年都过去了。"刘诚回想着当时的经历，笑着说。

新药研发是一个风险很高的行业。因为耗资巨大，失败几率高，周期很长，门槛很高。所以，绝大多数华人在美国创办的生物公司，是以研发技术服务或者科研试剂生产为主，从事创新型新药研发的公司可谓寥寥无几。优瑞科在2011年开始进入CAR-T（Chimeric Antigen Receptor-T cells）的新药研发领域，而肿瘤免疫治疗技术CAR-T是近几年才在世界上引起轰

← 2019年9月，刘诚在美国优瑞科生物科技公司。

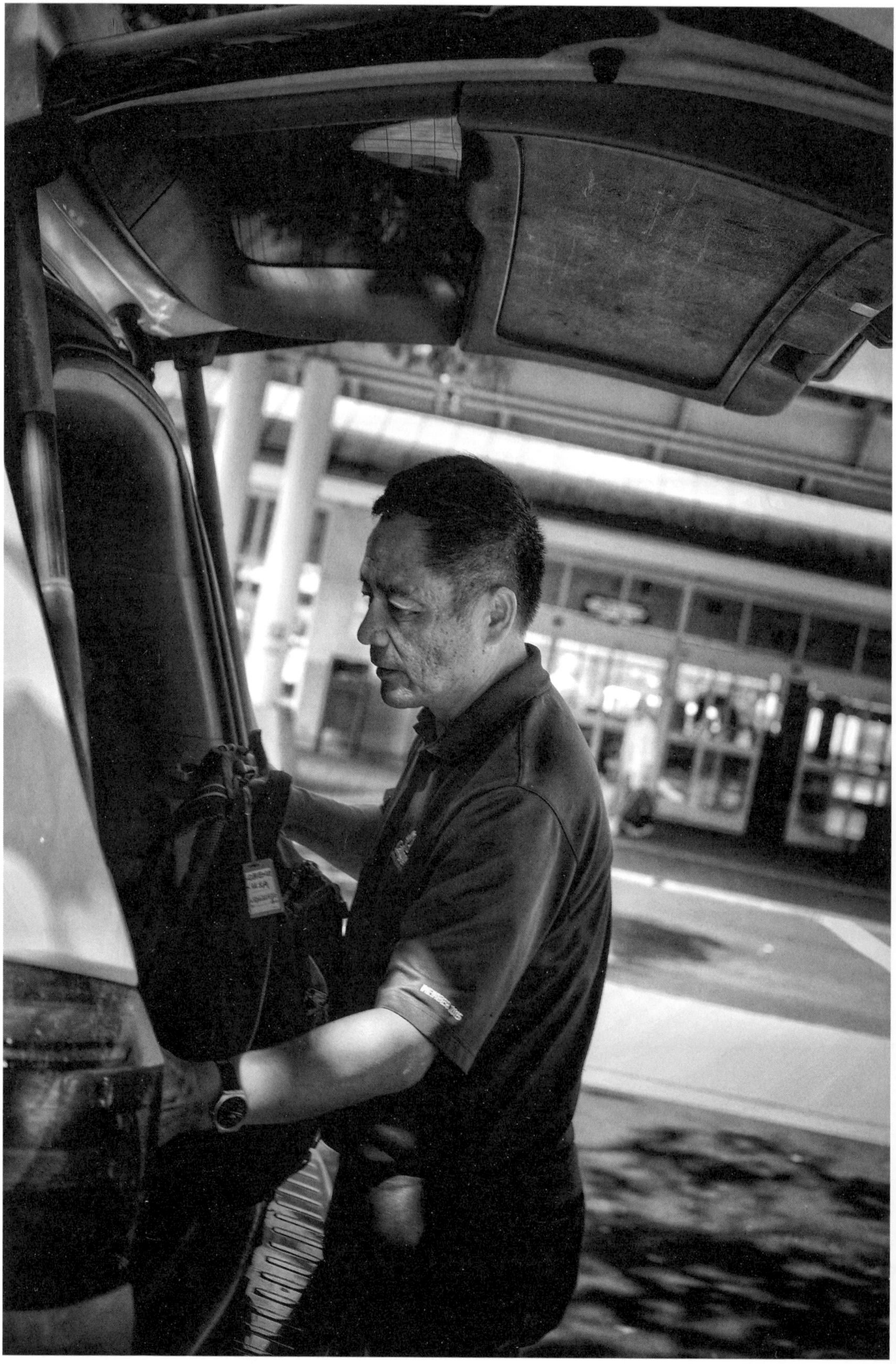

动的。这样，优瑞科在时间上就抢跑了整个行业好几年。但是CAR-T项目的新药临床试验申请挑战很大。首先美国FDA对此类项目没有特别清晰的规定。CAR-T因为其特殊的细胞构成，不能按照传统药物进行药物代谢和毒理实验。而优瑞科所做的是完全创新，走在最前沿的技术，所以一切情况都是完全未知。

"肝癌？为什么选肝癌呢？"在去往旧金山机场的路上，听刘诚博士介绍他的新药应用首选肝癌做突破，我便问道。"肝癌是个东方人的病。咱们国家是肝癌大国，全世界一半的肝癌都在中国。因为这个病在西方少，所以也不太重视，有效疗法少。"

刘诚小时候在一个医学院附近的大院里长大。父母亲都是医生，那时候在饭桌上，刘诚就经常听他们说医院里治病救人的事儿。还有很多医生甚至病人、病人家属来敲家门的也不少见。可以说，接触生与死是他青少年时期的常态，即使到现在，这些场景也常常在他记忆中浮现。某种程度上，这些经历都极大地影响了刘诚之后的人生选择。

"现在全世界每年有78万肝癌病人，其中有一半在中国。我讲我们公司是'四个中国人'，中国人的投资、中国人的创始、中国人的团队、治疗一个中国人的疾病。我们团队三十几个博士，为了治愈肝癌这个目标，天天在玩命。"

虽然优瑞科为此奋斗了十多年，但是科研做得再好，最终还是病人说了算。"我们的药第一次进到病人身体的那天，是我最难忘的。假如那一针打下去，病人去世，那就全完了。病人失去了宝贵的生命，而对于我们，也意味着整个团队十多年的努力付之东流。所以那个时刻极其紧张。"回想起新药的第一次临床试验，刘诚博士仍然十分激动。"还记得那天早上，计划是

— 2019年9月，在位于加州伯克利爱莫利维尔市的优瑞科公司门前，准备前往机场的刘诚整理着车子的后备箱。

← 2019年8月，在加州的一个农场，刘诚和一众友人围坐在篝火旁畅谈，说着说着，他又一个人陷入了沉思。

十一点进行注射，虽然我没有在现场，但我还是三点多就起来了，然后沐浴更衣，西装革履，穿戴得特别整齐，算是给自己一些安慰吧。然后就等着病人进手术室，10分钟了，20分钟了，1个小时了，病人安全出来了。总算是过了第一关。然后还要继续看3个小时后病人情况怎样，7小时，24小时怎么样……就像打仗一样，一分一秒都在紧张地等待着前方的战报传来，那真的是惊心动魄的感受……"

"有人说如果失败了怎么办？刘诚你有没有Plan B？我说我没有。马上就上战场了，哪里还有什么Plan B？就像打仗一样，不能有Plan B，有Plan B就打不了仗，人就上不了战场。我从来没去想过这个东西，人一想，就容易怯场，就会退缩了。做事就是要有破釜沉舟的劲儿。"刘诚博士在说这些话的时候，就带着一股干脆利落、破釜沉舟的劲儿。

虽然现在CAR-T的治疗还不便宜，但是刘诚觉得关键点还是在于这个东西到底有没有用。只要社会证明一个技术是有用的，将来就一定会有其他技术产生和发展来降低它的成本。

就像全世界第一台PC可能昂贵无比，但是现在PC就是寻常百姓能用的一个东西。如果CAR-T在实体瘤取得突破，那么它的市场就广大无比，然后你就会发现有无穷的钱、无穷的人进来研发各种技术把这个成本降下来。"比如现在CAR-T的制备已经完全可以自动化了，那5年、10年以后，个性化生产根本不是问题。"一路上，刘诚对优瑞科的话题如数家珍。

"鲁迅写的人血馒头，那就是第一个免疫治疗啊。"为了增强我对免疫疗法的认知，刘诚用了一个惊人的比方。他认为人类医学的进步会从小分子药物到大分子药物，最终会过渡到细胞疗法。而细胞疗法中，最为重要的就是免疫细胞治疗。

"那么存免疫细胞就是有必要的了？是吗？"我问。

"对的，而且免疫细胞越早存越好，现在存免疫细胞的技术都很成熟了。这个（存免疫细胞的做法）很有用，因为要是得病以后，再提取免疫细胞的话，那原材料就太差了。"刘诚博士答道。

谈到创业感受，刘诚说："我现在创业以后觉得收获特别多，每天活得都很充实，我和我的同辈比起来，最大差别是我身上

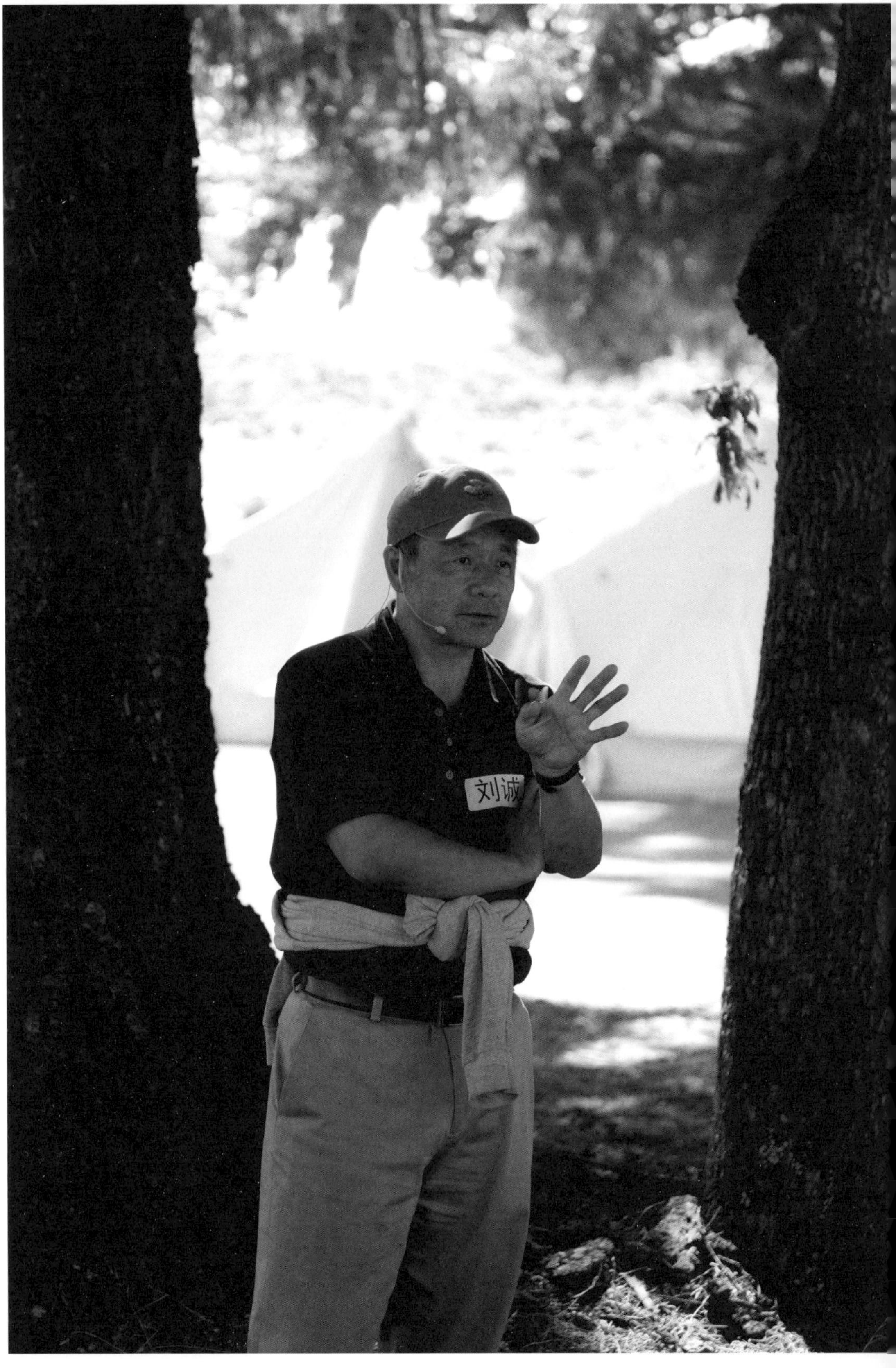
刘诚

还有使不完的劲儿,我是挺赞同大家出去做点事,这样活得有滋有味一点。"

临床突破

刘诚博士研究的CAR-T,即嵌合抗原受体T细胞,是一种通过基因改造从而获得靶向特定抗原能力的T细胞。

这些细胞之所谓"嵌合",是因为该细胞的受体集识别抗原功能与T细胞活化功能于一体。简单来说,就是通过改造T细胞从而使其可以识别并有效地摧毁癌细胞来治疗癌症。就像战争中的无人机摧毁坦克、碉堡或者狙击敌人,需要有GPS导航一样。科学家们会先从人体内提取T细胞(免疫细胞,相当于人体无人机卫士),通过基因改造使其拥有嵌合抗原受体(相当于给无人机装上GPS导航,消灭指定目标),并最终将其输入患者体内以攻击他们的肿瘤,该疗法因为T细胞能被设计成针对几乎任何肿瘤的多用性而被视为一种有前景的抗癌治疗方法。

当然,CAR-T疗法目前并不完美。

嵌合抗原受体T细胞被引入人体有可能导致包括细胞因子释放综合征和神经毒性等严重副作用。此外,该疗法也可能因嵌合抗原受体来源于外源的单克隆抗体而产生过敏反应。

一直以来,刘诚博士在改善T细胞治疗的安全性上下了很多功夫,进展颇丰。理论的基础是:设计一种不导致T细胞过度激活的T细胞疗法,这种方法在一开始就可以避免严重的毒性。

自从刘诚创办的优瑞科公司在2011年开始进入CAR-T的新

2019年8月,刘诚博士在加友人组织的一次聚会中,分他的研究进展。

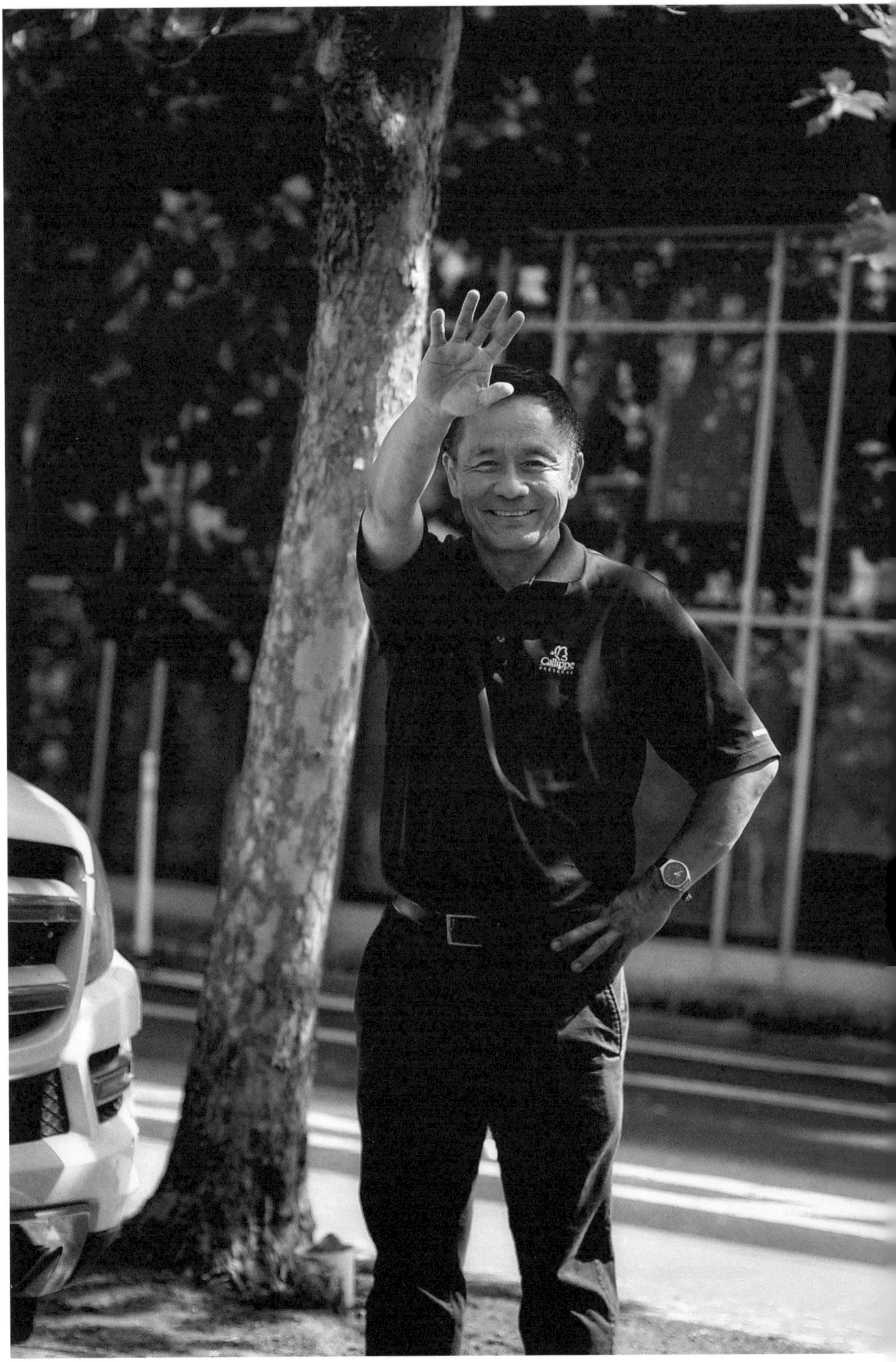

药研发领域以来，几乎每年都有新的突破。

2011年，优瑞科与美国斯隆凯特纪念癌症中心合作，成功发现首个靶向肿瘤胞内抗原WT1的全人源治疗性抗体。2013年，该抗体作为生物药在肿瘤动物模型中表现出了显著的抗肿瘤效果。2014年，优瑞科与MSKCC的Renier Brentjens实验室合作，成功开发世界首个针对肿瘤胞内抗原WT1的CAR-T疗法。

2018年，优瑞科在西安交大第一附属医院成功进行了首次人体临床试验，取得显著成果。六位接受治疗的肝癌患者中，三人肿瘤消退，包括一例晚期肿瘤完全消失的病例。其中一位患者在治疗后一个月内从卧床状态恢复至能够起床，另一位曾面临治疗无望的肿瘤科医生也在接受治疗后开始了正常生活。

优瑞科的系列治疗方案在美国的一期临床也已经在2023年底顺利完成，安全性和有效性达到预期，委员会全票通过批准进入二期临床。

根据临床结果分析，最大的亮点是病人的生存率，除去一个特殊病人（之前接受了13种治疗的晚期病人）的生存期在六个月外，其他病人全部健康生活，仍然健在。

二期临床2024年1月在美国开始，第一个病人已经接受治疗。同时，二期临床也会在中国台湾台大医学院增设临床点。只要肝癌活检的免疫组化（IHC）的结果GPC3（Glypican 3）阳性，均可适用优瑞科的CAR-T治疗方案。

2024年7月，我们约了刘诚老师在旧金山的家中见面。一进门，他就展示了女儿刚送给他的生日礼物——两块由她自己做的餐布，一块缝制了加州大学伯克利分校的logo，一块绣着"爱"字。每天早上，一块沙琪玛，一杯咖啡，放在女儿做的餐布上，这就是刘诚的早餐。

2019年9月，在位于加州伯利爱莫利维尔市的优瑞科公门前，与刘诚博士告别。

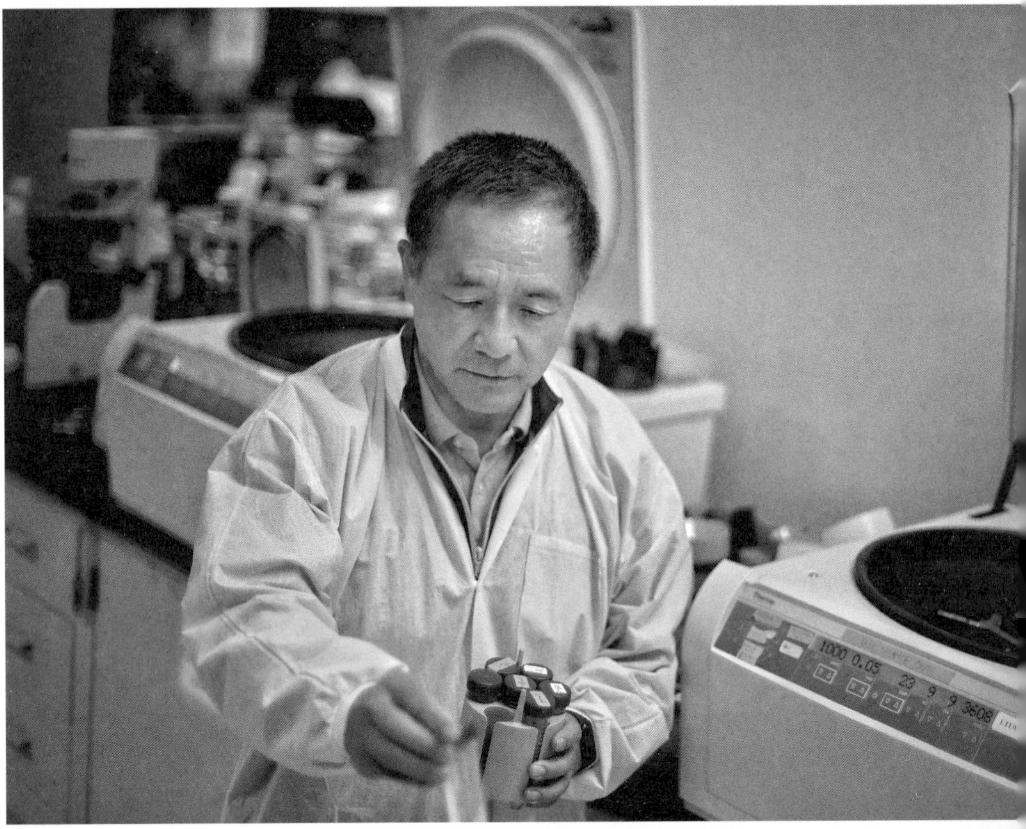
1000 0.05

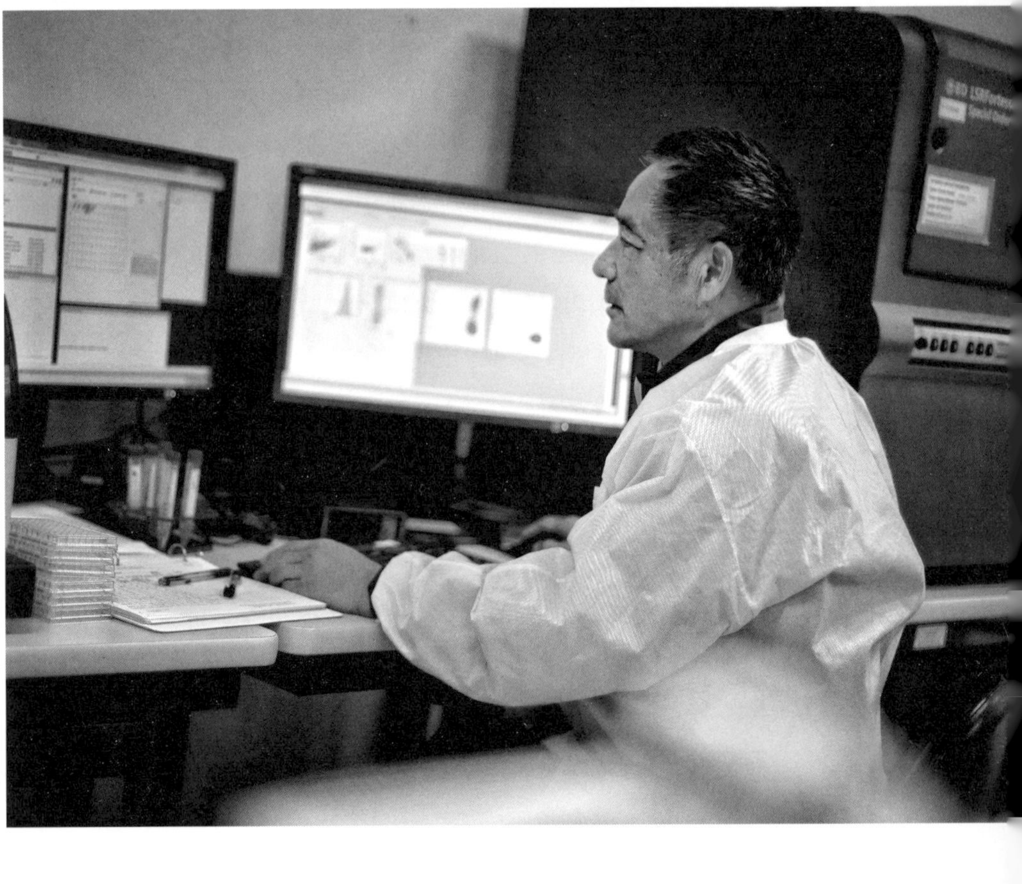

房子宽敞明亮，远处的山景让人心旷神怡。客厅里精心摆放的大小绿植，让屋子里也显得生机勃勃。不过，这得归功于刘诚80多岁的母亲，在接母亲来住之前，刘诚由于出差频繁，就没在家里养过活物。

刘诚的父亲曾是心血管疾病专家，也是第一批享受国务院政府特殊津贴的专家，1982年作为最早一批到美国进修的医生，在底特律福特医院学习了两年多。20世纪80年代时，坚持从美国回到中国的他在陕南地区挑选了一个高血压发病率高的村子作为研究基地，从饮食、教育各个方面研究孩子们随着年龄增长，高血压发生、发展的变化。2015年，刘诚的父亲确诊胰腺癌，身为医生的父亲深知已无法治愈，在安排自己最后的心愿时，他坚持回到陕南的村子里看了看。如今，这个研究基地已有35年时间，刘诚父亲的学生仍在继续跟踪，陆续将研究所得发布成文章，延续着父亲的心愿。

80岁的父亲一生从未退休，他对工作的极其投入和敬业精神对刘诚影响很大。刘诚决定从事制药行业以后，父亲对他只有一个要求，就是"不能做假药"。

2024年7月，刘诚完成了国内的临床调研，两个星期跑了八座城市。这次回国，让刘诚对目前中国的临床水平与医疗制度环境有了新的认识，"确实已不可同日而语"。对于制药行业来说，反馈回路的长短决定了技术迭代的速度，而国内的临床研究和制度环境，相对而言能极大地加快反馈速度，这让刘诚看到了新的机遇，他开始计划针对新药研发与国内医院展开临床合作，争取全面提升效率，缩短药物上市等待周期。

对于目前优瑞科癌症药物的研究进展，刘诚认为是"七窍开了六窍了，就差最后这一窍了"。在中国古代的神话故事和

— 2023年8月，在伯克利的实验室，刘诚从分离器里拿出试剂。

— 2023年8月，刘诚在优瑞科公司的实验室查看最新数据。

↑ 2023年8月，刘诚在优瑞科公司的会议室。

民间传说中，"七窍"指的是人体的七个感官孔穴，即两耳、两眼、两鼻孔和口，"开七窍"往往象征着智慧的开启或神秘力量的觉醒。

这剩下的一窍如何打通，是悬在刘诚头顶的最后一把"达摩克利斯之剑"。

五年前（2019年），刘诚研究的方向是彻底治愈实体肿瘤。现在他的理念有了一点转变，希望通过这"最后一窍"，可以找到一种方式，能够让人体和癌细胞共处。这个理念相当于把癌症变成一种慢性病来看待，做到95%的控制，防止扩散，然后让人体与癌细胞可以共存。他拿西医和中医打了个比方，以前他笃信西医，认为医学就应该是"分析论"，是明确的答案，凡事都有唯一。现在他觉得中医和西医各有各的道理，中医的"系统论"将人体看作一个整体来观察疾病，在哲学上有它更深

→ 2024年7月，刘诚和母亲儿女在旧金山的家中。壁炉上放着已故父亲的照片。

114　　　　　　　TIMEDOC　时代纪录 4　　刘诚

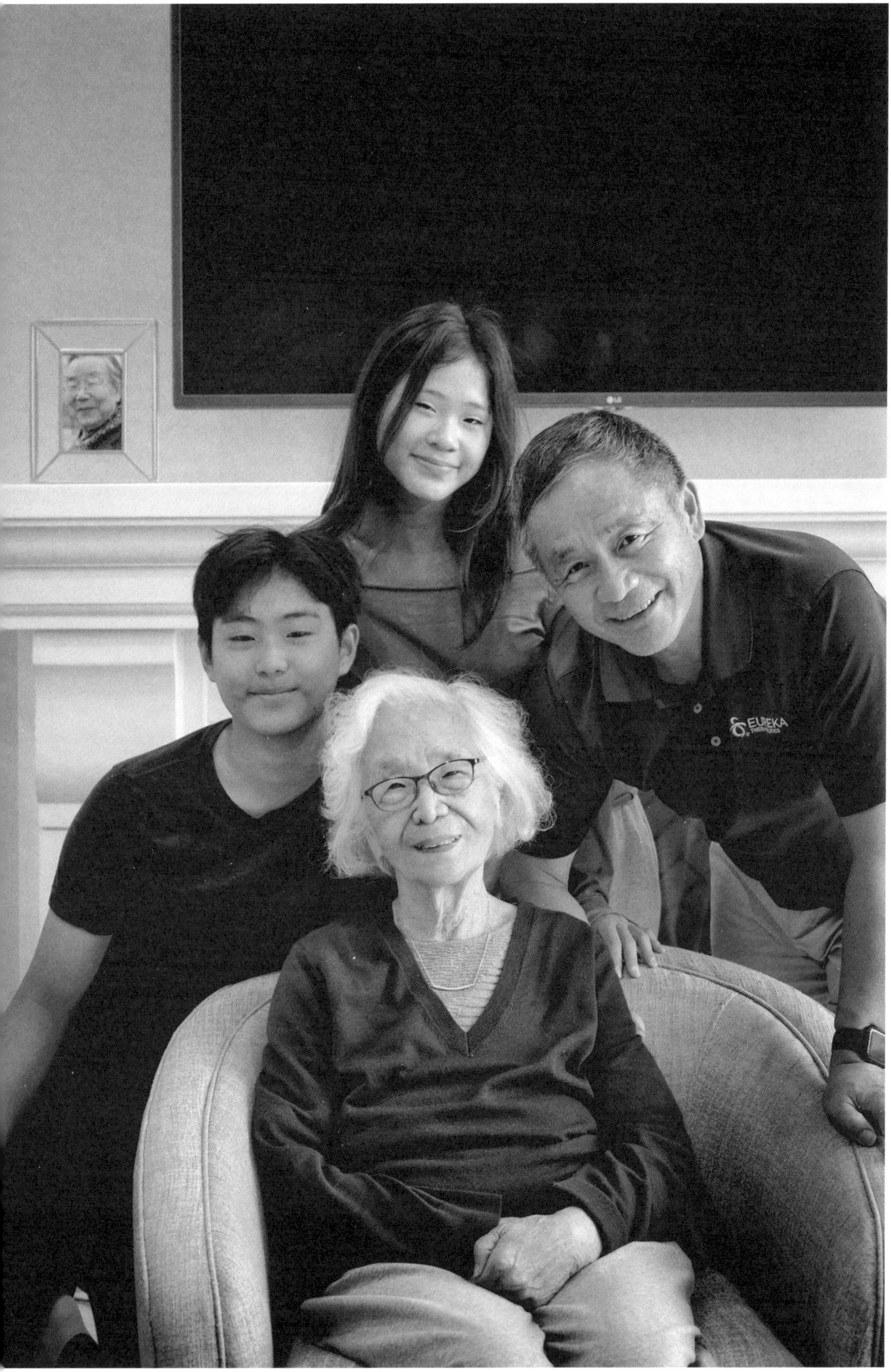
EUREKA

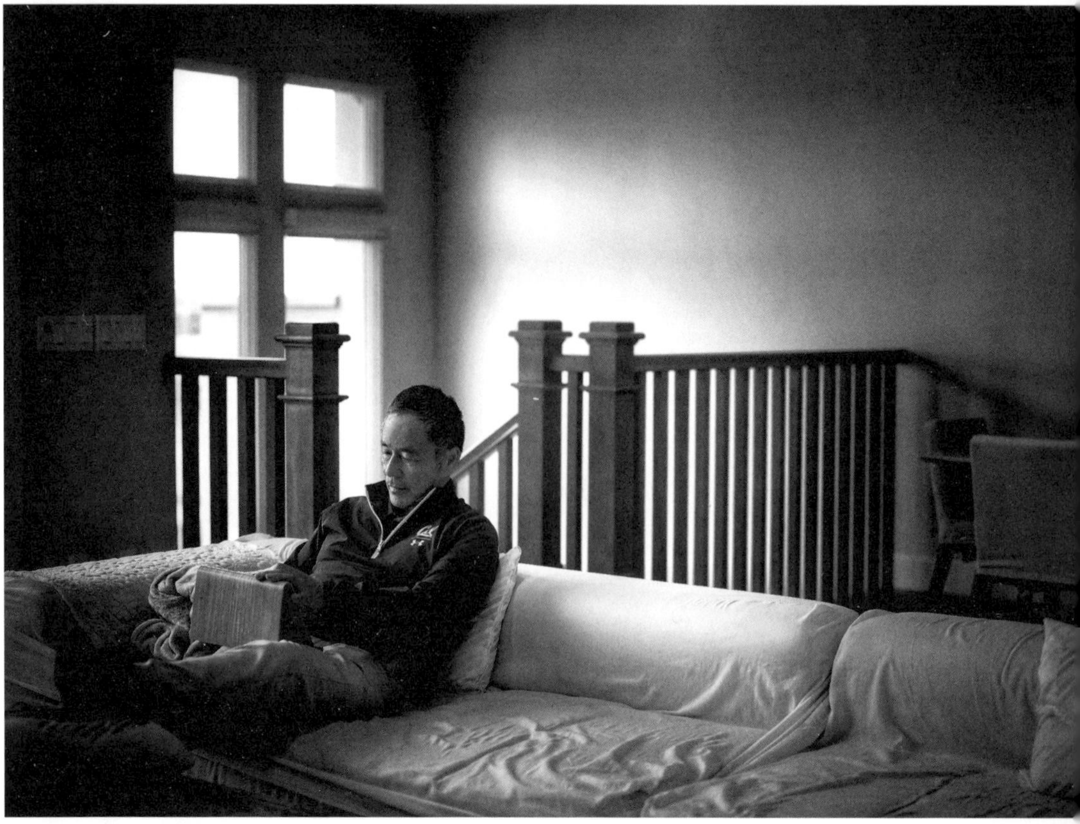

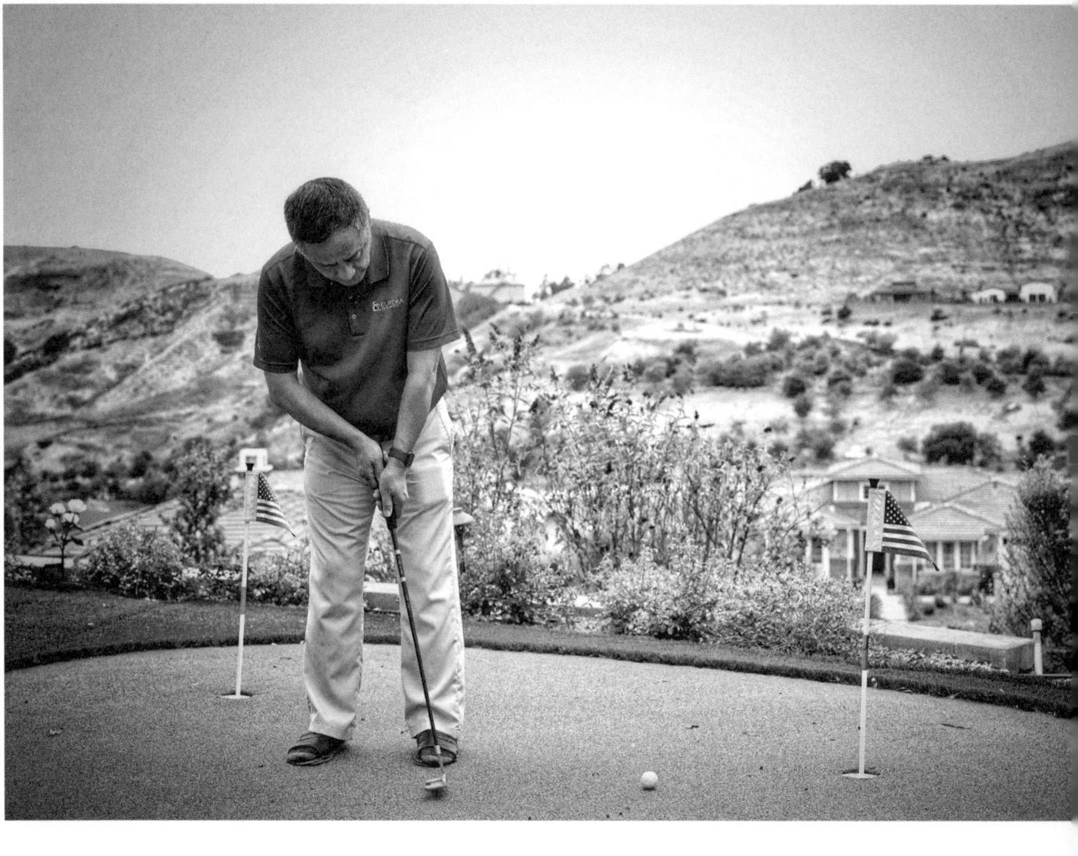

一层的道理，而在医学实践上也验证了充分的合理性。其实这也像当今的世界环境一样，很难用两极化来界定，越来越多的人开始认识到世界应该是一个多极化的系统，在黑与白之间还有一个灰度关系。

这样的观念转变，是因为刘诚觉得现在细胞医学界可能有一种"不识庐山真面目，只缘身在此山中"的状态，因为大家都太过于注重免疫细胞的工程化，而实际上细胞的工程可能已经足够了，只是需要从更高的层面找到一个可以为免疫细胞助力的机制，而不完全拘泥于免疫细胞本身，只要找到配合免疫细胞的这道"佐料"，那么就一定可以把这"最后一窍"打通了，这样就可以在癌症治疗上实现更大的突破。

从方法论上做了调整之后，刘诚觉得路线变得更加清晰，现在他更加笃信："再有五年左右的时间，这条路就能够走通了。"

— 2024年7月，刘诚在旧金山的家中。

— 2024年7月，刘诚在旧金山家中的后院。

北大生科人的创新使命
——2019年北大生命学院毕业典礼致辞

刘 诚

亲爱的北大生科校友们：

感谢学院邀请我回到母校，给我这个机会分享你们这个美好和难忘的人生时刻。

北大是中国最高学府，你们是中华民族精英中的精英。这一点不需要强调，也不需要证明。

你们出生和成长在祖国伟大复兴的时代，你们是中国历史上自唐朝以来最幸运的一代。

你们风华正茂，未来等待你们，世界期待你们，一切皆可能。

你们将来一定会有房、有车，为人父母；你们会有机会周游世界，享受各色美景美食；你们会享受各种高科技带来的舒适，智能机器人为你们做所有的家务，甚至为你按摩揉脚。

可是，这不应该就是你们十年寒窗，考上北大的梦想。

我们的祖国，曾经是世界的中心，我们的四大发明，为人类今天的文明做出了巨大的贡献。可是，我们在过去五百年，落后了。

大家数一数现代的发明和科技，我们中国人的贡献寥寥无几。我们发明了指南针，但没有开创物理学；我们发明了火药，但没有开创化学；力学、电磁学、元素周期表、相对论，没有多少我们中国人的贡献；蒸汽机、电动机、汽车、飞机、计算机、手机、互联网，都不是我们的发明。

作为占世界1/5人口的中国人，作为一名北大理科毕业生，作为以研究为生的科学家，我感到汗颜，无地自容。

今天的中国，富强了，但面临30年来最艰难的国际环境。旅居海外多年，已经没有人敢说中国人穷，没有人敢说中国人懒，没有人敢说中国人不聪明。但是，他们敢说："中国人不创新，只会山寨赚钱。"

没有创新，让我们的经济振兴在国际社会上被指责为"搭顺风车"；更可怕的，没有创新，我们的发展就会永远被人掐住脖子；中兴之痛，切肤之痛！

创新，是你们的历史使命。你们作为北大人，责无旁贷。

中国现在最需要创新，也最支持创新。

生命科学领域，正是创新的黄金时代。20年前，人类第一次完成了基因组的测序，花了10年，30亿美元。今天，一个人的全基因组测序，只需要一天，500美元。10年前，我们敲除一个基因，需要一个博士生奋斗一年，今天一个高中生一星期就可以完成。

生命科学领域的创新，已经是天时地利人和。唯一缺的，是你们创新的渴望和不弃不舍的追求。

100年前，1919年，一位北大前辈校友，写下了这样的诗句：

> 凤岭毓秀，卫水钟灵，莘莘学子，社会之英。
>
> 旷观吾国，处境堪警。唯有和平，奋斗，亲爱，精诚，才能完成学与行。
>
> 努力，努力，大家努力！我民族精神当如日升，我民族精神当如日恒。

这位老校友，一个热血青年，北大毕业后，眼见军阀混战，民不聊生，他以中华民族的兴亡为己任，一生都投入到"教育兴国"的使命中。在他的墓碑上，刻着著名诗人臧克家的赠言：

> 乾一先生北大出身，进步思想，开朗胸襟，毕生精力用于育人，桃李芬芳，遗爱永存。

乾一先生，是我敬爱的外祖父。从我懂事起，他就给我讲北大的故事：天下兴亡，匹夫有责，何况我们北大人，因为我们北大人肩负着中华民族赋予的使命。

今天的中国，需要的是"创新强国"。创新强国，是中华民族伟大复兴的必经之路，也是一道难关。我们北大生科的毕业生们，希望你们肩负起创新的重任，这是你们的历史使命，也是你们事业成功的机遇。

亲爱的师弟师妹们，我羡慕你们，因为你们青春年少，前途无量；我祝福你们，希望你们不枉此生。

最后，借用《钢铁是怎样炼成的》这本名著中的话语，稍作修改，赠予你们：

人的一生应该这样度过：当他回首往事的时候，不会因为虚度年华而悔恨，也不因碌碌无为而羞耻，我的整个生命和全部精力，都已经献给人类的最伟大的事业和民族的使命！

张晖
ZHANGHUI

卡耐基梅隆大学终身教授，美国计算机学院（ACM）院士，Conviva 创始人。2019 年《财富》杂志评定他为最佳雇主。

重要的是
用户体验

The Key Is
User Experience

流媒体的基石

凯文·凯利在《失控》里曾经用"屏幕之民"形容下一代的未来。疫情几年，似乎让这一时代提前了不少。从这一代开始，我们就已经无法离开屏幕了。流畅的视频会议、随时随地的直播、每天海量上传和下载的视频内容，已经成为我们的生活日常。

我们把这一切视为理所当然。

但是，这一切是怎么实现的呢？现有的技术水平，如何支撑海量数据奔涌而来？实时、流畅的用户体验如何得到保障？比如奥运会的时候，上亿人会同时看网络直播，任何一秒钟的卡顿就意味着海量用户会受到影响，互联网时代最稀缺的资源就是用户的注意力，如何保证流畅观看？如何对数千万个播放器同时进行监控，实时分析，找到并解决问题？

这便是张晖团队在做的事，"建立高性能的视频流媒体软硬件系统，确保每位用户都能获得高流畅度的体验"。

2006年，张晖和美国加州大学伯克利分校计算机科学教授Ion Stoica教授合作创建了Conviva公司。他作为公司的联合创始人兼首席科学家，推动公司成为互联网视频实时监测和流媒体优化的开创者和领跑者。

现在回过头来看，他那时对视频流媒体发展远见都一一兑现。

2022年荷兰阿姆斯特丹召开的国际网络通信顶级会议ACM SIGCOMM，为他十年前发表的文章《视频质量对用户参与度的影响》（"Understanding the Impact of Video Quality on User

↑ 2023年5月,张晖在公司海报前留影。公司年会的时候,大家用团队核心成员的头像组合了几张趣味海报,张晖把这些海报分散贴在了公司宽敞明亮的硅谷办公室里。

Engagement")专门颁发了"年度时间检验论文奖"(Test-of-Time Paper Award)。

疫情三年,张晖创建的Conviva公司发展得甚至超出了他自己的预期。截至2023年,全球使用Conviva公司流媒体服务的视频供应商,年度总营收大概有200亿美元。十大传媒公司当中,有八家采用了Conviva的服务,包括Disney、HBO、CBS、CNN等。Conviva公司的平台每天能够处理近3万亿个流媒体数据事件,为超过5亿独立受众提供支持,这些受众每年在40亿个流媒体设备应用中观看2000亿条媒体流。

每天要分析来自全球25亿台设备、超过10亿分钟的视频,

123

↑ 2018年1月，Conviva 的四位联合创始人：（左起）Ion Stoica、张晖、Aditya Ganjam、詹继斌。

在流媒体服务领域，张晖的Conviva公司是当之无愧的全球第一。

那是2019年夏天，我们迷路了。因为聊得入神，结果和清晨散步的队伍走散了。偌大的农场，森林茂密，一时辨别不了方向。没有手机，没有地图，没有路标。放在眼前的选择是原路返回或者继续探路前行。"咱们水够，就不走回头路了。大不了走一天，怎么都能找到。"于是，我们继续前行。话题和散步一样，自由和随机。

谈到他新创的公司Conviva，我惊叹了一番。他却不以为然："（经历创业挑战）活下来的人讲的都是好故事。听上去好像你有多了不起,可是,其实世界本身是随机的。你的努力很重要,但是不能忽略运气的作用。所以你要警惕一个问题,如果你根据活下来的人总结世界的规律,那就很有可能是不全面的,有的时候甚至是和现实完全相反的。"谈话间,他还引用了《黑天鹅》书中的一些案例。他也对大数据的未来表示担心,觉得我们现在所谓的大数据处理,其实在面临同样的问题。首先AI是一个"黑盒子",科学家可以写出算法,但是如何达到结果的过程其实我们并不了解也无法控制。其次,大数据往往收集的是大众数据,可是,很多时候大众数据、群体决策是错误的,这个时候又该如何判定大数据的结果呢?再次,人们往往是只看到自己想看到的,听到自己想听到的。有一句话叫作"大胆设想,小心求证",这句话很危险,因为很多时候,一旦我们有了设想,就有了"Confirmation Bias"(证实偏见),人们普遍偏好能够验证"设想"的信息,而不是那些否定"设想"的信息。

↓ 2019年8月于加州一个农场,张晖在徒步中。

↑ 1987年，张晖（前排右二）于北大三教前五四球场。

也许是和这些担忧相关，在卡耐基梅隆大学任职期间，张晖新建了一个课题组，研究"下一代互联网"，希望可以给互联网建设一艘诺亚方舟。

张晖在北大读了计算机系的本科。1988年毕业的时候，想继续深造，于是考取了加州大学伯克利分校。借着外公曾在芝加哥大学经济系留学的经历，他通过了留学许可，前往美国攻读计算机博士。

毕业后，他选择在卡耐基梅隆大学任教。当时，互联网的概念还没有那么火爆，计算机系也相对冷清，加上卡耐基梅隆大学处于美国中部相对安静的城市匹兹堡，似乎一切都为他提供了沉下心做学问的最好条件。年假期间，他在硅谷一家创业

→ 2019年8月，在聚会发言中，张晖正在思考。

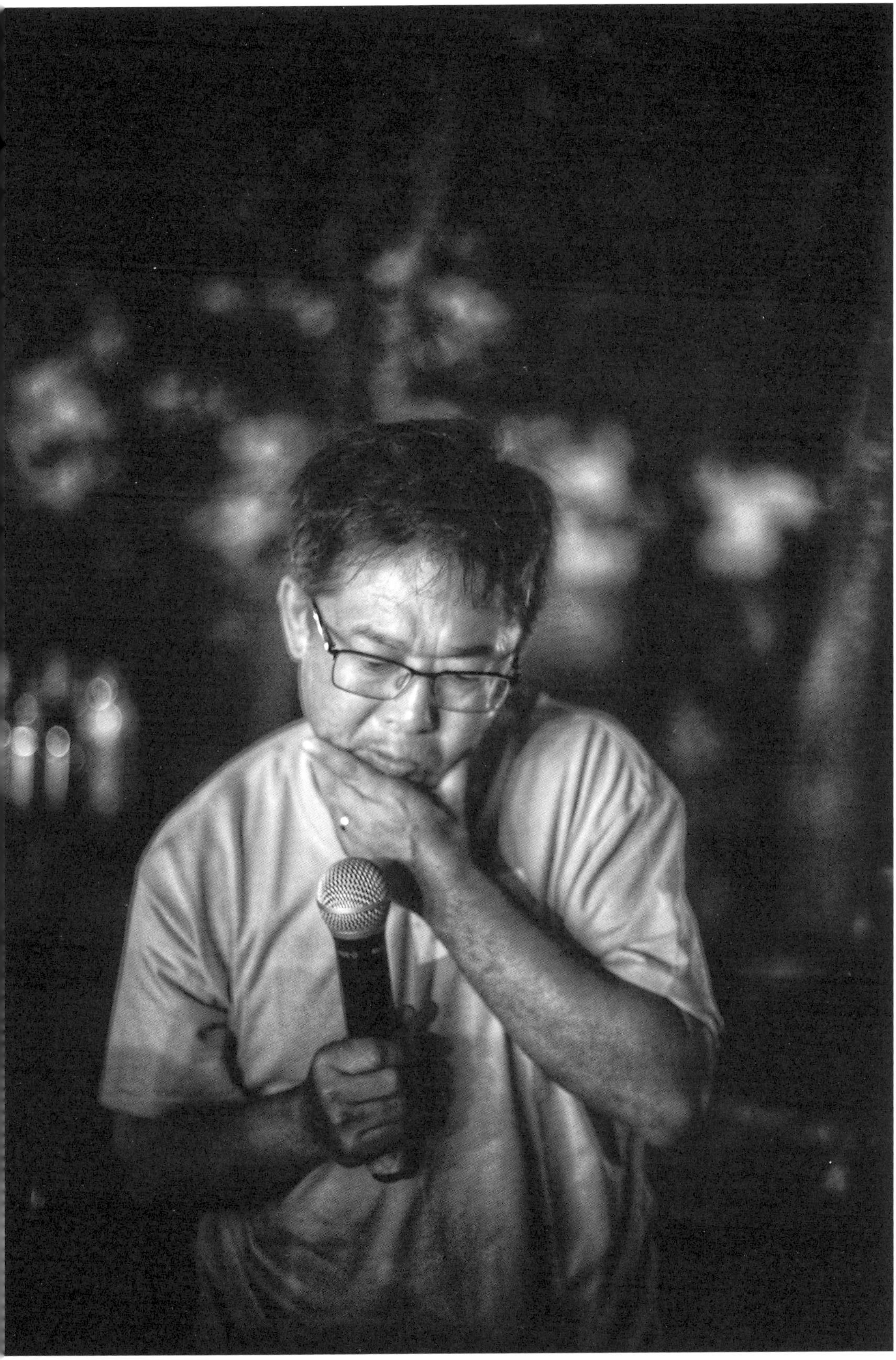

公司Turin担当CTO。这时，他接到了学校的来电，告知他学校开始对他进行终身教授的最后评审，并希望他能尽快回学校继续任职。

卡耐基梅隆大学作为奠基当代互联网最重要的学术机构之一，历史上都没有考虑过如此年轻的华人作为终身教授。之所以选择张晖，是因为他在互联网上的两个重要的贡献，一个是P2P视频传输协议，一个是虚拟互联网的组织方式。

可以毫不夸张地说，今天我们可以在互联网上流畅地视频交流，我们的电脑可以在互联网上高效地彼此连接，张晖教授是奠基人之一，功不可没。在卡耐基梅隆大学期间，张晖的专业研究方向是分布式系统，如同人体是通过大脑组织40万亿的细胞协同运作一样，所谓分布式系统就是互联网的大脑，研究如何让挂在互联网上的每台电脑更有效地运作。人们常提到的区块链技术就是分布式网络的一种。

由于他的突出贡献，ACM录取他为院士，这也是ACM录取的第一个华人院士。同时他关于P2P视频传输协议和软件定义网络的论文更是被评为"十年回顾"最佳论文。

于是他成为卡耐基梅隆大学历史上最年轻的终身教授，而且是在最核心的计算机系任职。"那是一个非常激励的环境，你周围日常沟通的四五个人，要么是图灵奖（计算机领域的国际最高奖项）得主，要么是大数学家。学术氛围很浓，随时都会有火花随着相互的碰撞和激发出现。"谈起在卡耐基梅隆的教学经历，他感慨道。

在卡耐基梅隆大学任职期间，有一篇计算机杂志上的学生论文引起了他的注意。可惜这个学生成绩不够，无法被计算机系录取。但他还是坚持"曲线救国"，用其他系的名额录取了这

→ 2019年8月，张晖在加州一个聚会上。

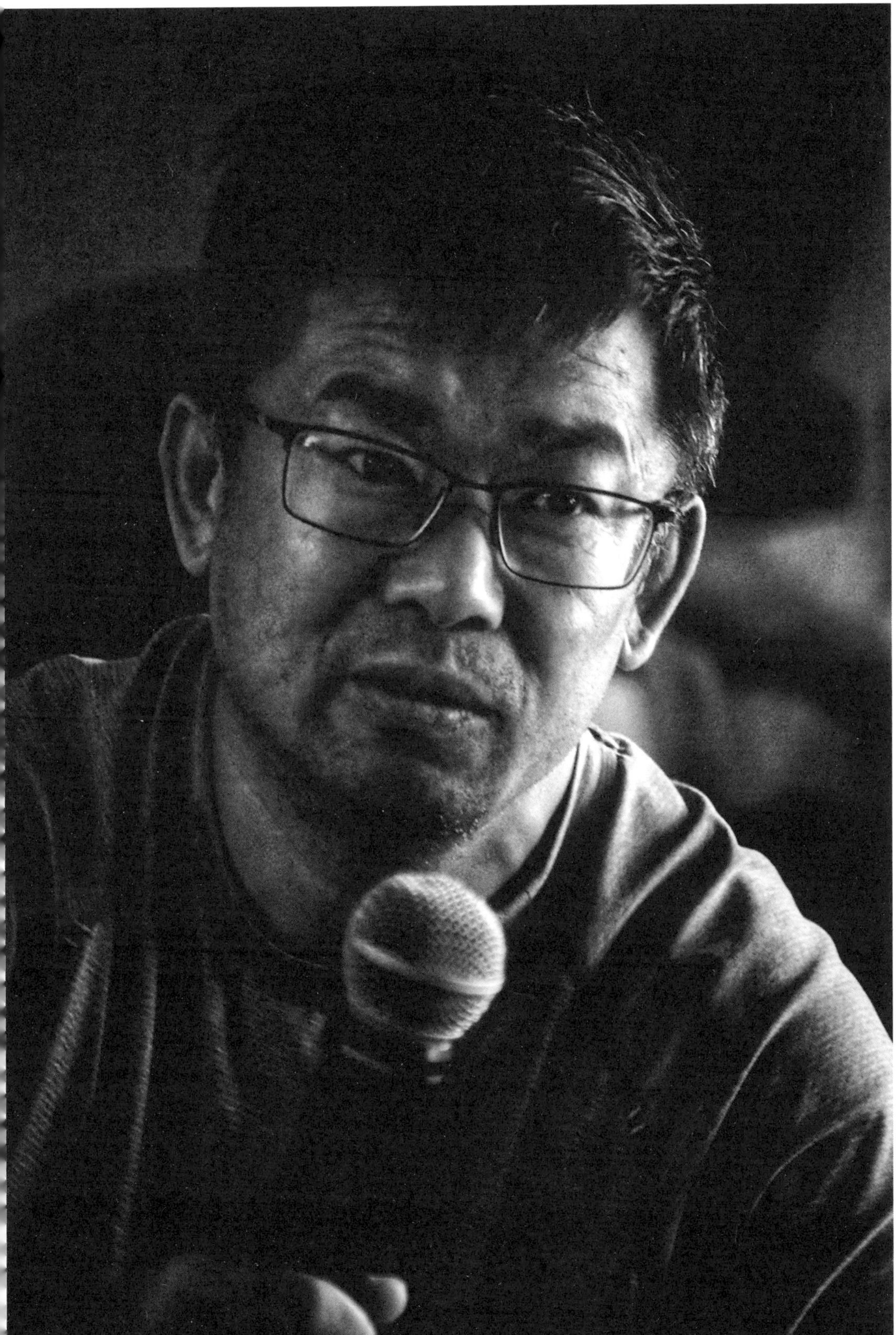

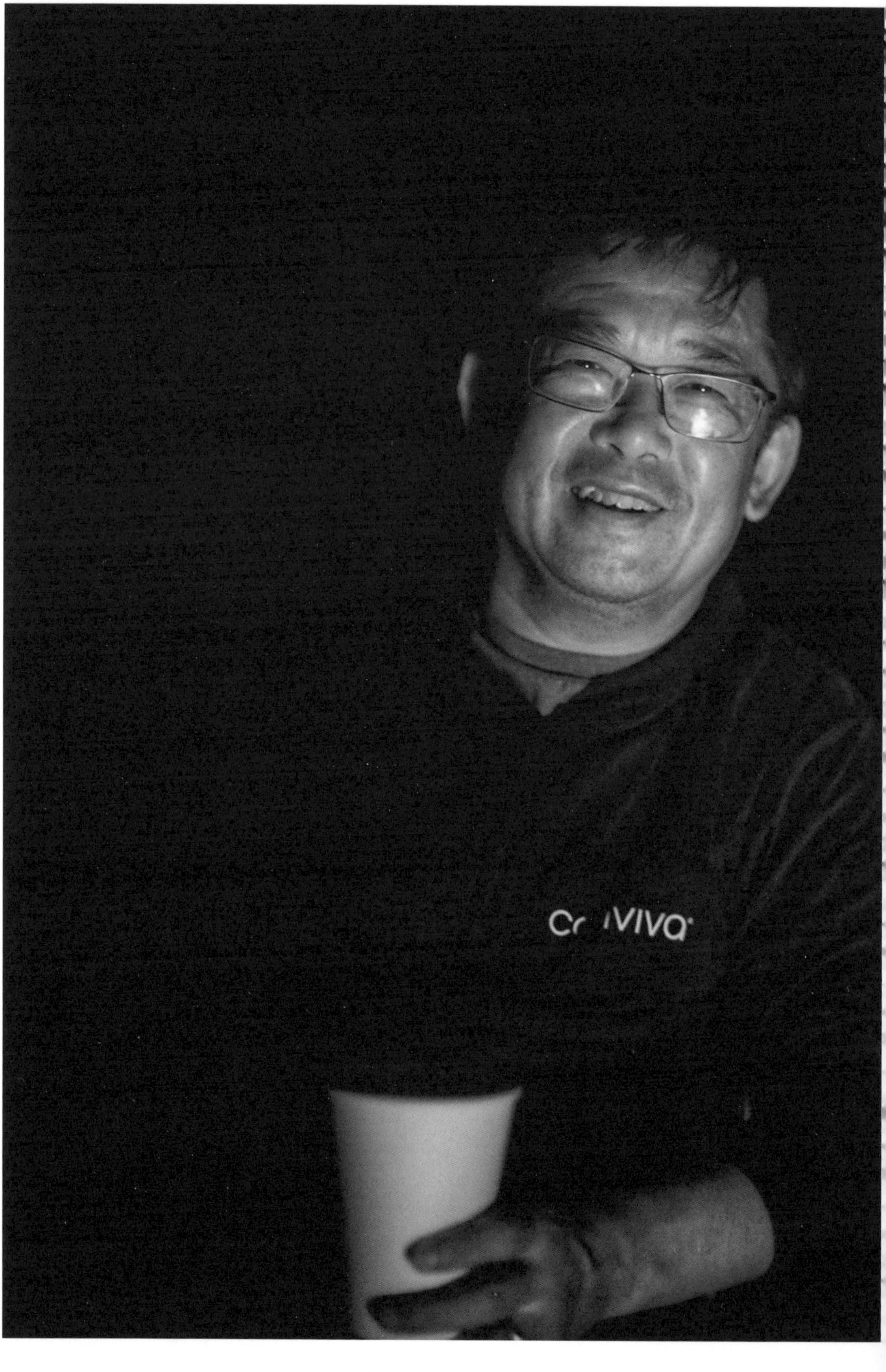

个学生。事后证明，这是伯乐之举。那个学生最后成了大数据分析的最重要工具之一"Spark"的创始人。"我的愿望就是做一个好的教授，一个好教授的标准就是你有多少个改变世界的学生，如果说现在我有什么骄傲的，那就是我有不少改变世界的学生。"我们一边散着步，一边聊着天。阳光透过森林的叶片，摇曳着洒在他的身上。

无形大于有形

虽然自己在视频流媒体领域卓有成果，但是张晖的孩子们除了在足球上受父亲爱好的影响以外，似乎并不想在他的业务领域"子承父业"。

张晖的小女儿还在小学阶段，张晖的三个儿子都有了自己笃定的方向。大儿子在就读伯克利期间辍学创业，创立的大数据分析公司后来被苹果收购，现在在旧金山用NFT做音乐。老二在大公司里打拼，现在换到小公司去锻炼自己。老三在纽约大学就读，对艺术感兴趣，在学习电影导演。张晖和妻子对孩子们的选择都充分尊重，也希望孩子们可以自由地按照自己的道路生活。对此，张晖的感受是："看着他们的人生轨迹，就仿佛是我再活一遍。"

考试多少分、钢琴学几级、是否读名校，在张晖看来这些都是"有形"的东西，都不重要。他一直认为无形的东西才是最重要的，比如品格与习惯。"做人要有正义感，要正直。还要做到诚实、乐观、勇敢、有同情心，这些无形的东西，才是一

← 2019年8月，张晖在加州一个聚会上。

个人是否有竞争力的核心。"

"享受生命",是他常常提到的话。"享受生命是长寿的前提,我是照着120岁活的。"他笑称。他觉得生活原本就有很多困难,还是应该多关注怎么能够享受生命。适当地随意些是他享受生命的方法。"比如我不是基督徒,但是到了礼拜日总会去教堂,因为喜欢听牧师说话。"

"主要我很懒,孩子没办法,只能自己干,就这么着,他们就学会了,就长大了。"在谈到孩子教育的时候,张晖教授说。

张晖身上的光环很多,但他最骄傲的身份,是四个孩子的父亲。作为一个父亲,其实他很感激他的三个儿子和一个女儿。因为孩子们给了他一个完全不同的视角去重新认知世界。

他对待孩子的态度更多地延续着母亲的观点:"以前总是很多人问我母亲,怎么培养的孩子。我母亲回答很简单——吃好、睡好、玩好。别人以为是开玩笑,其实这真的就是我母亲的方法。"在这一点上,张晖的太太许晖态度完全一致:"孩子8岁以前根本不用学东西,大脑都没有发育呢,学什么呀,最重要的是让他健康快乐地成长。"在湾区的家里,太太许晖和大儿子一起,一边包着饺子,一边强调着。

厨房的墙上,贴着她和张晖教授写下的家训。家训分成两张纸,他们两个人一人写一张。张晖写的是有正义感、同情心、宽容他人;热爱丰富多彩的思想、生活、文化、世界、自然;乐观向上建立在对痛苦和失败的深刻理解上;有强壮的体魄;坚韧不拔,有勇气战胜自己的弱点和外界的困难;中西贯通;乐于助人。许晖写的是敢为人先、博爱仁义、谦诚朴实、锲而不舍。

在他和妻子的协同下,四个孩子有着自由的成长空间,得

→ 2019年8月。晚上,坐在篝火前,张晖听着朋友们的讨论,一个人陷入了沉思。

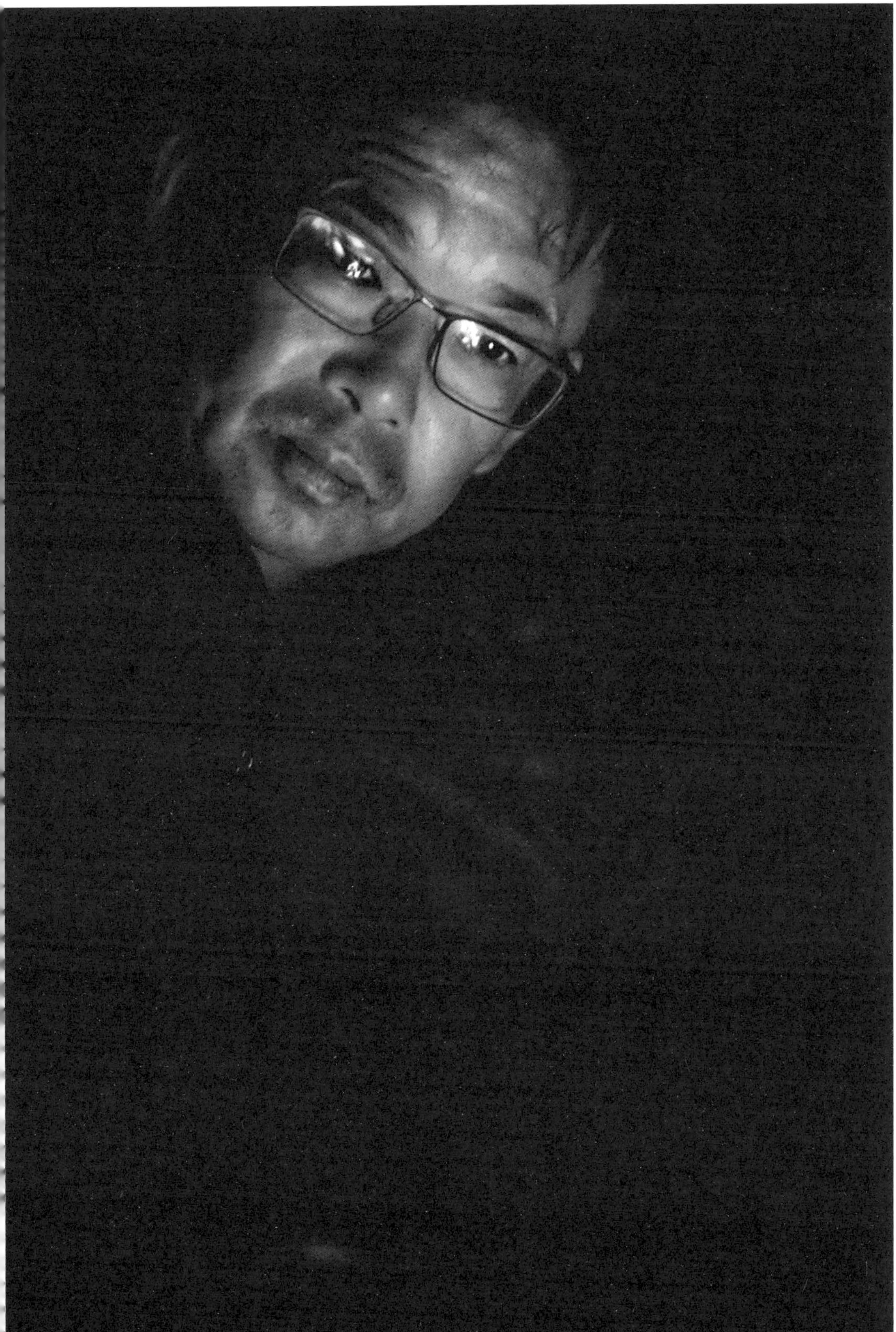

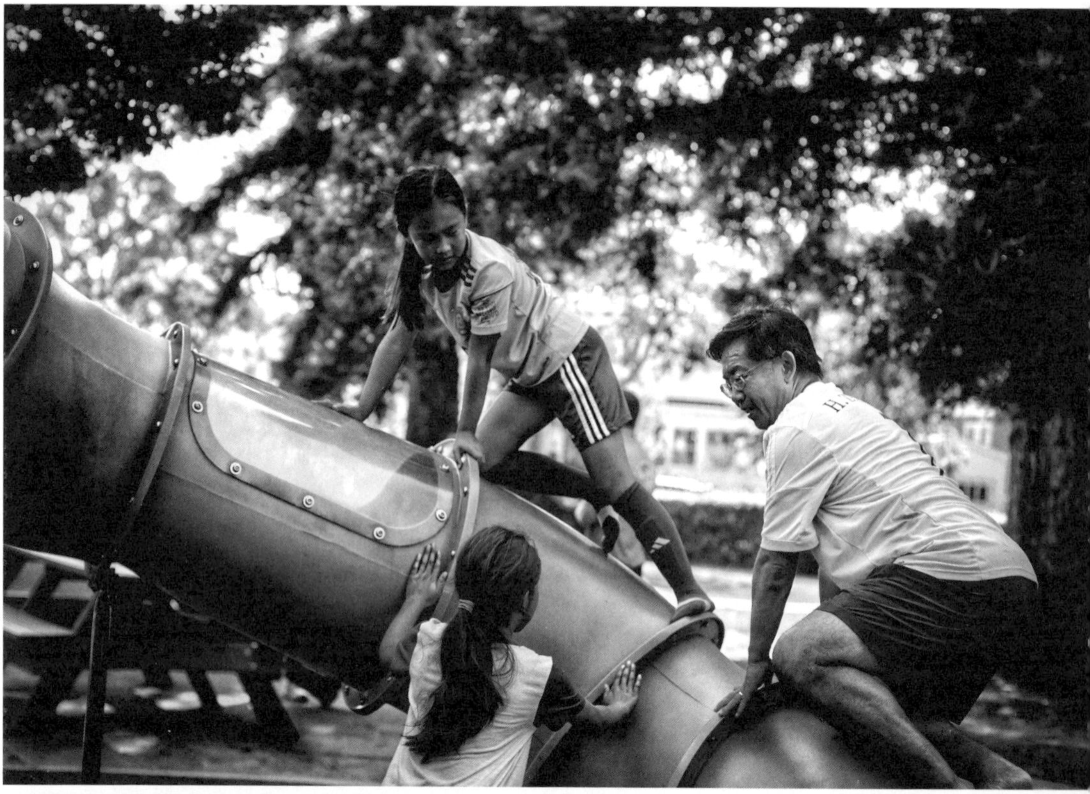

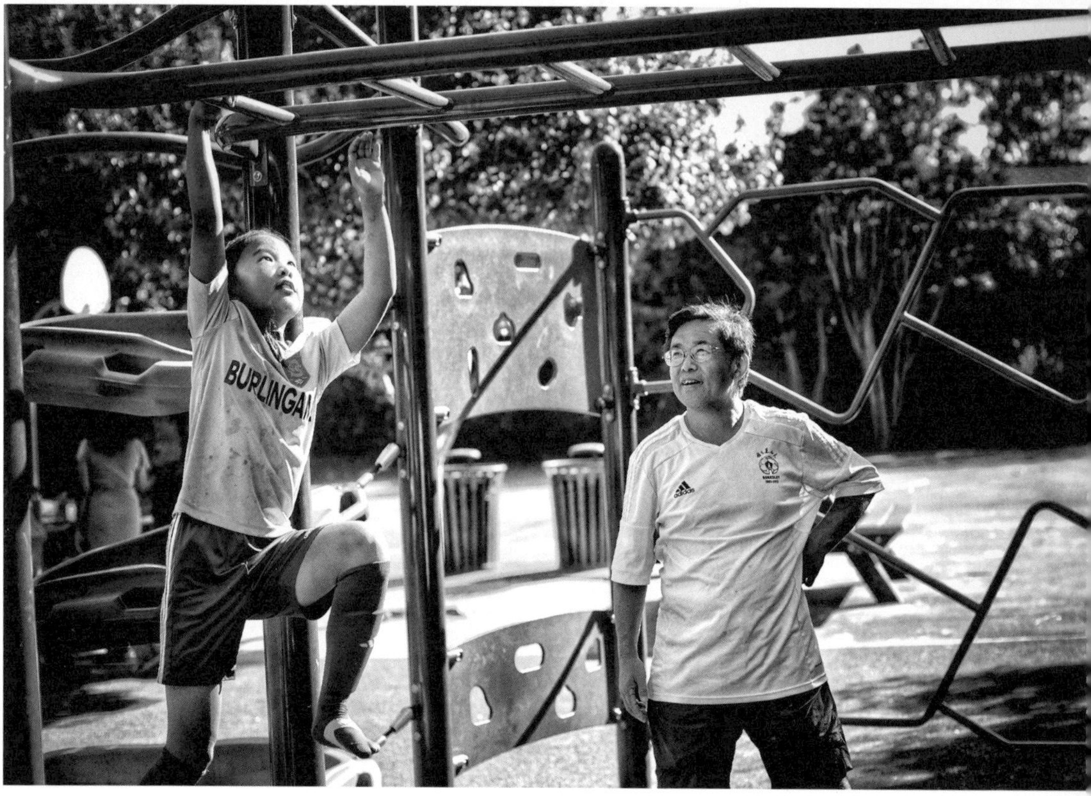

到了充分的尊重，现在也各有所长。大儿子陪着母亲一起包着饺子，听着父亲和母亲的教育言论，不时地点点头。

数据支持决策

再见到张晖的时候，他正在和妻子坐在草地上，看小女儿踢足球。

足球，是张晖爱了很多年的运动。2023年北京大学建校125周年，秋天他回北大时还踢了场球。在老同学里，他还算能跑的。

张晖特别享受那种在球场上奔跑的感觉，在美国，每周都要和球友们踢上至少两场比赛。他的三个大儿子和小女儿都在俱乐部踢球。经过一个夏天，小女儿的皮肤晒得黝黑，敏捷的身影在绿茵场上飞驰。

和孩子们一起踢球，和妻子一起看孩子们的比赛，是张晖生活中重要的一部分。

踢球是团队活动。"组织球队或者加入球队，就像创办公司或者选择公司一样，重要的是团队文化和人文环境。"在伯克利读博时，张晖是球队队长。30多年过去了，当时的球队球员在各自领域里都获得了一定的成功，因为足球，他们这30多年来仍然保持着紧密的联系和友谊。

现在，张晖在硅谷主要和老虎球队、腾飞球队一起踢球，偶尔还会参加全球北大队的比赛活动，"每星期踢完球后大家都会一起吃个饭，喝点酒。不谈工作，只谈生活"。

← 2023年8月，在家旁的游乐场，张晖陪着小女儿玩耍。

← 2023年8月，在游乐场，张晖陪着小女儿做锻炼。

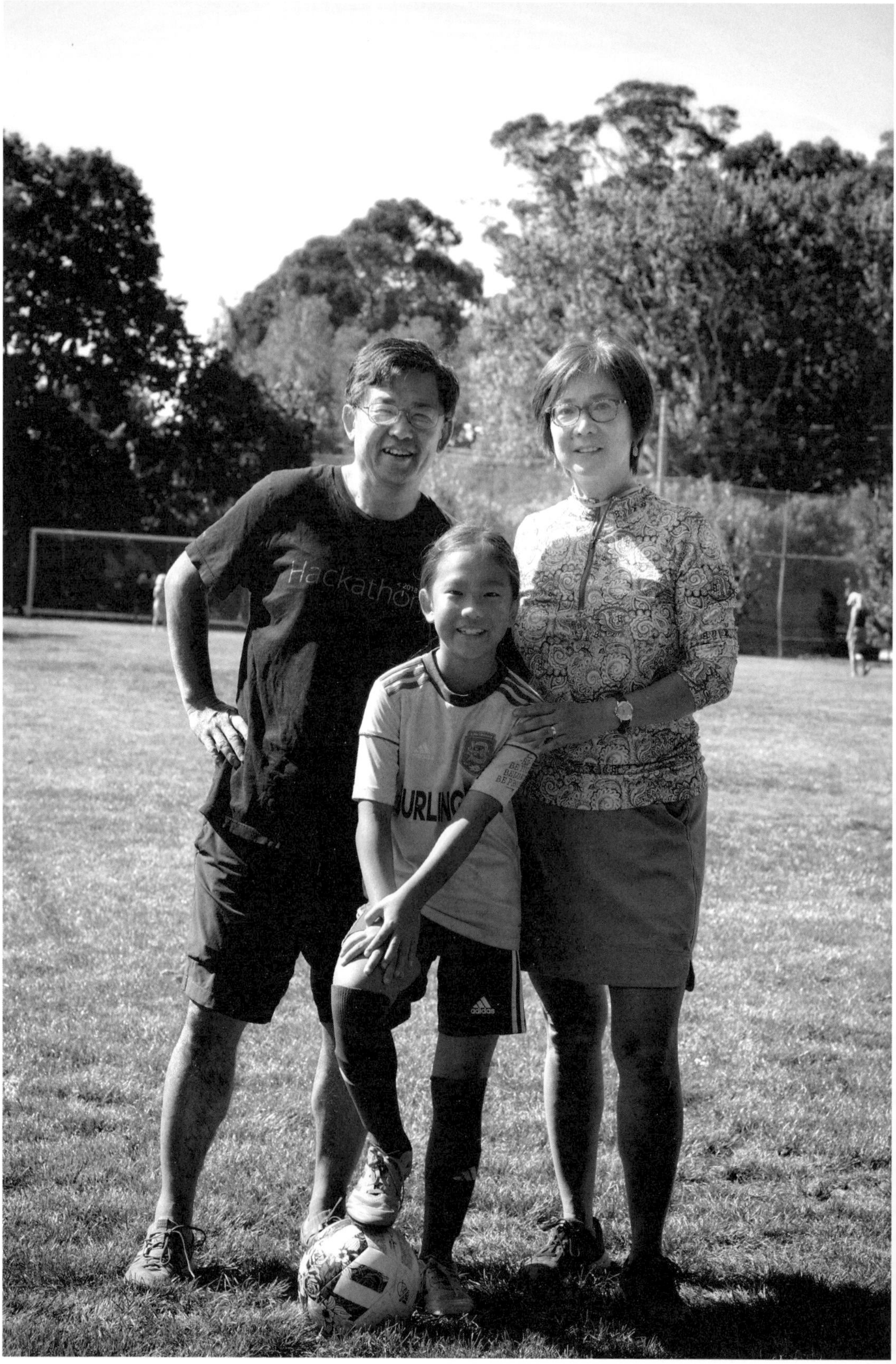
adidas

这几年，Conviva公司从美国硅谷把版图延伸到欧洲、中东、亚洲、南美，服务应用场景横跨娱乐、新闻、体育等多个领域。

公司业务也从确保用户观看流畅度的数据流服务，进一步扩展到有通用的数据分析平台。

都说数据是互联网时代的石油和黄金。今天，人类每时每刻产生的数据都在以几何倍数递增。数据很重要，但是对数据的有效分析和利用更重要。凭借海量数据的处理能力，张晖开始在数据分析上重点发力。

2023年8月初，美国夏威夷毛伊岛发生了一场大型火灾，起因是电线受损，一个5年前的变压器突破承载，酿就了美国百年以来最致命的一场野火。

"能不能通过不同的考量维度，高频次的数据采点对潜在灾情实现实时监控，然后利用算法做出相应预警？"这是张晖在看火灾新闻时想到的第一件事。火灾和风速、温度、电线负荷、线路老旧程度以及干旱时长等都有关联，如果可以按照这些维度来实时监控，利用算法在历史数据里和新积累的数据里找到交叉点，这样应该就可以提前预警。同时，利用数据分析的优势，把前因后果说清楚，给人提供决策依据。

张晖格外看重数据的"可解释性人工智能"。他认为这是诊断对错的重要基础，也是做出决策的重要依据。"人一定要知道有哪些相关因素，需要解释得清楚才能解决问题。"这也是他担忧目前的AI智能模型的原因，"大都还是不可解释的，等于是个黑匣子，没法真正地去诊断对错"。

在《AI会取代我们吗？》一书里，英国学者雪莉·范表达了

← 2023年8月，在硅谷的一个社区足球场上，女儿刚刚踢完一场比赛，张晖与太太许晖、女儿张传珆一同合影。

同样的担忧，认为"在研究人员找到让算法变得更易理解，继而变得更加有能力为自己负责的方法之前，我们不应该让AI取代我们工作的这种情况发生"。

　　张晖认为所有的数据处理系统，其实就是决策支持系统，最重要的就是机器和人的交互，机器快速在大量数据的基础上进一步做出可靠解释，供人做决定。结合多年的数据沉淀，目前张晖团队研发的流媒体大数据平台，已经建立了一套可解释、有依据的人工智能解决方案——为客户提供实时、完整、精确的流媒体视频数据集，"好比是快递员什么时间到餐厅里拿东

↑ 2023年5月，Conviva的硅谷办公室，有很多独立的会议间，但是并没有管理层独立的办公室，张晖的办公位和普通员工的办公座位没什么两样，在宽敞办公空间的一个角落，开放式地和团队坐在一起。目前团队办公还沿用了疫情期间的在线办公机制，员工每周只需要两天来办公室，其余时间可以在家办公。

→ 2023年5月。走到哪儿张晖还都是以自己是北大人而自豪，在硅谷的足球场，穿着北大队的队服也是他的另一种骄傲。

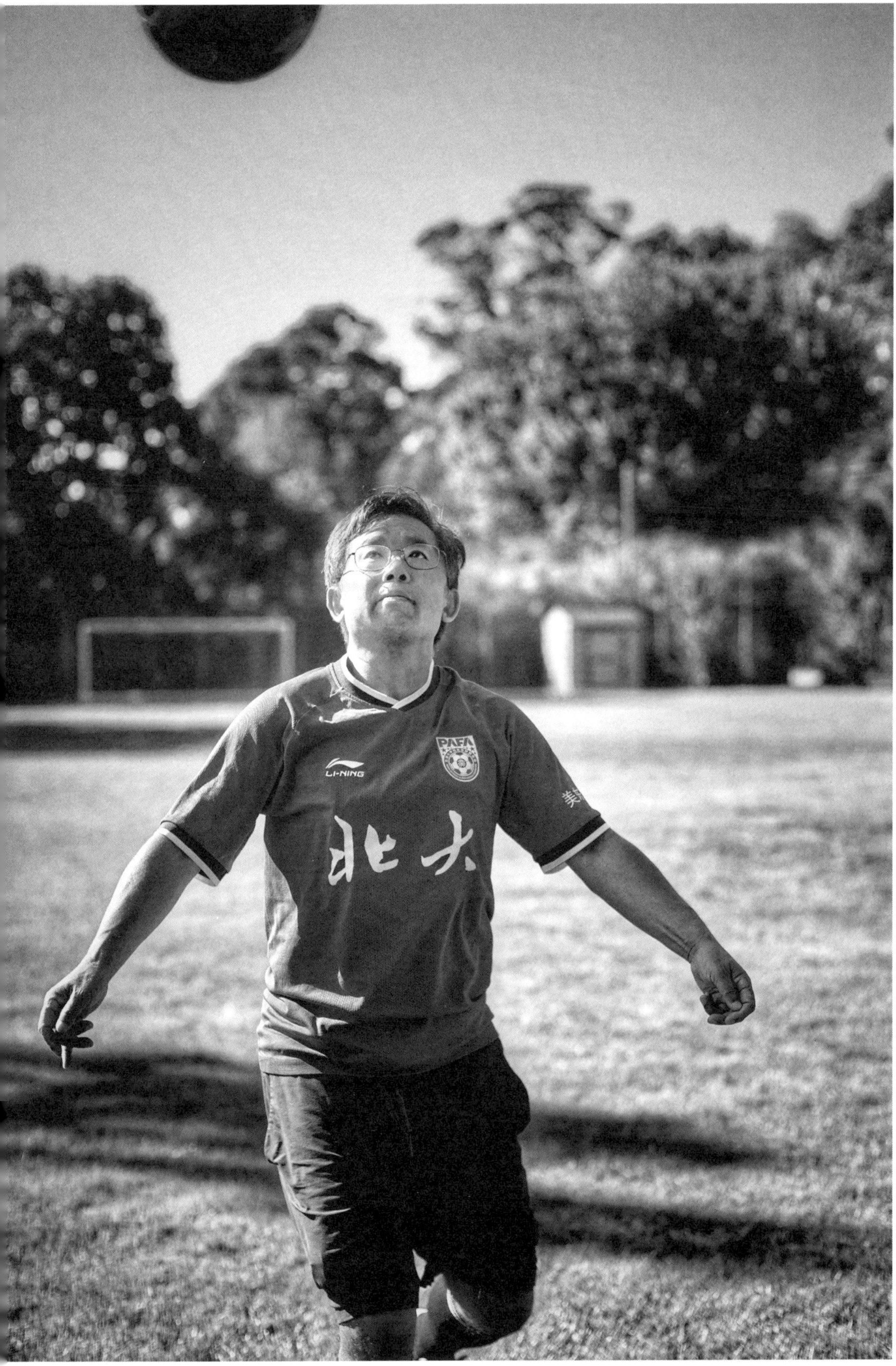
LI-NING
PAFA
北大

西，什么时间再送到客户手里，让数据始终保持最准确的Time State（时间状态）"。在这个不是那么"性感"的比方里，藏着张晖的野心，随着技术的成熟，他们开始逐渐将数据分析与优化能力的触角延伸到安全、制造、数据仓库（data warehouse）等应用场景，帮助客户从内容到市场的多维度业务决策。

SIGCOMM'22时间检验论文奖和网络系统奖双料得主——1984级院友张晖博士访谈

| 张 晖

近日,第三十六届国际网络通信顶级会议ACM SIGCOMM 2022在荷兰阿姆斯特丹召开并颁发了年度奖项。我院1984级校友张晖博士在SIGCOMM'11上发表的论文《视频质量对用户参与度的影响》以及他领导的初创公司Conviva所专注的在线流媒体优化分析系统分别获得了年度时间检验论文奖(Test-of-Time Paper Award)和网络系统奖(Networking Systems Award)。以下是对张晖博士的访谈实录。

Q1:这篇文章解决了什么问题,您做这么一个工作的初衷是什么?

这一篇文章其实解决的是我们想了很久的一个问题,也就是究竟应该怎么非常客观地评价视频质量。以前的评价方法是招募一系列的志愿者,通过志愿者观看视频的反馈来判断视频质量的好坏,但这种实验的方式存在着规模小、主观性强等问题。那么视频质量应该从什么角度进行客观判断呢?

我在卡耐基梅隆大学的同事赫伯特·西蒙(Herbert A. Simon)教授(图灵奖和诺贝尔经济学奖获得者)提出了"注意力经济学"(Attention Economy)的概念,这也是目前大多数互联网公司商业模式的基础。在本研究中,我们利用大数据处理的关键技术进步,对大型生产视频网站的每一个事件、每一个流、每一个消费者进行测量和处理。我们用"参与"来衡量"注意力",通过评估用户的注意力来判断视频的质量。在今天这个信息爆炸的时代,用户可以从各种渠道获得不同的视频信息,这更加显现出注意力的稀缺性。但有了这个评估手段之后如何把它转变成科学的问题也有一定的复杂性,视频质量也有很多的外在影响因素需要我们去考虑,比如说视频的清晰度、流畅度、视频软件打开的速度等，我们这篇文章也是第一次用实验的手段和大数据采集和处理技术去研究、分析这样一个问题，具体的研究方法大家可以去关注我们的文章。

Q2：很多您的学生对您有一个共同的评价——高瞻远瞩。除了这次获奖之外，您之前还获得了2011年SIGMETRICS和2015年SIGCOMM的年度时间检验论文奖。博士生们应该如何培养自身"高瞻远瞩"的能力？

做研究其实是三个方面，第一是选方向，第二是选题，第三是如何做好一个研究项目，我认为"高瞻远瞩"更多的也是在对方向的选择上。博士生首先还是要从一个小的科研项目起步，无论做再小的题目都有做得好和做得坏的区别，从采集数据、分析数据、做图表到写文章，这是一整个完整的科研训练的过程。同学们应该从做一个科研项目、发表一篇科研文章的过程中培养自己的科研态度和科研技能。有的同学在刚读博的时候眼界很高、有拿图灵奖的抱负，甚至会觉得老师的水平不够，这个我觉得是很自然的事，我当学生的时候也这样。眼高是好事，但手低是坏事，我们第一件事就是要先下手做，打好科研技能的基础是一件很重要的事情。也许我们现在做的题目不是能获诺贝尔奖、图灵奖的题目，但在做的过程中我们会慢慢在科研上有自己独特的体会。

对于博士生来说选方向是一件比较难的事情，更多的是在自己所在课题组的大方向中选题，在找选题这件事情上首先要有ambition（目标）和confidence（信心），五年读博的时间其实很长，可以做很多事情，也足以让大家在自己的小领域中成为专家。有的同学可能会觉得我写文章都总会被拒绝，那么信心要从哪里来？我想说的是大家的信心可以从榜样中来，我们可以在课题组、在学校内找一个高年级的博士生做榜样，你看他现在做得很好，几年前刚入学的时候其实跟你一样对领域内的知识知之甚少，等再过两年就能成为领域专家了。"虽然我们今天还在井冈山，但心里要想到怎么占领全中国。"大家的起点都很低，其实五年是很长的时间，但很少有人愿意花五年去做一件事，所以大家要有这个决心、有信心。

回到怎么找一个好的选题上，具体的技术层面很多人都讲了很多话，比如说赫伯特·西蒙，他就说过找题目第一件事就是发现自己独到、和别人不一样的地方。那什么叫作独到之处？聪明？勤奋？其实这都不是，因为大家都很聪明、很勤奋。而我对一个问题有深刻的理解、我有一个别人没有的数据源和合作伙伴，这才是我们真正的secret weapon（秘密武器）。我们能发掘自己的secret weapon也是一件很重要的事情，很多人可能自己坐在金矿上但不自知，比如说我们在中国做AI有更大的数据量也更容易采集数据，这就是我们的secret weapon。所以我为什么一直说我们的研究能力一定要强，有了扎实的基础后，再遇到一个非常好的科研项目，就能做出很有影响力的工作。对于这个工作来说，我们的secret weapon有两个：首先是我们拥有视频测量技术和客户访问权限，这使我们能够对每个流的每个事件进行全方面的采集；其次是我们拥有大数据技术和研究方法，可以对收集到的海量数据进行综合处理。

再回到最重要的一点，对于年轻老师或者高年级博士怎么找研究方向，我觉得第一是要有雄心壮志，第二是要找到自己感兴趣的点，做一些自己觉得真正有意义的事情。拿赫伯特·西蒙来说，他一辈子只追求一件事，就是想知道人脑是怎么工作的，所以他从好多角度去研究这个事情，从心理学角度去看，他发现人会花很多精力去想怎么赚钱，于是顺着类似的思路去思考，最后获得了经济学的诺贝尔奖。最后他为了研究人脑怎么工作这个问题又转到了计算机领域，因为他在20世纪60年代末70年代初突然发现机器和人一样也会下棋，他就会想，那么弄清楚了机器是怎么会下棋的，是否可以帮助理解人脑是怎么工作的呢？大家可以看出他有一个非常大的想法，这样一来他一旦在任何领域看到了可能的技术工具他都会去钻研，这就是集大成者。有的同学可能会觉得赫伯特·西蒙这种几十年出一个的天才好像不是我们能比的，但大家必须用他的这种思路去思考问题。

我在卡耐基梅隆大学的时候，办公室隔壁是爱德蒙·克拉克（Edmund Clarke），图灵奖获得者，他的领域是模型检测形式化方法（model checking formal methods），可能大家对这个领域的感觉是已经做了很长时间了，但他一辈子就做这一件事情，随着CPU越来越复杂，研究手段也越来越高级。到今天为止，我们最复杂的程序，CPU的验证都是用模型检测来做的，所以他这一辈子也就是研究这一件事。

从上面的例子中可以看出，只要我们脑子里一直有一个研究目标，那么方向是可以越走越宽的，当你找到自己想研究的问题之后就可以自发地、从不同的切入点去研究，这种内驱的科研动力往往是最能驱使着一个人在科研道路上坚持下去的。

最后一个就是对自己的高标准、严要求，比如我们要认为我们的文章能写得更好、图也能画得更好，这是对自己严格要求的科研习惯，但习惯的养成是很不容易的。比如说我们每个人都想早起跑半个小时，但这很难做到。我最佩服的就是爱德蒙·克拉克。我当时是卡耐基梅隆大学还是最低的助理教授，隔壁就是他这个图灵奖获得者，我每天八点到办公室他已经在了，晚上七点走的时候他还没走，星期天我来了发现他还在那，外面一堆人排着队想见他。所以他就有这个习惯，几十年如一日做研究，这种专一是很难做到的事情。我们每个人都要有榜样，这都是榜样。

Q3：您培养了很多杰出的学生，他们中的很多人在世界各地的名校任教。如何才能成为一名优秀的博士？相比于工业界，在学术界做科研有哪些优势呢？

我认为第一件事还是找到自己的目标，并且有足够的信心去完成这个目标，比如说我们要五年内成为世界第一。其实这并不难，只要你把所研究的领域弄到足够小就有希望成为世界第一。我们做科研一定要有深度，要做到最好。很多同学就会觉得说领域太小、太狭隘了，没人在乎怎么办？其实无论目前看来多么小、多么狭隘的领域，其实做好了都能做得很大，就回到爱德蒙·克拉克，模型检测在20世纪六七十年代完全是没人做的，我们今天最热的神经网络当时也是没人做，所以说能够耐住寂寞还是很重要的一件事。

还有就是信心，有的同学会想我怎么能做得过谷歌、阿里这些公司呢？毕竟他们是做系统的人，有一堆来自世界各地名校的PhD在做一件事情，又有充足的数据，我们怎么能做得过他们呢？我觉得咱们的优势还是很强的，第一，我们的时间更为自由，在公司里其实会在诸如开会等事务性工作上花费很多时间，每天可能有开不完的会，这样一来大家其实没有充足的时间去独立思考，而我们作为博士生有五年的时间，且允许大家在这五年里只做一件事情，这在公司是完全不可能的，这就是我们第一个优势——专一；第二，公司强调效益，需要立马出成果、产生效益，这么多资金砸进去肯定要求赶快变现。而我们可以选一个题目往远了看，也许当下不会立马出效益，但不意味着一直不会产生效益。比如说杨芙清院士和爱德蒙·克拉克，他们做的东西如果放到谷歌和阿里这些公司能做出来吗？但他们的工作又是相当有意义的，因此我们完全有必要相信自己可以在5年以后做出世界级的工作，一定要有这个信心。

有了目标和信心之后还要锻炼自己的科研能力，也就是回过头来咱们做事要认真。光说我们能做出什么好工作是没有意义的，怎么变成每天的工作习惯。当然做工作也有运气、环境因素在里面，虽然不是每个人都能拿图灵奖，但写一篇好论文是没问题的，写了第一篇再去思考第二篇，一定要把自己的目标落到具体。

Q4：这篇获奖论文的内容和您现在任联合创始人以及CEO的创业公司Conviva似乎高度相关。可否请您谈谈您的创业心得并且分享一下学术界和工业界在思维方式上的不同？

创业是一件大事儿，我们Conviva做得还不错，但现在还不算是最成功的，Databricks创业非常成功。衡量创业是否成功就一件事，是你的顾客量有多大，营业额有多大。其实创业和科研一样，也要有ambition、confidence和secret weapon。

我个人有信心把Conviva做成第一流的公司，我们一定要对自己的优势有信心，我们的优势在于对技术的理解更加深刻且有自己核心的技术，我们做的东西一定要有技术含量，这样做的东西才可能真正变成持久的公司。我们希望Conviva也是这样一个公司，赚钱是很重要的事情，但是个人赚钱和公司是否成功是两回事，做出一个在工业界、在技术上有长期影响力的企业是一件很不容易的事情，我们现在抱着这个目标在奋斗的征途上。

做科研和做公司确实非常不一样，因为它衡量成功的标准是不一样的，科研的标准是对未来的影响度，一个好的科研工作应该是从思想的角度来看对世界都有影响。公司的标准就非常清晰了，就是你赚了多少钱。公司赚钱的受益人很多，包括你的客户、员工和股东，公司的标准就是以钱为中心的。这其实对社会是有非常好的推动作用，比如说华为为了打开更大的市场，就做了巨大的创新。公司有几百人、几千人甚至几万人，有人做财务，有人做产品，有人做安全，有人做销售，不同技能背景的人凝聚起来为了做一件事。学术界是不一样的，我们没有也不需要公司那么多人，所以学术需要的是在多个方向上不断地摸索，很少的人需要解决一个或者几个长期问题。所以这个需要的技能是不太一样的。做研究可能是写论文、发表论文，至于后面有没有人读、什么时候有人读就是另外一件事了，但做公司每个季度都得需要进展，所以说这二者之间从执行层面上的思维方式是完全不一样的。

Q5：您认为当时的研究环境和今天的有何不同，可否给今天的青年教师和同学们一些建议？

我觉得共同之处还是蛮多的，我们依旧有很多的深层问题和表面问题可以研究，甚至今天可以研究的问题和研究手段更多了。我记得2008年我回北大做过一次讲座，当时对整个行业来说是个低谷期，也有很多人认为计算机是夕阳产业。我自己当时还是非常乐观的，我说信息时代才刚刚开始，很多信息革命甚至还没有开始。到如今，计算机已经深入到各个领域和我们生活的方方面面，但我们跟十几年前一样，无论是学术界还是工业界都有很多问题没有解决。

不一样的地方我认为主要是现在诱惑更多了，做的人也更多了。这就导致大家更加浮躁，以前人少的时候大家的研究质量都很高，现在全世界都蜂拥进计算机领域，必然导致领域内鱼龙混杂。因此我们研究人员要更加有信心、有定力。当然人多了也不完全是坏事，其中一个好处在于我们可以和更多的人进行沟通。

其实我想说的是，做出好的科研成果无论是20年前还是现在，都是好不容易的事情，大家在做事情的过程中也无法预见未来。因此更需要我们静下心来做好手头的工作，脚踏实地做工作的同时也要不断地思考、找到未来的研究方向。我非常喜欢我们Conviva北京分公司的掌门人胡宁宁（也是我在卡耐基梅隆大学时的博士生）说的一句话："跟有情有义的人做一件有意义的事情。"做学术做创业，归根结底到底是做人，这是永远不变的道理。

（原载于"北京大学计算机学院"微信公众号）

张旭
ZHANGXU

万纬物流董事长，万科集团高级副总裁、集团合伙人

做中国最大的冷链物流

VX LOGISTIC PROPERTIES

Building China's Largest Cold Chain Logistics

起点布局

"我想做个全国最大的冷链物流。"张旭在办公室里来回踱着步,手里还拿着那本讲711便利店的书《零售的本质》,突然抬头,若有所思地说,旁人听着有点像是他在喃喃自语。

说这句话的时候,是2017年。那时,他刚刚代表万科和著名物流集团普洛斯中国签署合作协议,在万科物流板块,落下重要一子。

与普洛斯联手之后,万科一跃而成为全国最大的物流商,取名"万纬物流"。为顺丰、淘宝、京东、申通等基础客户和电商提供高标仓储和快速反应的智慧物流。

从常温物流仓储出发,他又瞄准了"冷链"的物流机会。冷链物流(Cold Chain Logistics)是指冷藏冷冻类食品在生产、储藏运输、销售,到消费前的各个环节中始终处于规定的低温环境下,以保证食品质量的一项系统工程。由于冷链物流管理复杂,前期投入比较大,目前在国内的产业环境还是鱼龙混杂,水准参差不齐。在万纬物流加入之前,这个行业中做得比较好的应该算是太古冷链,作为家族产业的香港太古实业已有50年的历史,下属冷链物流公司是在中国大陆地区最早进入冷链的企业之一。2018年万科再次出手,并购了太古冷链。自此,万科旗下的物流品牌"万纬物流"可谓羽翼丰满。

大道行简。并购太古冷链物流之后,万纬物流把原来格外冗长的企业网址VXlogisticsproperties.com,做了一点点改变,改为vx56.com。网站地址简化为万纬的首字母和物流的谐音。

名正则言顺。思路清晰之后,他进一步带领物流集团大刀

2019年11月初,纽约马拉松赛前,张旭(右一)和郁亮(右二,万科集团董事局主席)坐地铁去现场考察比赛环境。

阔斧改革,聚焦打造冷链物流的三大核心竞争优势:大空间仓储的高标温控能力,覆盖全国的仓储冷库的规模效应,AI+物联网下的智慧物流。

也就是短短的两年多时间,现在我们的生活中,每5根薯条就有1根是由万纬物流提供服务的;被大家常常作为礼品的球形金莎巧克力,每2颗就有1颗是万纬冷链物流配送的;全国95%的猕猴桃都经过万纬冷库配送;几乎全国所有的野兽派鲜花都保存在万纬冷库中。

然而,"规模最大"还只是另一个起点。2020年6月,万纬物流联手易方达资产,推出中国物流首款类REITs(Real Estate Investment Trust)产品上市。REITs是房地产信托投资基金,是房地产证券化的重要手段。房地产证券化就是把流动性较低的、

Jackson Heights
90 St-Elmhurst Av
Junction Blvd
103 St-Corona Plaza
111 St

2017年11月，香港百公里"菜鸟达人队"毅行者四人组，□峻（右一）、队长郁亮（右二）、张旭（右三），于大帽山□文台。

非证券形态的房地产投资，直接转化为资本市场上的证券资产，提供给投资者交易。在境外市场中，成熟的REITs产品是让普通人有机会参与房地产投资或分享基建项目运营收益的重要渠道。

2020年4月，证监会与国家发展改革委联合发布了关于推进中国REITs试点的通知，这也表明了国家对于丰富投资渠道、寻找更稳定的金融产品、拓展市场机遇的决心。

一旦释放公募REITs的平台，对于普通投资者而言，多了一个相对稳定可靠的选择。相信这又是一个万亿级的市场。而这时，张旭带领万纬物流，站在这个机遇的第一排。

2020年6月3日，首期类REITs产品在深圳上市的时候，张旭

2019年11月初，纽约马拉松赛前一天，女儿专程赶来助阵。

带着万纬的总经理江炜、财务官林聪智和万科集团CEO祝九胜、CFO韩慧华一起去敲了钟。按照深交所的习惯,敲钟的人都要戴上一条红围巾。他穿着深色西服,配上红围巾,显得格外精神。但和大家的兴高采烈不同的是,他显得很平静。"这才是个开始,后面要做的事还多着呢。"在深交所的上市大厅,他一边和大家合着影,一边对我说。我想,这一回没有人会以为他是喃喃自语了。

↑ 2020年6月3日,万纬物流首席财务官林聪智(左一)、万科集团执行副总裁、财务负责人韩慧华(左二)、万科集团总裁首席执行官祝九胜(左三)、万纬物流总经理江炜(左四)、易方达资产管理有限公司董事长娄利舟(右一)、万纬物流董事长张旭(右二)一起为万纬物流&易方达资产物流仓储1期资产支持专项计划敲钟挂牌。

纯粹于当下

2017年与张旭出行，机上他本来有点困，聊起他要做的一个计划，却又立马精神抖擞。他的计划在当时的市场里没有成熟的模式可以参考，自然面对质疑和担心，他始终信心满满。"我很少失败，因为我做事的习惯是，做之前先把所有可能的失败考虑到，然后评估自己的承受能力，不允许自己有意外。"他说。下了飞机，已经是凌晨。他习惯地打开手机，一如往常地逐个翻阅需要批复的申请。

张旭2002年从中海辞职加入万科，在这个把"工程师文化"作为标签之一的公司里，他算是一个工程师的代表。从事房地产20多年时间里，他身上一直有一股典型的工程师精神，肯钻研、讲方法，同时他也始终保持着难得的热情。在武汉做总经理的时候，他曾经主持过武汉中心城区唐家墩、鲩子湖、白沙洲等几个区域的旧改规划。

那是一个炎热的下午，我们沿着汉口火车站旁唐家墩的老旧的街道散步，张旭指着一处处老旧房屋描述着改造后的未来，他显然对每一条巷道、每一个街边的小店，甚至偶尔经过的叔伯都格外地熟悉。谈到他的蓝图和愿景的时候，仿佛一切历历在目、近在眼前。

但是，理想很丰满，现实总是很骨感。唐家墩旧改由于体量庞大、历史遗留问题众多、开发周期漫长，曾一度陷入开发困境。在那一段焦头烂额的时间里，他持续着解题、计划、行动、复盘的工作循环，有条不紊地逐个击破难点，带领着万科啃下了一块硬骨头。

后来这个项目历经几任总经理的共同努力，成为万科最经典的城市旧改更新项目之一。背后的故事按他的说法，"三天三夜说不完"，一如他给项目定下的名字——"汉口传奇"。

2018年在深圳边防线60公里超级马拉松，明明是路跑，他穿了一双越野的鞋，底有些硬，还有点沉。"过两天要去北极马拉松，必须穿所罗门的越野鞋，我先提前准备准备。"他说。就这样，愣是穿着越野鞋跑了30公里边防线。

那年，我们还从深圳东部笔架山出发，行山40公里，到大梅沙。一路可以经历含"金木水火土"的地名，分别是三杆笔、金龟村、火烧天、土地庙、水祖坑。这个略有刻意的串联，倒是让行山多了几分探秘的色彩。也许，没有多少城市可以像深圳这样幸运，气候的原因，只要登到三四百米的山顶，便已可观得云蒸霞蔚、瀑布流云，再加上天不晒也不热，一路上心情大好。

郁总（郁亮）和峻爷（曹峻）身手矫健一路在前，不一会儿，他们的身影已在云中若隐若现。旭哥和我行得缓，便且行且观景且拍照。就在这个时候，我俩费力爬上了好大一个山坡，山顶牌子的三个大字跃入眼帘——"绝望坡"。见此三字，旭哥不语，找地儿坐下，开始翻看手机……半晌，我问："咋啦?"旭哥说："我找地图呢，你不觉得我们走错路了吗?"说实话，我倒是没觉察。旭哥接着说："咱俩好久没有看到路牌了。"

"哦……对，是错了，咱们在这待这么久，也没见后面队伍跟上。"我才反应过来。

我的手机没信号，倒是他的双卡手机帮了忙，看了地图，确实偏离路线不少，于是只好折返。

下了山，手机刚有信号，峻爷来电："你们就翻过绝望坡，

→ 2017年12月，张旭凌晨从外地返回深圳，刚下飞机，他继续在车上批复工作。

→ 2018年3月，张旭在深圳滨海栈道。（深圳边防线60公里超级马拉松，蛇口海上世界到大梅沙万科中心）

↓ 2018年3月，张旭在深圳分水线山脉龙岗界碑山顶。

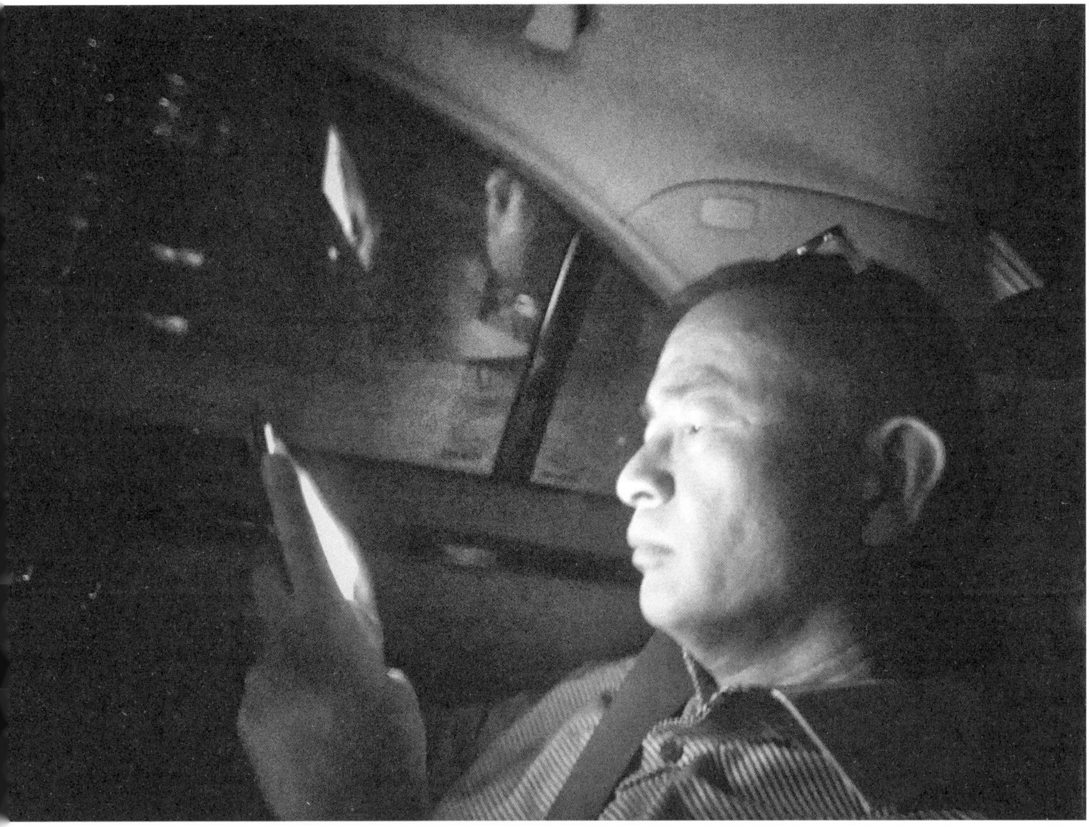

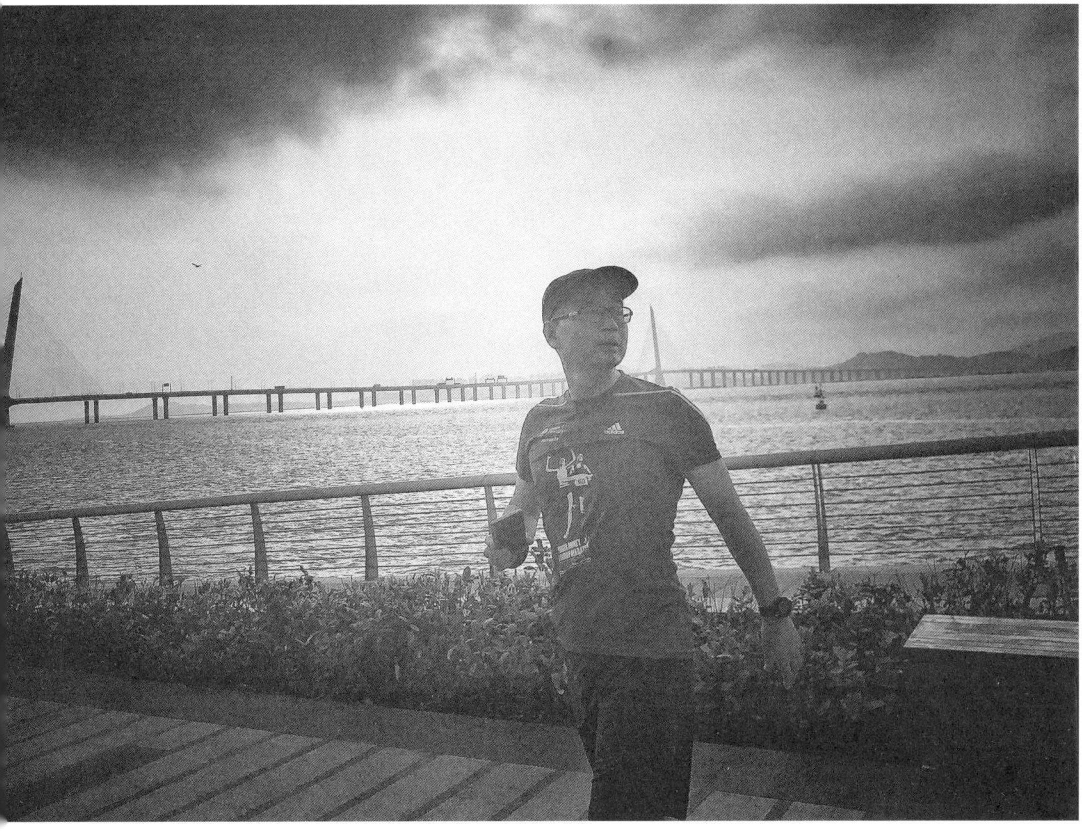

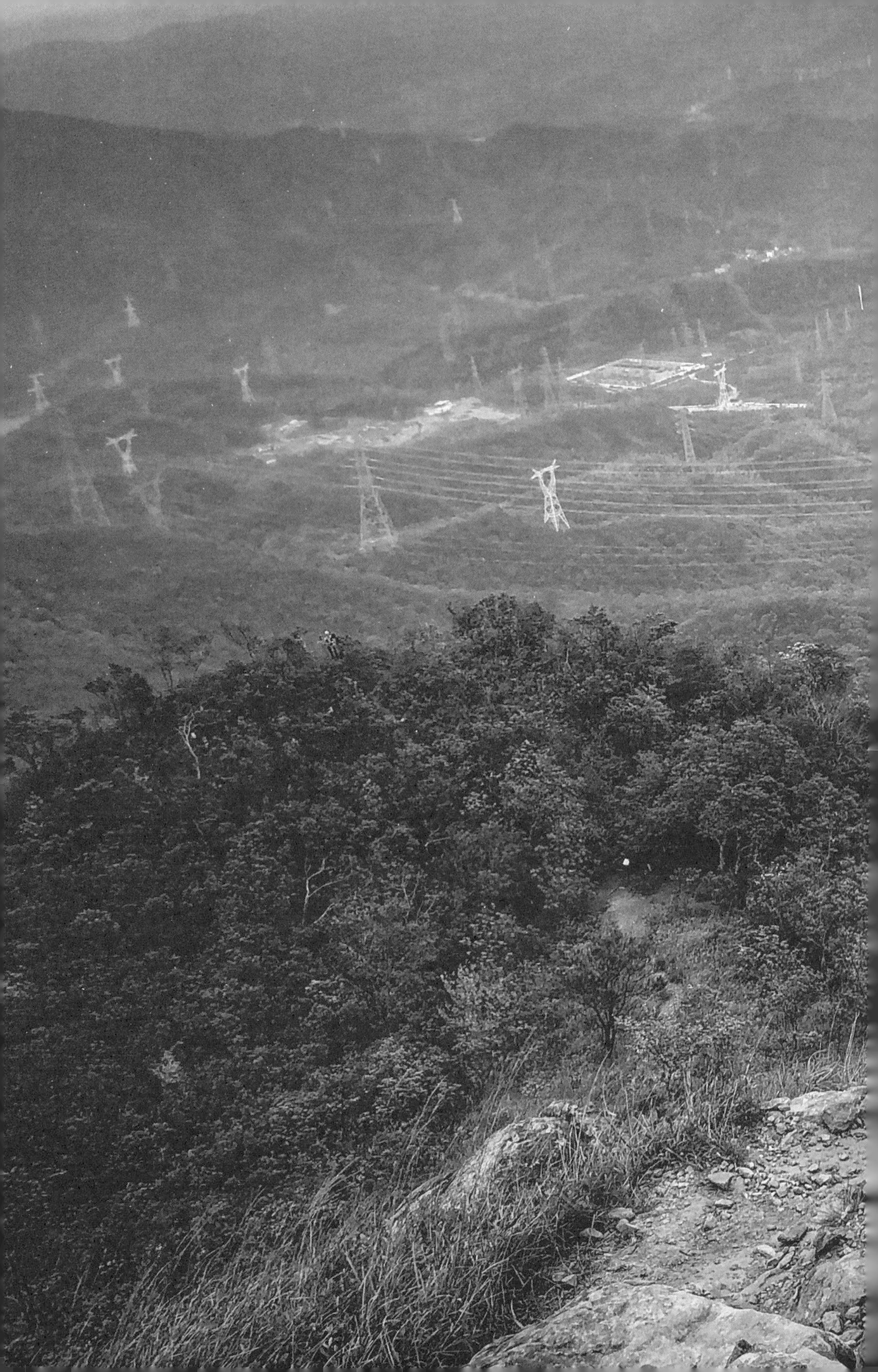

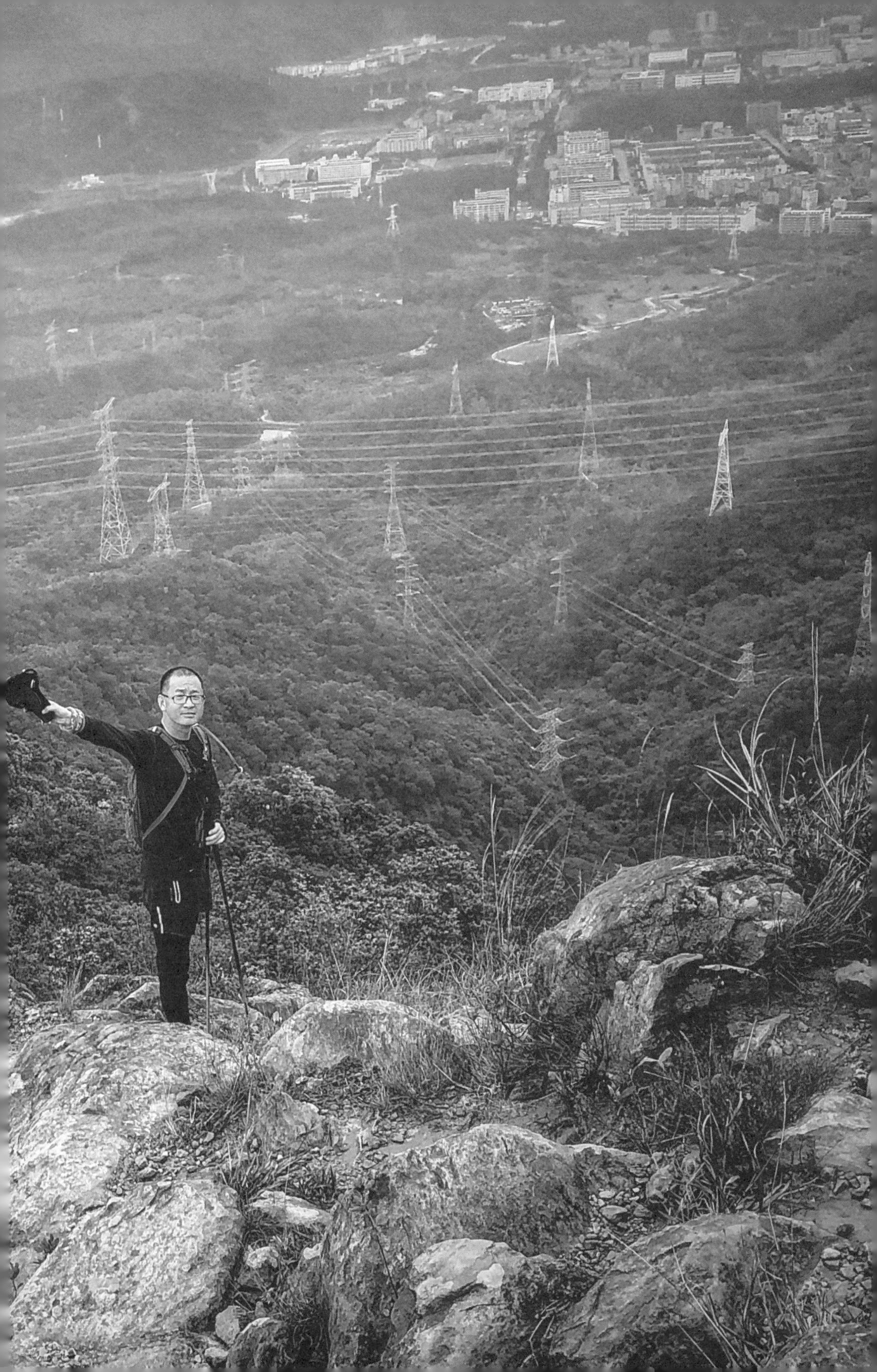

继续沿着山路走就行。"于是，我们只好又折返，重新上山。

上山一半，郁总又来电："绝望坡的路还是错了，你们需要原路返回，回到来之前的那个界碑山头，然后右转，才能到金龟村……"于是，我们只好再下山，爬返前一个山头。

我们千辛万苦爬回之前的山头后，在几条路之间，旭哥信心满满地选了一条他认为通向目的地——金龟村——的路。沿着这条路，我们又翻越了三四个小山头，巧遇一队驴友，一打听，我们又走错了。

我们要去的村子在完全相反的方向，必须再次回到那个界碑山头，重新选择另外一条路……

↑ 2018年3月，这张照片拍摄于我们返回界碑山头之后，才发现我们之所以走错路的原因——金龟村的路牌倒了。

至此，我们把从三杆笔到金龟村，能走错的路，都走错了。原定40公里的训练计划，平白无故地多了10公里出来。

"我觉得挺好，这是上帝让我多训练会儿……"旭哥的革命乐观主义精神再次发挥作用。"嗯，这回是我错了，回去请你吃大餐。"他同时又爽快地说。

加入赛道

"我们的logo是VX，V代表的是万科，X代表的是美国黑石公司。"张旭说。此时他正面对着万纬物流在上海新修建的，通过分布式光伏发电的"零碳仓库"，宽阔整洁的建筑立面上，万纬物流的logo——"VX"两个字母格外显眼。

十年前（2014年），张旭随万科集团董事局主席郁亮到美国去拜访相关企业和投资机构。他意外地发现，无论是麦肯锡，还是凯雷KKR、黑石，都表示愿意和万科在中国合作做物流企业。从那时起，张旭的手机上多了一个持续关注的公司——美冷（Americold Realty Trust, Inc.，股票代码［COLD］）。"美冷"在美国冷链物流这个细分行业，占到市场份额的25%，而彼时中国前一百家只占不到10%的份额。可以说，中国还没有一个在物流领域里以冷库为载体提供公共服务的行业。

了解到这些信息的时候，张旭的眼里在发光。

看到行业机会，张旭首先想到的是拜师学艺，钻研学习他山之石。

他趁热打铁，赶在圣诞节来临的时候，去了亚特兰大参观

↑ 2015年5月，张旭在2015意大利米兰世博会万科"盘龙"展馆前。

美冷的仓库。那时，正在准备节日的美冷仓库里各类商品琳琅满目，彻底打破了张旭对行业的认知。他曾经以为餐饮公司都应该也都会有自己的冷库，在美冷才突然了解到，原来在美国，冷库和生鲜运输是由"冷链物流行业"提供公共服务的。美冷已经在美国有100多家仓库，但中国却没有"冷链物流行业"这样的规模化公共服务，整个中国竟然还没有一家公司既能服务商超，又能服务茶饮、果蔬、快消、零售的综合物流企业。在美冷的生鲜食品低温仓库里，他只穿了一件外套，但是手心却在微微发汗，"那个时候我才认识到，原来冷链物流这个行业的盘子可以这么大！"

从那天起，在中国建立一个类似于美冷这样的冷链行业领军企业，成为张旭的又一个梦想。背靠当时万科强大的现金流，张旭甚至还考虑过收购美冷，可惜最后价格没谈拢，他至今对此还心怀遗憾。

在美国学习美冷之后，张旭把学习目标又瞄向了中国最大的物流公司。

彼时，普洛斯在中国做得风生水起，占了整个中国市场60%—70%的份额。2014年3月15日，万科请了普洛斯的掌门人梅志明到万科总部讲课。在普洛斯的报告里，物流将是中国未来高速成长的行业。动力在于中国电商和快递、快运行业每年的高速增长。同时，这个行业里的玩家不多，中资企业普洛斯最大，其余成一定规模的都是外资企业。

时机难得，当年12月10日，万科就正式成立了物流事业部，由张旭牵头负责。跃跃欲试的张旭也希望找一个在行业里有经验的合作方，建立起行业投资与运营管理的标准。闻风而来的美国黑石基金主动提出合作，于是双方谈定50对50的股比，共同成立了"万纬物流事业合资平台"，企业logo使用了VX这两个字母，V代表万科，X代表美国黑石。由此，物流业务正式开启。

后来普洛斯私有化，万纬物流也积极参与其中，在战略上提前布局，迅速进入行业。签约酒会上，普洛斯的联合创始人、CEO梅志明端着酒杯踌躇满志，说了句，"不深度参与中国市场，就谈不上拥有全球竞争力"。

美冷收购未果后，"我们做的第一件事是在沈阳买了个冷库"。成立物流合资平台后，张旭做了一个大家都不太理解的投资。本以为他会在北上广深等经济发达城市布下重兵，但是他却选择了在东北布局。

2017年10月16日，万纬正式接管沈阳浑南冷链物流园。开

↓ 2022年9月，张旭在万物云港股上市活动的庆典现场。

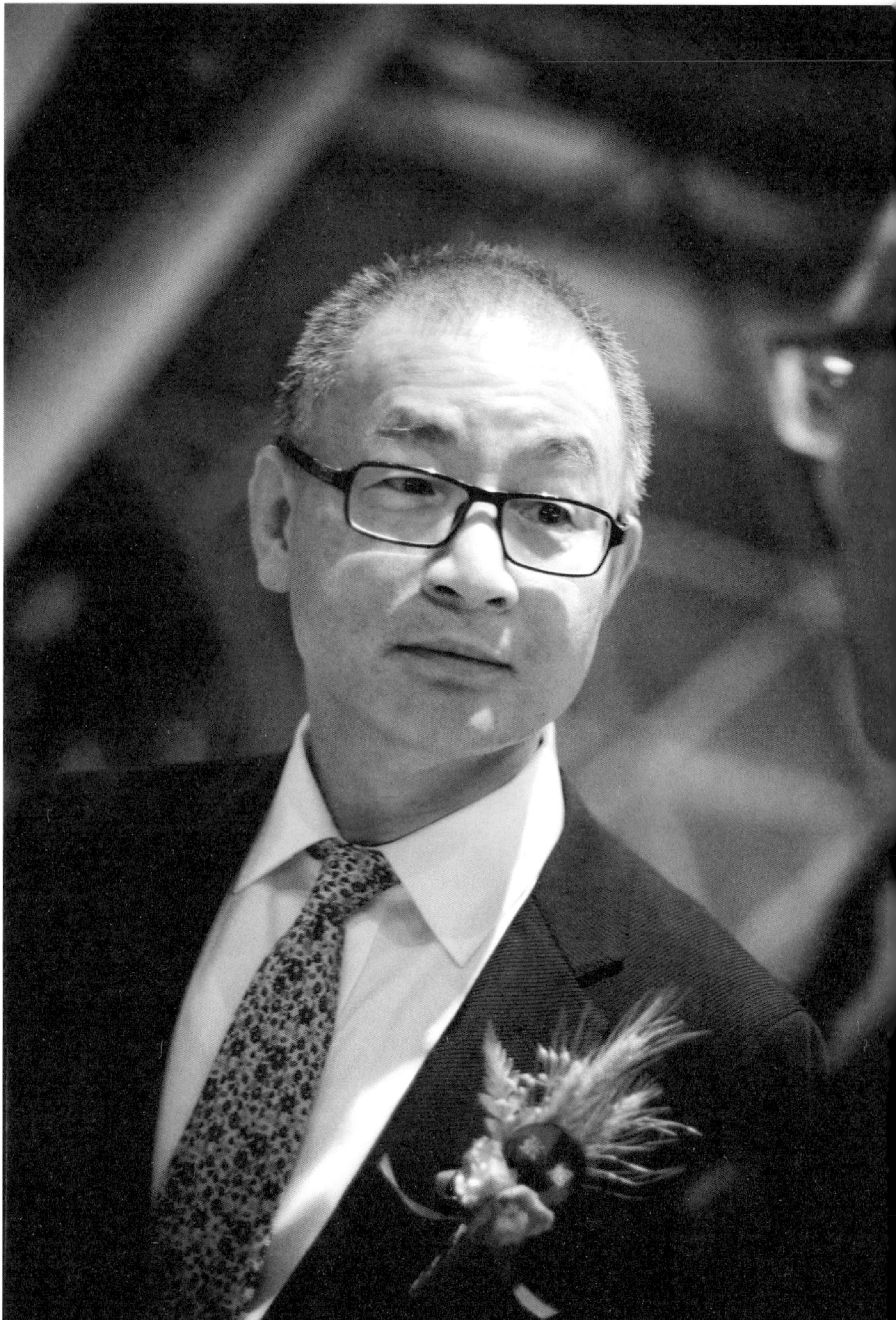

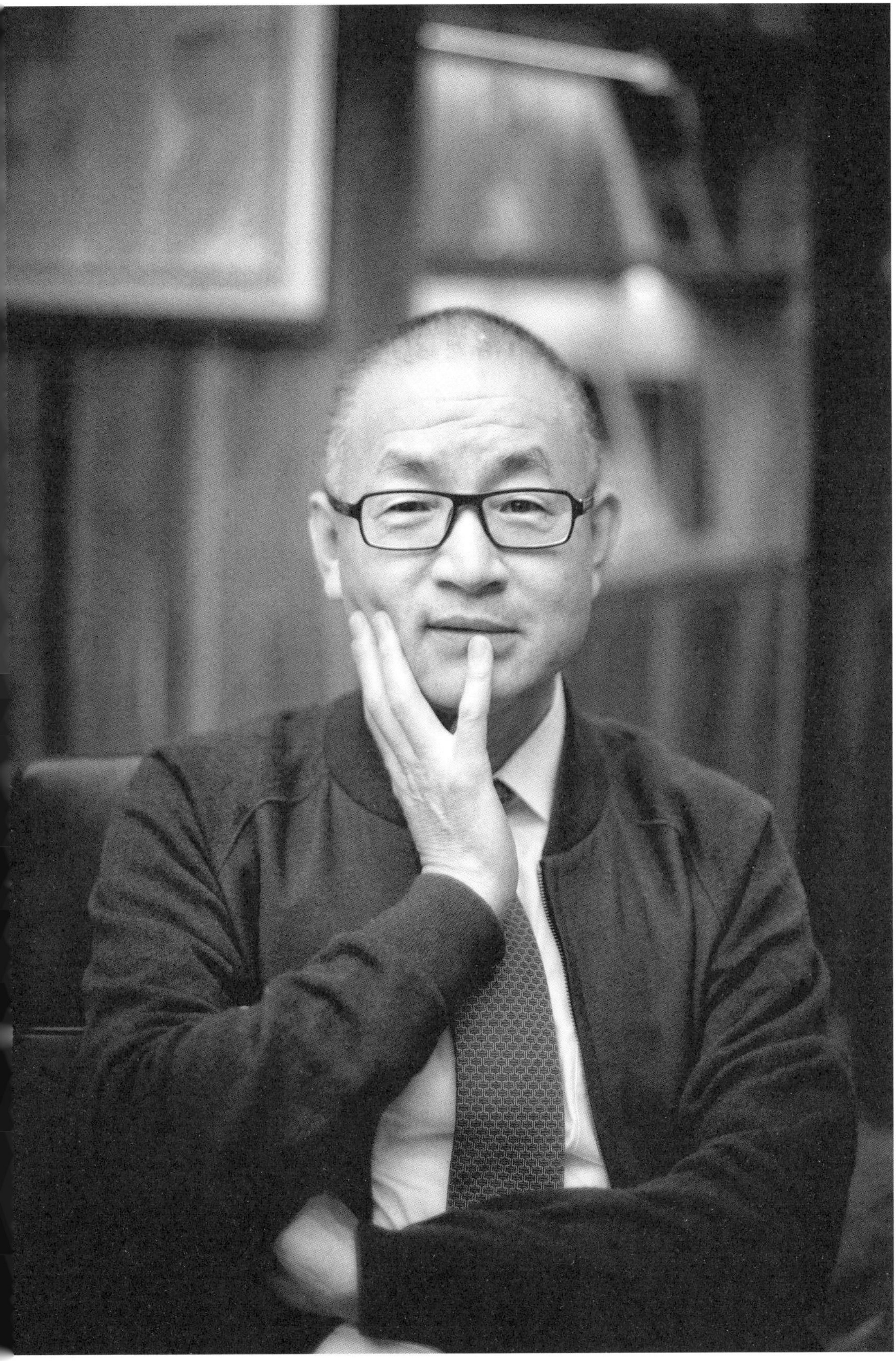

业那天，人们才发现来的客户代表有麦当劳、百胜、星巴克和沃尔玛，原来张旭看中的是沈阳浑南冷库拥有这些大客户，买沈阳冷库，其实买的是"向客户深入学习的机会"。

此后，张旭利用他在资本市场上长袖善舞的能力，大举展开并购。2018年6月，万纬并购了香港太古公司的冷链，从而有了500人的专业团队。

有了核心客户，有了专业团队，张旭开始把一切归零，回归初心，进入创业者状态。回到商业本质，按照第一性原理，从"一切围绕客户的需求"出发，把客户分类，重新审视产品和服务。

新官上任三把火，他的三把火烧了十年。让万纬在冷链这个物流细分赛道上，穿越周期，找到了自己的路。

↑ 2022年11月，张旭在上海万纬物流办公室。

供应链之争

→ 2016年3月，张旭（右二）带队在黑石纽约总部拜访黑石集团总裁 John Gray（左三）。

从2018年开始，短短几年，张旭主持的万纬物流已经建立了全国最大的冷链网络。覆盖47个城市，拥有170个物流园区，全国运营管理50+个专业冷链物流园，仓储规模超过1200万平方米，服务超过1600家企业。张旭强调用供应链思维做物流。在物流投资上他最看重的，"要看物的流动线路，找到关键的枢纽和节点"。在张旭眼中，物流枢纽需要具备五大功能：承运商的转换；运输方式的转变；贸易中心；集货、存储的功能；增值服务的能力。

从事地产20多年，从万科集团首席运营官的位置华丽转身

→ 2022年11月，张旭在上海万纬物流办公室审阅文件。

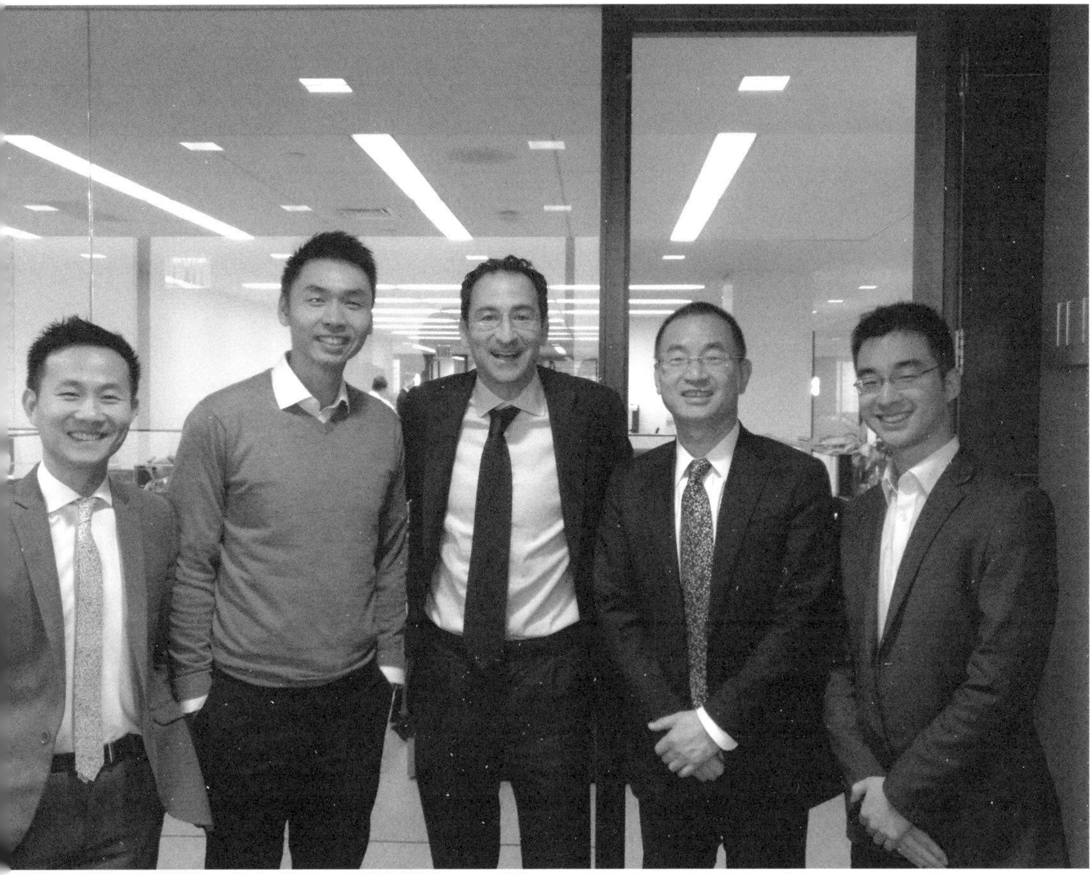

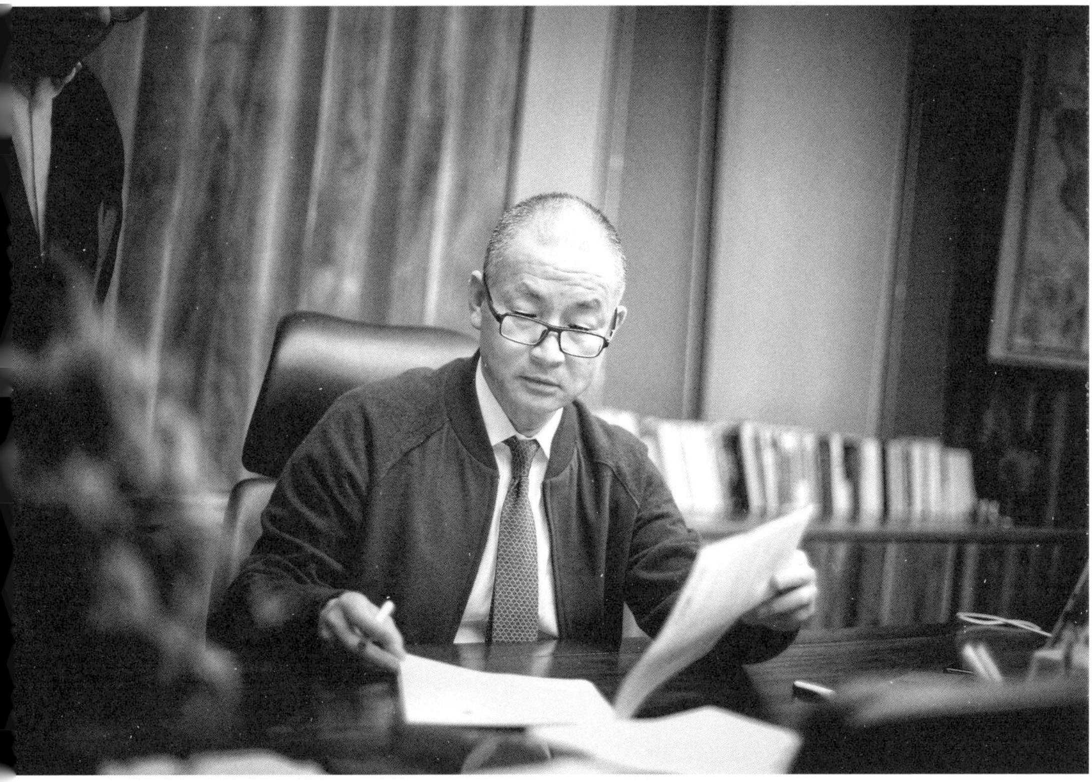

开始做物流。原以为物流和地产大差不差，总有些相关性。入行了才发现，物流和地产是完全不同的商业逻辑。"物流要不断降本增效，地产要不断卖出溢价。"

物流出现的原因是不同地区资源不同、生产效率不同、产品之间有差价，于是有了物的流动，带动贸易。如果物流成本导致贸易之间没有差价，那贸易就不存在了，也就不需要物流了。物流是服务型行业，服务于物的流通。货物从生产制造到消费者终端，物流需要关注的是供应链全链路环节，物流仓储只是其中的一环。过去，物流仓储地产因为赶上了电商和快递高速发展的周期，需求很旺盛，带来了资产价格的上升。但是，随着地产大周期时代的到来，那些不遵循商业底层逻辑、仓促上马的物流仓储地产也会遇到寒冬。

"跳出地产思维"是张旭常挂在嘴边的一句话，某种程度上也是他对自己的提醒。从供应链全链路环境出发，"必须聚焦在14亿老百姓的食品消费，了解C端客户的消费行为，紧跟B端客户的变化"。毕竟，老百姓三餐饭的需求不会变，是穿越周期的。

← 2023年4月，张旭在弘法寺祈愿。

→ 2023年2月，在万科集团季度例会上，张旭和万物云董事长朱保全（右一）交流业务。

→ 2017年12月，张旭和宝洁公司副总裁、供应链专家周宇鸣（右一）交流业务。

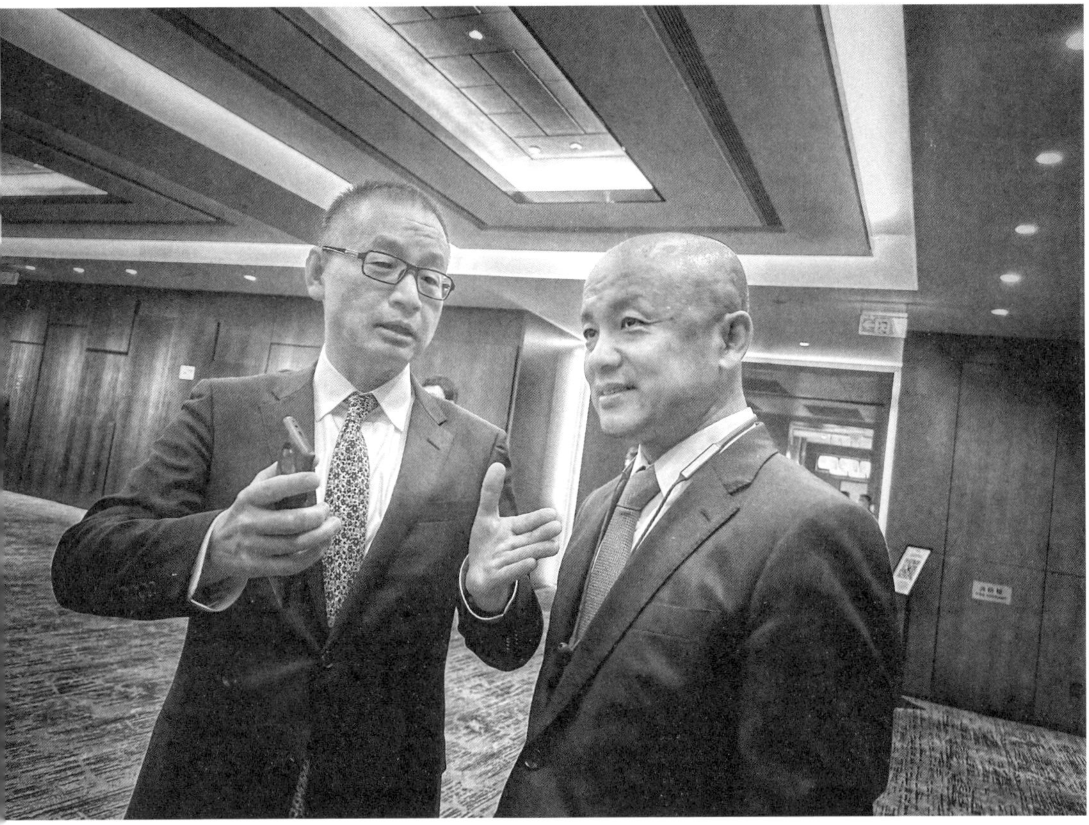

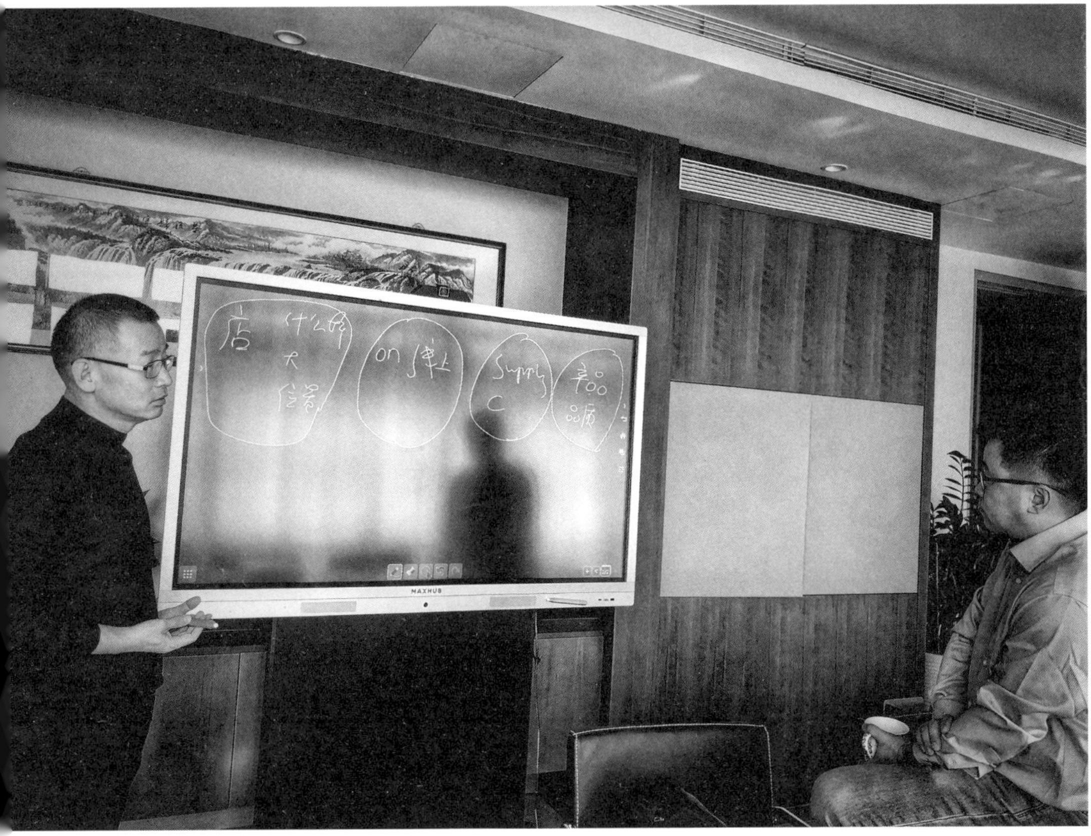

店
Supply
C
MAXHUB

在和宝洁公司副总裁、供应链专家周宇鸣交流的时候，周宇鸣对张旭的观点很赞同，大型企业最终的竞争都会有供应链之争，"供应链最终都是为客户服务的，供应链的灵活性会决定企业的成败"。

虽然张旭不断强调跳出地产思维，但其实多年的房地产从业经验对他做冷链物流有着莫大的帮助，让他具备了与众不同的竞争优势。在房地产市场里，他学会了始终对资产价值敏感，同时也保持应有的警觉。"资产（物流仓储地产）都会过剩，如果资产不被使用，不跟客户产生黏性，它都会失去价值。"这个说法在那个物流地产蜂拥而起的时段里可是不怎么讨喜，但是他坚持"要运营增值服务，提高客户黏性"，只有把客户服务好，让客户离不开这个资产，那么资产才会保值或是增值。有了这个笃定的认识，他就又多了一句口头禅："向客户学习。"向客户学习是一个自谦的说法，更多指的是深入了解客户的需求，然后围绕需求设计自己的工作要求。

"运河与物流城市投资地图"随思录

| 张 旭

近期抽时间阅读了王石新作《回归未来：王石的十四国运河穿越》，从书中谈及的运河文化及运河枢纽节点，有感而发，联想到前段时间我们同事在做的物流城市投资地图，这里我也跟大家谈谈我对物流投资布局的几点理解，和大家分享。

我们同事之前做城市地图总是做得不够好，我想最主要的一个原因就是思维认知问题。大家还是从传统地产思维出发，把物流当成地产来做了，以为物流投资就是拿到地的成功。原点认知的错误，行业理解的不足，以及传统电商和快递快运高速发展带动行业快速增长的路径依赖，都让我们的同事在今天市场承压、竞争激烈的外部环境下变得不知所措。没有认真的思考，没有认清物流的本质，就不可能把城市地图做好，更不要说能做好投资了。

我也结合《回归未来：王石的十四国运河穿越》书中的几个节点枢纽案例及平时跟大家分享的几个耳熟能详的物流枢纽，来详细谈一下对物流投资城市地图的认识。

第一个案例在纽约，是1817年美国花费700万美元（当时联邦政府一年财政支出还不到2200万美元）建设的一条连接五大湖到哈得逊河的运河——伊利运河（Erie Canal）。这是世界第二大运河，全线开通后，密西西比河上游的船可以通过伊利运河，进入哈得逊河，驶入大西洋，为匹兹堡的钢铁、底特律的汽车、克里夫兰的重型机械、芝加哥的制造业打通了入海口，货运成本降低到之前的1/10，纽约一跃成为世界的第一港口和贸易中心，占美国对外贸易额也从建成前的9%提升至60%以上。物流运输通道的打通及物流效率的提高极大地促进了贸易的发展。

第二个案例是鹿特丹港口，这是

一个天然港口，航道冬季不冻、泥沙不淤，且通过1825年、1876年、1952年开挖的大型运河连接着北海和莱茵河、阿姆斯特丹运河组成的通往欧洲的运河网络，是连接五大洲的重要海上枢纽，有着"欧洲门户"的地位。在过去几个世纪，促进了铁路、公路、航空等交通的兴起和发展。这里拥有500多条通往世界各地的航线，每年60多万艘吨级船舶和30多万艘内河船舶停靠，货运量占荷兰全国的78%，承担欧盟30%的国际公路运输。过去40年鹿特丹一直是荷兰和西半球最大的港口，集聚了如石油、化工、贸易等物流贸易，商品从远洋船舶转运到小船、驳船、铁路、卡车和管道，配送到德国工业区和法国、意大利等欧洲其他地方。转运功能（运输方式的转换）是鹿特丹港的核心功能，因为货物必须卸载、分类、存放，再装上车船，所以就涉及并延伸出庞大的物流服务业务和加工业务，当地也集聚了超过5000家物流行业的公司。

第三个案例在新加坡，位于马来半岛和苏门答腊岛的马六甲海峡，奠定了新加坡贸易中心的地位。这是历史上中国的丝绸、瓷器出口的海上之路，也是今天全球的中转贸易枢纽，全球海运集装箱超过25%比例经由它完成（约平均每12分钟就有一艘船舶进出），但其中80%集装箱不会进新加坡，在这里只是为了卸载、再装载。因此，新加坡政府围绕马六甲海峡，将新加坡港打造成为航运、贸易中心，以及世界上最重要的转口港、物流集散和分拨中心构建的物流集群。在这里，凭借四通八达的区位优势和效率极高的管理运营，大部分集装箱的在港堆存时间仅为3天至5天，20%的堆存时间仅为1天。

第四个案例是巴拿马运河，从常年冰冻的北极到暴风肆虐的合恩角，长达14000公里的南北美洲大陆，隔开了太平洋和大西洋，而巴拿马运河的开通则成为连接大西洋和太平洋之间重要的海上交通要道，它不是物流集散和分拨的节点（如新加坡），也不是运输方式转换的节点（如鹿特丹），而是连接国际海运、贸易网络，甚至战争期间最重要的战略通道。以至于翻阅历史，你可以发现巴拿马运河史也是一部美国在巴拿马的强权历史。当然，巴拿马当局的战略规划主要希望运河集中在物流方面，是物流链条中的重要一环，将其打造成为"美洲枢纽",利用运河交通,给过境的产品提供增值服务,产生收益。换句话说,巴拿马正围绕运河,在两侧建立物流园区,构建物流集群,目标不仅仅是海运捷径,而且是给过境商品提供更多的价值,成为东西方配送、物流业务的中心。

第五个案例是孟菲斯机场,孟菲斯人口不足70万人,机场客运量与美国其他机场相比更是不值一提,但是提到国际货运吞吐量,却是高达400多万吨,高居世界第二(1992—2009年一直是全球第一大货运机场,后来被香港超越)。孟菲斯从一个默默无闻的美国小城,一跃成为知名的"全球物流中心",离不开一个名字,全球物流旗舰——联邦快递(FedEx)。联邦快递创始人弗雷德·史密斯(Fred Smith)将各银行通过中央清算所结算的做法,应用到中央枢纽来整合物流,成就了联邦快递和孟菲斯。联邦快递之所以选址于此,除了孟菲斯气候条件优越、能见度高、降雪少,不会对航班起降造成季节性影响外,更重要的是孟菲斯位于美国中南部、密西西比河中部,处于美国南北水上大通道的咽喉,向东通达宾夕法尼亚,向北通往芝加哥和明尼阿波利斯;七条高速公路交会于此,货运集装箱可以通过卡车在10个小时内抵达美国本土2/3的地区;此外孟菲斯连接着发达的铁路系统和密西西比河,水陆联运,将石油、玉米、小麦、大豆、钢铁等大宗商品送到新奥尔良港。

由此可以看出,孟菲斯不仅是一个超级物流枢纽节点,更是多式联运的枢纽,通过交通节点与多种运输方式衔接,构建"枢纽+通道+网络"的现代化物流网络体系集群。孟菲斯联邦快递机场超级枢纽的建立,让联邦快递每天可以处理包裹达140万余个。时至今日,联邦快递的世界总部仍然在孟菲斯国际机场。作为孟菲斯机场最大的客户,联邦快递的经济辐射力达到280亿美元产值,联邦快递的作业区占据了整个机场约1/4的面积。

最后一个案例,世界知名服装品牌Zara、Caladero(西班牙最大的鲜鱼处理和分销商)的鲜鱼,这看似两种完全不相关的产品,却有着重要的共同点——都在西班牙萨拉戈萨PLAZA物流园内停留。这是因为Zara所需的大量毛线需要从南非供应,而其运输路线和Caladero的鲜鱼相同,两者共用一架货运飞机,极大降低了物流成本。萨拉戈萨地处内陆，面积17.3平方千米，人口63万，并没有沿海港口，也不是欧洲大城市（西班牙第五大城市），但地处西班牙北部公路网络的中心地带，距离马德里、巴塞罗那、瓦伦西亚和毕尔巴鄂等城市均约300公里，地理位置十分优越。

萨拉戈萨凭借西班牙的"地理中心"优势，实施以物流业集群为核心的发展战略，建设了面积达1283万平方米的欧洲最大物流集群，汇集了十多个物流园区，以及铁路多式联运中心（CTZ）、海运内陆港站（TMZ）和机场（CAZ）等专业化运输枢纽。

西班牙是鱼类消费大国，全球来自非洲、智利、阿根廷、加拿大、越南、日本和印度洋的海鱼，都会集中到萨拉戈萨，不仅是新鲜捕捞鱼，也有采购养殖鱼，如三文鱼、鲈鱼及冷冻类对虾、鱿鱼等，每天处理500吨的海产品。

萨拉戈萨PLAZA物流园将全球的货源整合在一起，然后再分拨给整个西班牙乃至欧洲。在萨拉戈萨PLAZA物流集群，增值服务是主要的增量业务，园区内有6万平方米的加工中心、33条自动生产线、3座自动化仓库以及相应的质量查验设备。目前，物流产业已成为萨拉戈萨市乃至阿拉贡自治区经济发展的新支柱。

透过以上国际物流枢纽案例，我们重新再思索物流行业的本质和特点。

运输和仓储是最基本的物流服务，也正因为有物流服务，才让商业贸易成为可能。贸易的流动，首先是因为价格的比较优势，如果一个地方商品的生产效率更高，生产价格更低，也就具备绝对的竞争优势，商品和货物才会流动。比如中国制造业的高效率带来的绝对价格优势，使得"中国制造"可以出口全球。当不同区域间的商品价格比较优势形成后，这时物流的成本就成为影响商贸交易中又一关键要素，主要体现为运输成本和仓储成本，而且物流的成本必须加到商品的最终价格当中去。这是因为，首先商品货物存在"空间错配"，需要从产地运输到消费地；其次，商品货物存在"时间错配"，这就可能需要仓储，如生产和消费速度不一致、供给和需求的不确定性；另外，也存在因为运输技术差异和运输经济性的考量，需要按量、批次出货的模式，从而带来仓储需求，比如干线到城配的运输车型调整；以及商品货物在时间和空间上的价格波动带来的经济性考量而引发的仓储需求。显然，如果运输和仓储的成本相对于商品自身价格过高，就不会有贸易发生，所以，物流服务天然就是一个降本增效的行业。

货物从产地运到消费地，并非一次直接运输就能完成，因为运输方式、技术等不同，通常需要在某一中心集中和整合之后再继续运输，这些运输整合中心与重要的物理基础设施密不可分，如港口、机场、铁路、主要干道的交叉口等。围绕货物经过的这些中心，许多物流供应链环节衍生的服务，如仓储、分拣、配送等，自然而然就迁移到这些地方，这些地方也就会发展成物流集群（Logistic Cluster），并由一个个物流园区（Logistic Park）组成。

物流园区或物流集群的功能主要有：（a）集货和存储。（b）拆箱/分装/配送等。（c）从一个承运商转到另一个承运商。（d）转运，即改变运输方式，比如在机场，货物从飞机运输转到卡车运输；在港口，货物船舶之间转运，或者在船舶与火车、卡车之间转运；在铁路多式联运货场，货物是在铁路和卡车之间转运。所以，每个物流基地或物流园区都可以是Inbound（进）或Outbound（出）功能属性，有时同时兼备两种功能属性。

不同行业Inbound和Outbound选址逻辑不同，对应也需要不同的产品和不同的服务。比如电商与快递快运，机场内通常没有电商站场，主要因为电商追求时效（当日达、次日达）且为发货为主，通过公路和机场集散，所以仓储选址会选择在离机场一定距离、靠近高速公路交叉口的区域；而快递快运兼具Inbound和Outbound，且追求时效，所以Inbound功能选址会选择靠近机场最近的地方，而Outbound功能选址则是机场和高速公路交叉口、靠近城市货流方向的交通干道区域，如杭州的大江东（沿着往上海、江苏、安徽区域的货流方向）、如合肥的肥东（靠近可快速通达江浙沪区域的几条高速公路）；细分下来，快运和快递也有区别，快递通常为小件，需快速配送到终端消费者，快运通常为大件，通常依托铁路、公路等进行干线点到点运输，所以快运通常选择在区域配送中心，在铁路、水路节点面向配送区域方向的节点，而快递多选择在城市配送园区。再如生产制造业，分为前端采购及生产和后端的销售与交付，前端的入场物流需求主要为"JIT"（Just In Time）和"VMI"（Vendor Managed Inventory），因此，选址与产业链分布相关，靠近生产基地，且要保证时效，比如5公里范围；而后端出厂物流进入终端销售渠道，与终端销售市场分布及城市物流货流方向相关，靠近城市交通枢纽及交通干道。对于冷链食品行业的物流节点，则选择靠近食品产业园区，农产品、肉类、水产品、果蔬交易批发市场，具体也可分为面向产地及港口的园区，满足产品分级、初加工、预冷、保鲜、包装、清关报关、转运等服务；面向加工的园区，满足初加工、深加工、中央厨房等操作功能；面向交易、配送的园区，满足多温区、多品类、多频次的仓储和运输，如区域中转、城市配送等。深入研究还可以发现，不同行业在物流集群的Inbound和Outbound功能属性下对应的增值服务（VAS，Value-Added Service）也有差异，比如Inbound的清关报关、加工等，以及Outbound的分拣、包装、贴牌贴标等。

要特别小心的是，对于物流集群，大家必然都会涌入布局，如果土地供给充足，就会产生供大于求的问题，比如现在成都的青白江，环京的廊坊，西安、重庆、郑州的空港片区等。而这些区域又是战略要地和兵家必争之地，那么价格和能提供的增值服务就成为最主要的影响因素了。另外，供大于求也并非全部负面因素，因为这会带来租金价格的下降，从物流环节降低了整体物流成本，进而促进贸易的流动和经济的发展。

因此，要做好、做透一个城市的物流投资地图，就需要在理解物流行业特性基础上，把以下几个方面内容和功课做扎实。

（1）画出城市内所有物流相关的基础设施，如机场、铁路、水路港口、公路、生产制造基地、食品行业生产基地、农批食品交易市场等；

（2）标识出相关物流集群和每一个物流园区，并标记出Inbound、Outbound的功能属性及对应的增值服务需求是什么；

（3）明确集群或园区承担了存储集货、拆零配送、交通方式转变或承运商转变四类功能的哪一种或几种；

（4）详细了解集群内每个园区的出租率、单价、客户结构等市场和竞对情况,以及区域的供给关系。

最后,我想谈的一点是,我们物流的事业不只是城市的几个园区的地产投资,应该放到更宏观的经济实体中,更细分的行业经济中,更大的地理空间中,更多功能的协同安排中,来看我们的业务怎么做,本着为社会实体经济降本增效、为老百姓美好生活保驾护航的愿景和初心,我们的事业应该秉承"我们的客户在哪儿,我们就应该在哪儿;货物怎么流动,我们的服务就应该跟随着流动"的原则来发展和布局,这样才能融入万亿级的物流市场,而不是简单地在仓储环节进行内卷。

毛大庄
MAODAZHUANG

优客工场、共享际创始人兼董事长，清华大学兼职教授，欧美同学会常务理事、2005委员会副会长，英国皇家测量师协会荣誉会员，注册建筑师。

无界空间

Boundless Space

身份转变

"所谓消费升级，很大一个领域就是从功能性消费向精神性消费的过渡，现在为什么讲IP？其实很多都是由于某一个共同诉求，聚集了一大堆的人。当然你要做一个IP是花工夫的，其实我们不是一个办公室，我们就是IP。我认为这是一种精神消费，高过功能性消费。"毛大庆认为优客工场是各种元素的加总，"创业、科技、艺术、体育都在一块儿。像住在一个大院里似的，变成一个社群，互相发生了特别有趣的化学反应"。

2015年，优客工场成立。除了提供共享办公空间，优客工场也提供法律服务、投融资服务等，同时也投资了一些相关的生态系统公司。这样一来，人力资源、培训业务、企业服务、文化传媒，都汇集在了优客工场。"这种交互性、连接性、混搭性和便利性，原来很难做，现在越来越简单。另外，原来办公很'死'，一家公司只能在一个地方待着。现在只要是优客工场的会员，线上一找，在哪都可以办公，上海、广州、深圳都行。"毛大庆说。

在毛大庆看来，现在的年轻创业者叫"屏幕一代"，他们生出来就是在屏幕上做社交的，不同业务的混搭、分享，对于他们来说特别容易理解。而社群是建立在一种共同价值体系上的精神联合体和利益共同体，"我们的'共享际'，上面有公寓，下头可办公，中间有一层叫共享客厅。客厅的咖啡厅、糕点店、书店、读书的书社，还有无人超市等，每一家店都是一个网红或者一个IP开的，他们自己本身就有社群，带流量"。

这些功能店面通过在一个空间里的几次交互，用户和客户

→ 2017年2月，毛大庆在北京朝阳区阳光100的优客工场。

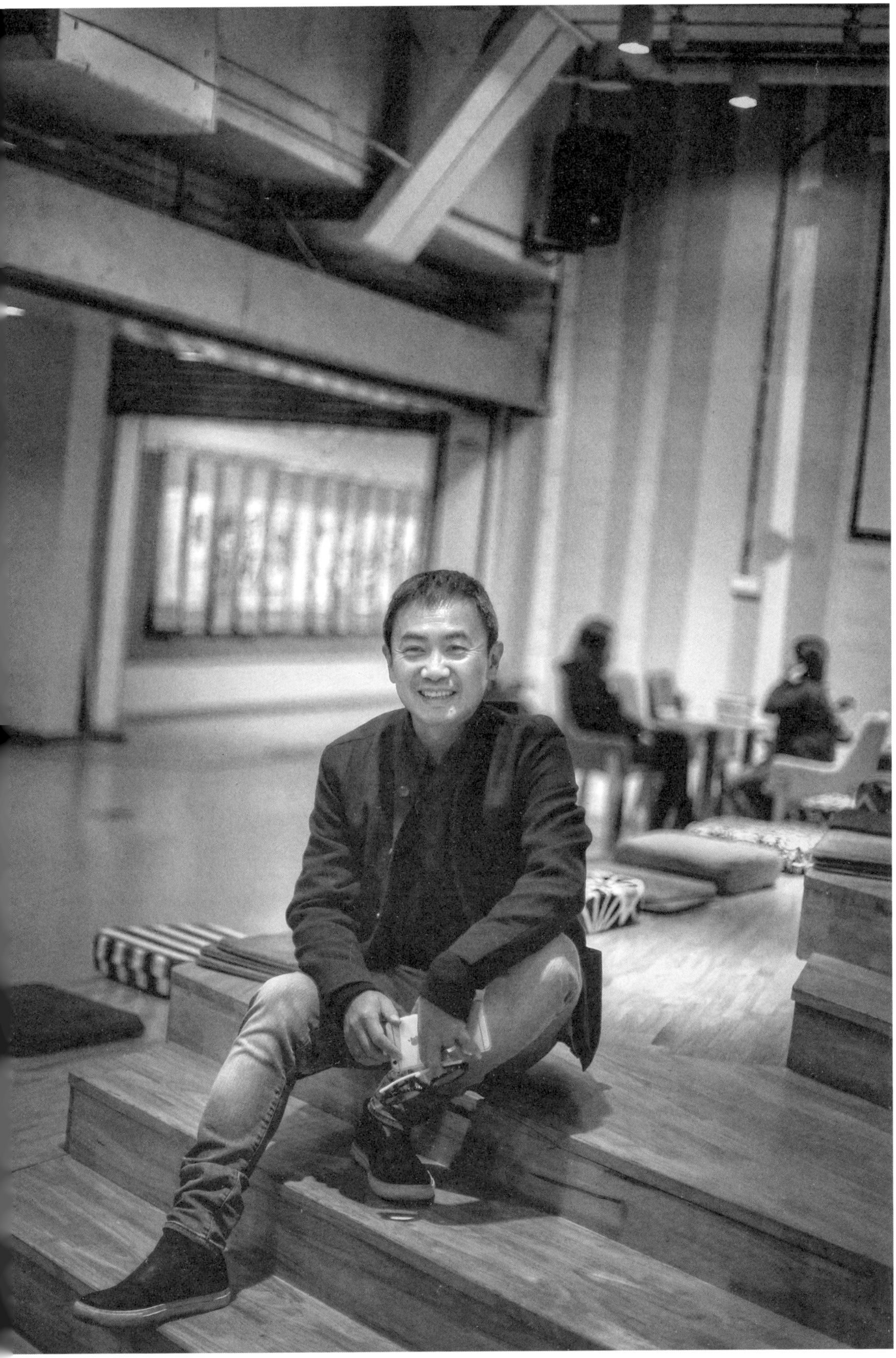

← 2017年2月，毛大庆在北京朝阳区阳光100的优客工场。

都在自由地转换、混搭，可以产生出有趣但往往又是意料之外的聚集效应，这是传统商业所不具备的。

"从高管到自己创业的这个落差很有意思。人很容易到了一定阶段会持续想往上走，感觉我就该是个高管，该有这些待遇。即使不在万科，我也得去另一个公司当个更高的（高管）。"毛大庆一直在琢磨这个问题，"难道就不能下来了？或者就不能换一个频道生活？其实人最后是用过程来讨论生活丰富不丰富，我觉得我现在这样挺高兴。当高管，我觉得不能说做到头了，但是我也享受了不少大公司高管的感觉。但是从那个位置上下来，跟一帮年轻人在一块过这种奋斗的生活，你到底愿不愿意呢？很多人可能根本没想过要回答这个问题"。

开始创业以后，毛大庆觉得眼前突然间开了好多扇窗——能够跟90后的小孩们有很多共同语言，自己的思维方式也改变了。"怎么看待互联网啊，怎么看待社群啊，怎么看待线上线下的交互作用啊，这些原来都很难去想象。"一下子，毛大庆的生活幅宽大了很多。

"怎么都是过完这一辈子，你不愿意放下，或者你不能放下，或者你上去不能下来，主要的原因是什么？怕几个事，一个是怕没面子。第二个是你要那种被认可的感觉。"把这些害怕的原因还原下来，它们到底代表什么？

毛大庆觉得那代表的可能是一种在别人眼里的存在感。"有时候琢磨这事其实也挺可怕的。"

但出乎他意料的是，从零开始创立一家公司比想象的要复杂得多。"我们自认为当过大企业高管，见得多了，弄个小公司有什么啊？但是会发现自己弄和在人家那儿弄，绝对不一样。"

对毛大庆而言，创业时要想的事、要准备回答的问题、需要克服的风险和心理的压力，与在大公司的时候是不能相比的。在大公司平台上再难再辛苦，但很多事情不需要过多去想，比如公司的生死存亡问题，在那里，打工心态仍然远远超越所谓的主人翁心态。

"可是当你把自己变成企业家的时候，你就得想明白，实际上你就归了这社会了，你就不是你的了。"

创业两年之后，毛大庆开始能够理解王石先生做的一些所

↑ 2017年2月，毛大庆在北京朝阳区阳光100的优客工场。

谓的"不理智"行为——在碰见问题的时候，会拿着大刀长矛自己上去就干上了，因为这家公司是他一手一脚弄出来的。"这是本能的反应。"毛大庆说。

他认为一个创始人要比企业里的所有人过得都困难，找钱、找人、定战略……又当爹又当妈。"我觉得企业是个挺神的事儿，企业就有点像宗教、像个政党，这才叫企业，否则就是一家公司。公司跟企业最大的不同之处，公司是一个挣钱的机器，但是企业有灵魂。"

联合办公领域涉及多个门槛——首先要了解城市，其次要懂房地产，而后是服务业。优客工场成立一年便开了30多个共享空间，达到这个速度基于毛大庆对房地产行业的熟悉。他与持有各式物业的人合作，不买地、不盖房，仅使用存量房产。

同时团队还需搭配互联网、酒店、航空公司、集会活动等方面的人才。优客工场一开始便确定了连锁经营的模式，"如果只开一个两个点，是没有任何意义的，它一定要形成网络"，毛大庆坚定地说。

优客工场在深圳、上海、北京、成都、西安等城市拓展了共享空间以后，就变成了一个可移动的办公室。如果一家企业在北京有公司，想到上海再开一个，按照原来的方式得租房子、装修等，现在下飞机后只需要预订一个座位便可以上班了。同时企业在优客工场办公，还可以办理营业执照。

创业之后，毛大庆的时间反而更加灵活了，主要的内容是在跟人打交道上，"每次交流的信息量都很大，比原来做单一业务的信息量大很多"。

创业让他接触到很多完全不同的人，人工智能、虚拟现实、基因科技……所有花出去的时间，好像都是在学一个新东西，"这太有趣了"，毛大庆笑道。

当然，创业也让他觉得时间怎么都不够用，"但实际上时间比原来多了很多，每次做一件事情愿意投入的时间长了很多。我觉得单位时间的效率没有像现在这么高过。现在的一个小时就是一个小时"。

成长之路

你有多少机会亲吻曾培养希拉里、宋美龄的卫斯理女校学生？

← 2014年4月,毛大庆在波士顿马拉松。

    2014年的波士顿马拉松,卫斯理女校学生列队长达一公里,鼓劲马拉松,她们手里拿着"kiss me,kiss me!!!"(吻我,吻我!!!)牌子,这是波士顿马拉松著名的原因之一。

    基于文化习惯大家都不太好意思,只有大庆兄一口气亲了七个……

    毛大庆的父亲杜祥琬院士是中国"两弹一星"研制的核心人物之一,母亲也从事核武器研究工作。这让他从小就经常见到很多大科学家，并且习以为常。比如中国氢弹之父于敏、"两弹元勋"邓稼先，都是他楼上楼下的街坊邻居。"两弹一星"功勋科学家陈能宽还是毛大庆的游泳老师。陈能宽送给他一个游泳时可以携带的防水小盒子，上面写了句话："大庆同志，希望你能够到大风大浪中去锻炼。"

这些源于童年的琐碎回忆，虽然久远，却尚未蒙尘。有一次外婆带着毛大庆去机场接母亲。在首都机场停机坪上，他看见从新疆回来的亲人们走下飞机，一个个都戴着皮帽子，挂着防风镜，跟飞行员似的。"我当时只知道他们去了特别远的地方，执行保密的任务，后来才知道他们是从原子弹爆炸基地刚回来。这件事折射到我的成长过程里，我越来越意识到，这一批人为了社会发展做出了何等的奉献。"

这些珍贵的记忆，都被收录到毛大庆的著作《永不可及的美好》和《无处安放的童年》之中。

虽然创业繁忙，但是毛大庆还是笔耕不辍。每年，他都会坚持翻译一本人物传记，计划完成20本，这也是他遗愿清单里的一项。目前他已经完成翻译的人物传记就有耐克创始人菲尔·奈特、彭博财经创始人迈克尔·布隆伯格、戴森科技创始人詹姆斯·戴森。他觉得翻译不是单纯的语言转换，而是需要对不同人物的人生做解读。"需要结交这20个人，和他们对话，进行灵魂交流。"这个经历，毛大庆觉得对自己探寻生命的意义有着"非凡而深远的影响"。

大学毕业后，机缘巧合，毛大庆随国学大师季羡林先生学了三个月的泰语。之后作为中泰两国青年交流项目的一员前往泰国，走上了做城市规划、园区规划这条道路。

在泰国，毛大庆结识了李文祥、谢国明等出色的华人企业

← 2017年2月，毛大庆在北京朝阳区阳光100的优客工场。

家，他们建议毛大庆到新加坡深造，"刚到新加坡的时候，我和几个人在河畔吃饭，碰到李光耀和秘书下班。一位总理，就这么走过来，跟大家打招呼，特别亲切"。

后来，毛大庆加入新加坡凯德集团，参与了李光耀总理两次到访北京的行程。2012年，毛大庆和李光耀有了一次深度对话的机会。那时，李光耀已经退休了，在他官邸的客厅谈起，"中国领导人正在面对改革的深水区，可能会面临三个赛跑：一是随着人民收入水平持续增长，对医院、教育、住房等各个方面资源质量要求都提高了，但是政府是否能实现公共资源的公

→ 2023年3月，毛大庆在北京朝阳区阳光100的优客工场。

大庆朗萨

平分配？二是国家的产业转型，和人口老龄化到来的时间赛跑；三是执政党能否实现自我改革？"

挑战"777"

"777"是世界马拉松爱好者对世界马拉松挑战赛（World Marathon Challenge）的别称，即连续7天在7大洲跑7场马拉松。2023年初，第七届"777挑战赛"在南极的诺沃基地起跑，经过非洲南非开普敦、大洋洲澳大利亚珀斯、亚洲阿联酋迪拜、欧洲西班牙马德里、南美洲巴西福塔雷萨，最后抵达北美洲美国迈阿密。

这是不少马拉松选手的梦想，也毫无疑问是一场对身体与意志的双重考验。不仅要乘坐飞机辗转各地，还要克服时差带来的不适，与时间"赛跑"。

毛大庆和刚满18岁的女儿一起领取了参赛物料，"777挑战赛"是他送给女儿的成人礼。女儿在纽约大学学习摄影，为了此次参赛，她还专门带了四台相机。

见面会上，人们交流着彼此的故事，有的人是被品牌邀约代言的马拉松高手；有的人是为了突破自我、满足心愿；有的人是为了给慈善公益机构募集资金；有的人正在和疾病顽强地抗争……

"有一位66岁的老太太，干瘦，每天穿着有米老鼠的红裙子，戴着米老鼠的发饰，然后还拿着米老鼠公仔到处拍照。她说自己得了肺癌，妈妈为了支持自己实现马拉松的梦想，绣了一条带有米老鼠的裙子，但是裙子刚做好，妈妈就感染新冠去世了。所以她觉得穿上裙子，带着米老鼠出来，就等于带着妈妈出来，一起看看这个世界。"每次说起这个故事，毛大庆都很动容。

跑步，飞行，再跑步，再飞行……"777挑战赛"的行程不是单纯的马拉松，而是一趟"急行军之旅"，时时刻刻都在抢时间。上飞机之后马上要休整，吃东西，腿部按摩，还要保证睡眠。由于位置有限，有时候只能睡凳子底下，有时候睡走廊里，这体验很新鲜又很辛苦，远远超出想象。"以前坐飞机十几个小时到美国去觉得挺长的，这次觉得地球好像挺小的，瞬间就过去了。"

在第一站南极，面对寒冷彻骨的九级大风，毛大庆的女儿倒是跑步、拍照两不误。虽然年龄还小，马拉松经验不多，但也从容不迫。

赶时间的时候，女儿主动帮毛大庆打包行李，让他跑完就可以直接上飞机。"我觉得（通过比赛让我们）从父女之间所谓的纲常关系变成了团队协作关系，可以彼此平等地去面对问题。"身为父亲，毛大庆亦师、亦友，"到底什么叫陪伴？你跟孩子之间的关系，需要变成共同的价值观，不是总是灌输她、告诫她什么，应该是一种平等交流，也是一起学习进步的过程。你总是认为孩子还小，孩子却认为自己和你是平等的"。

南非之后，还有5站，只剩下4天的时间了，参赛者们必须要跑完5场马拉松。

根据比赛规则，参赛选手可以中途休整，到下一站再累计公里数，但是时间上已经不允许再这样"喘气"了，只能咬牙坚持下去。"我当时写了一个目录，每一站上飞机之后，就开始

按照一个个事先规定好的事项机械地照着做，一步也不能落。"毛大庆用"和解"这个词来概括当时的心境，"和自然和解，和比赛和解，和自己和解，如果每场都要争速度，可能中途就失败了。我做出的判断是，稳扎稳打，拿下来就是胜利！"毛大庆的目标明确，安全第一，绝对不能受伤。

虽然慎之又慎，但女儿还是意外受伤了。

南非的行程结束之后，女儿的膝盖就有些不舒服，抹了些膏药。但是到了第三站澳大利亚，就真的疼得不行了。由于超负荷的运动量，她的筋膜发炎了。虽然随队有负责运动康复的医生，给她缠上绷带降低压力，但毛大庆还是非常担心，"毕竟

↑ 2023年1月，南极诺沃基地在777世界马拉松挑战赛首站现场，毛大庆与女儿自拍合影。

→ 2023年3月，毛大庆在北京朝阳区阳光100的优客工场。

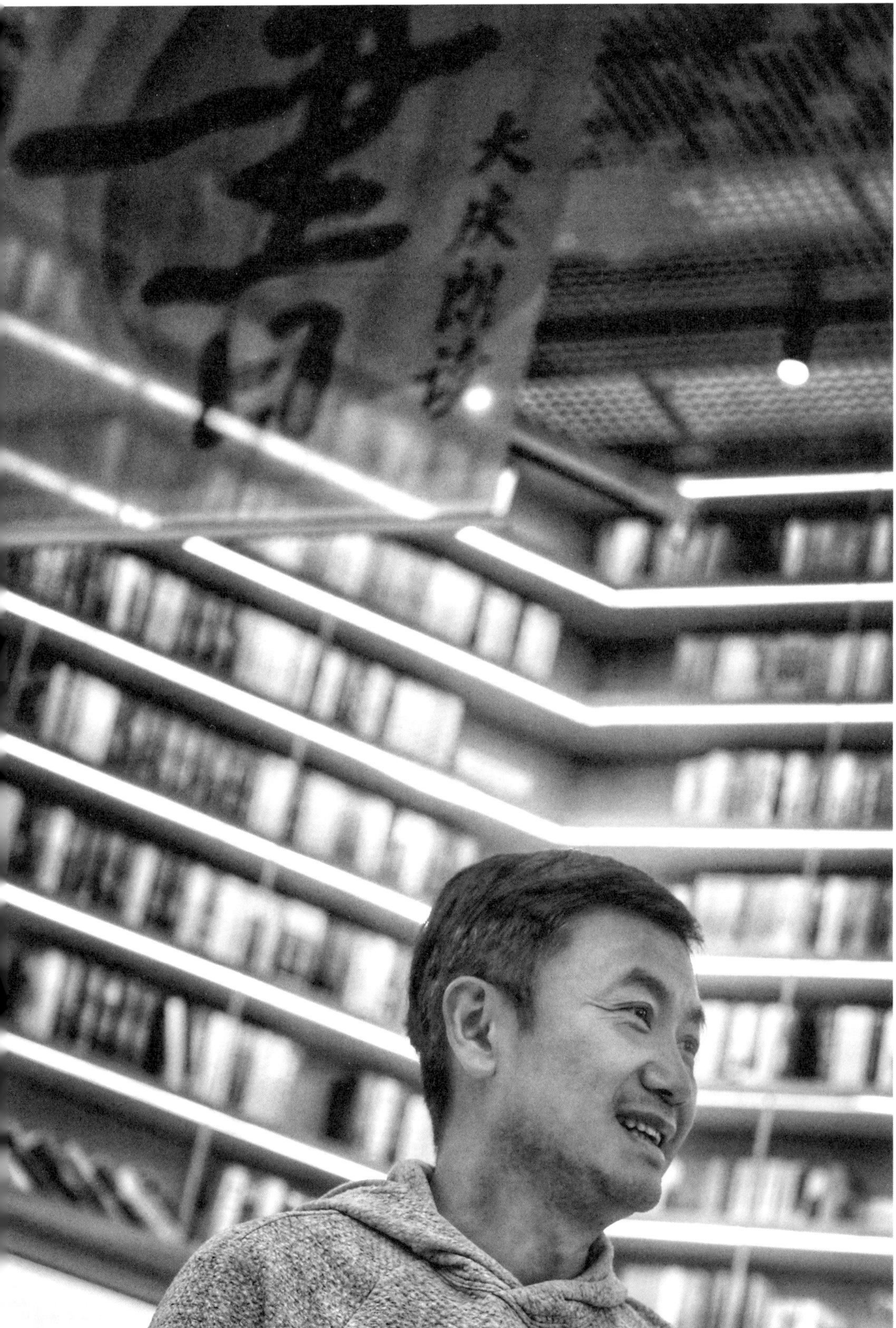

是膝盖内部的问题,我很焦虑。要是跑完全程,伤会加重,如果不坚持,这事就断了,她心里的遗憾会比没来还大"。

但是,女儿没有放弃。

从第四站迪拜开始,女儿缠上了绷带。到了第五站马德里,路程上还有山路,她也是一蹦一跳地坚持着。到了第六站巴西,她居然习惯了,还跑了起来。

"我基本上没有帮她什么,就是准备绷带,然后她自己去找医生帮忙贴药处理。她的困难当然也折射到我,虽然我心里也怕她有什么问题,但是我不可能什么都能替她解决。"事后毛大庆和女儿聊起当时的经历,女儿很庆幸自己没有放弃,"她在能力范围之内,最大限度地创造了这个事情的成功条件,吃药、及时裹绷带、随时调整节奏"。

结束了"777挑战赛"之后,女儿回到学校,来不及休息,忙着补落下的课和拍片子,结果生病了,发烧乏力了四五天。主要原因是高强度的运动之后,休息不足导致免疫力下降,伴随蛋白质流失。经过赛事的考验,女儿对这样的情况已是应对自如,"我问她看病了没有,她说看了,该开的药都开了,放心,会处理好的,不用大惊小怪",毛大庆带着一个父亲看见孩子成长后的笑容,回忆起这一段故事。

生命支票簿

"试想,再过15年,中国每3个人里面就有一个人的年龄是超过60岁的,再想想中国的总人口,这个情况全世界都没有面

2023年2月，迈阿密滨海路，世界马拉松挑战赛结束后，毛大庆与坚持完成比赛的女儿合影。（摄影：贾晓萌）

对过。中国比以往任何时候都需要大众创业、万众创新，留给你们的时间很短，只有10—15年，但是中国现在对创业的支持也是前所未有的力度……"2015年，刚参加完MIT的CHIF活动，毛大庆来到哈佛商学院时说。

2021年，毛大庆开始整理自己的"遗愿清单"。第一个冒出来的念头，就是要完成1000场马拉松。"马拉松是我的一个基本生活方式，就跟吃饭喝水一样。把爱好变成热爱，把热爱变成生活的需要，你就可以一直干下去，还会带来源源不断的乐趣。"1000场马拉松这个目标，也意味着对生命长度的期待，"我要健康地去期待，需要不停地计算，一直往前跑"。马拉松也是毛大庆看世界的途径，他基本上不选择重复的赛道，没跑过的地方无论大小都愿意尝试。1000场马拉松就是1000次体味世间百态的过程。毛大庆信奉"长期过程主义"，而不是"长期主义"。在他看来，过程最为重要，长期主义瞄定的目标，是经由"过程"实现的。

"我对生命和时间有自己的理解，50岁以后越来越体会，学识、社会关系、钱财等，都是辅助的佐料，可以帮助你不断制作生命里的产品，但是到最后，随着生命结束，一切都终止了。生命就是一个过程，唯有时间永恒向前。"毛大庆把人生比作一本支票簿，人生的意义取决于对时间价值的投资。每个人的这本支票簿每天撕一张，从幼儿开始到小学、中学、大学，再到工作，由于对时间的投资不同，大家就会积累不同的能力和财富。人生的支票本，会越来越薄，所以每一页都弥足珍贵，都要审慎决定，坚定执行。"走到一定的时间段，你就会去获取你认为这辈子最符合自己价值观的那些东西，趋近于内心最真实的追求。每个人最终的目标会不一样，是否有意义在于自己做

→ 2015年11月，毛大庆在哈佛商学院Gallatin公寓。

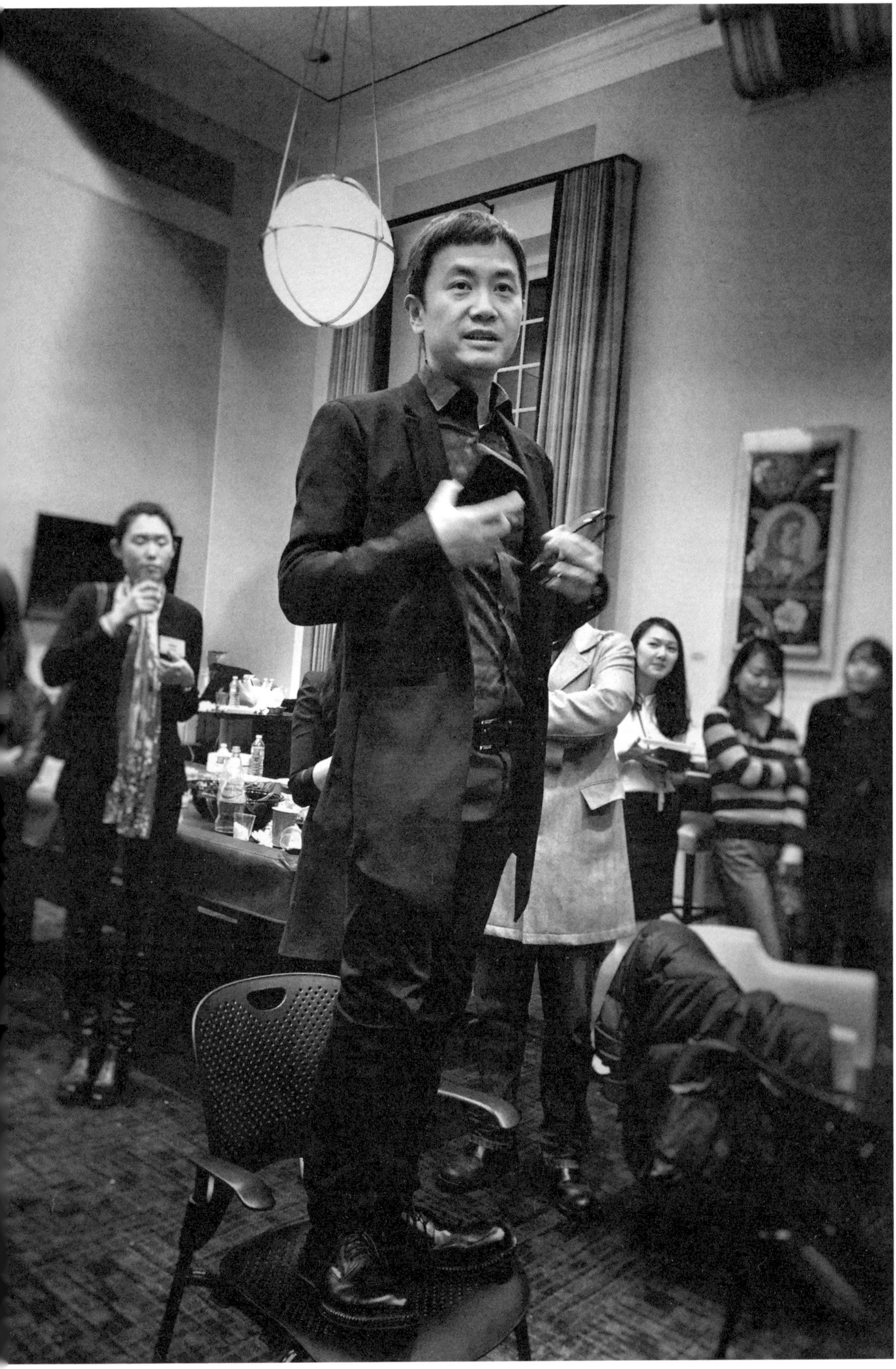

出的判断。"这个思考毛大庆一直延伸到自己在人生最后的时段里，应该是在干一件什么事情的过程中，来跟这个世界告别。

在2023年"生命支票簿"的花费里，毛大庆还打算把时间投资到考取一张"安宁疗护师"的执照上。

这10多年来，他一直在研究中国人口老龄化的走向。十二三年后，中国将成为一个有5亿多名老年人、40%左右老龄人口的国家。毛大庆认为在那个时候，如何对老人进行临终关怀会是一个棘手的问题，"我们建立了中国安宁疗护协会，呼吁国家重视安宁疗护，让老年人在最后的时间走得更加从容快乐，尊重老年人自身的治疗意愿、生前预嘱等"。英国在20世纪70年代就开始推崇医院内的安宁疗护师，有几位护士得了南丁格尔奖。中国在这几年刚刚开始对这个领域有所了解。

在毛大庆的遗愿清单里，还有一个愿望，就是要在一个适当的时候，清晰地完成跟子女的切割。"所谓'切割'是物质和精神意义上的，无论是财富，还是相互的依存关系，不需要他们有任何思想负担去考虑我养老问题，大家都是自由的，不需要有任何的负担或者什么必然的责任。这样我的心情会很轻松，他们也就可以轻松地往前走。"

关于人口老龄化产业未来，毛大庆认为时间点还没到，但是确实已经出现了一些具有可行性的社会化项目，而且有一些年轻人正在着眼于此。有两个90后的创业者做了一个可以"一键做遗嘱"的网上平台。用户在手机上输入内容，在线就可以解决公证处、律师等环节的问题。同时，遗嘱会用到区块链技术，每个用户一个加密编码，通过用户授权的人可以在规定的时间打开这份遗嘱。再进一步，在这个平台上还可以解决墓葬问题，包括祭扫服务。毛大庆对这个项目很感兴趣，本来想着

↑ 2023年3月，毛大庆在北京朝阳区阳光100的优客工场。

要投资加入，但是没想到却被对方拒绝了，理由让他哭笑不得，"他们说我是这个事情的服务对象，挣的就是我们的钱。我的上一辈是舍不得花这个钱，我的下一辈是挣不到钱。只有我们这一代顺着社会发展挣到钱了，我们老了，才是释放这个产业产能的时候"。

人到中年我逐渐领悟，跑得越慢，才能跑得越远

| 毛大庆

除了前万科高管、优客工场创始人，他还是一位翻译，这几年毛大庆翻译了几本书都很畅销。毛大庆抑郁过、焦虑过，但他用跑步破除了这一切。而从他的翻译也可以看出，跑步对于他的影响极大。也许无论我们怎样努力、怎样创业都不再能企及商业大佬的荣光，但又何必这样想？也许正如毛大庆所说，创业本就是一场人生经历，只要去做了就要做得精彩。以下是毛大庆的自述。

很多人只是追求快，但是没能走得更远

四年前发现抑郁症之后，医生很明确地建议我用药物治疗，这些药都不是常规性的药，都是精神类的，副作用也都很奇怪，一次要吃六种。我这辈子活了40多岁都很少吃药，这个对我的打击还挺大的，就是难以想象从43岁开始要和药物为伍，甚至是一生。

我突然意识到，到了中年之后人开始面临各种各样的阻力，包括年龄。那个时候很幸运，万科当时要求由管理层带动做健康生活的活动，要求副总裁、总经理带着大家跑步，所以我相当于是必须要身体力行，必须跑。

这个过程中碰到了几个非常好的教练，他们用非常柔性的办法教我，最初从健走开始，从800米、2公里到5公里，一直到现在跑了59个马拉松。过程我已经记得不太清楚了，但是记得特别清楚是跑完第一个5公里时候的感受，觉得人生好像被推开了新的一扇窗。

我中学是体育经常不及格的一个人，也因为这个没办法上我想上的一所学校。我自那以后决定要告别体育，尤其是跑步，一旦看到电视放跑步我就是要关掉的。

然后从教练带我到自己可以跑完5公里的时候，觉得自己好像成了传奇人物。就开始疯狂迷恋跑步，当我跑完第一个5

公里，连续6天我天天去跑5公里，以此来证明这件事是真的，我真的能干这件事儿。

这个喜悦是在任何工作和学习中从来没有感受到过的，一个和我完全绝缘的事情居然能够完成。这给我一个启发——很多时候是自己的心理暗示，阻挡了人生的多种可能性。

从那之后开始挑战半程、全程，跑下来之后会有无比的成就感。印象最深的是2013年的春节自己报名去香港跑半马。在那里我碰到了世界上年龄最大的马拉松跑者辛格——101岁，他在这场马拉松里宣告不再跑马了。我那时候和他相向而行（他是全程我是半程，出发时间不一样，正好能碰上），当时迎面看到这样一个101岁的长者，白须飘飘，身边一群他的年轻拥趸，那个镜头一直到今天都难以磨灭，那种和年龄的抗争，生命的活力，每次想到这个镜头就觉得自己真是太年轻了，人生才刚刚开始。

马拉松这项运动，自己永远是自己的对手。开始的时候总想跑快，想超过别人，后来发现根本没什么意义，总有人比你更快，后来我就总结了一句话，叫"跑得越慢，才能跑得越远"。生活中也是，很多人就是追求快，但是没能走得更远。

焦虑，我曾感觉站在悬崖边上

如果没有万科6年的冒险，我至今还在凯德置地，人生会失去很多色彩，怎么建新城？怎么建立四中？怎么能和王石一起工作？

在万科最好的时候，我放弃副总裁的职位，又去创业了，冒多大风险？太多人劝我不要做。但我没有动摇过。

王石说了句对我人生特别有影响的话，叫作"用经历定义人生"。这句话一直在感召和影响着我，人生有多大成就和价值，取决于你有多少经历，我是一个特别典型的过程论人生观，我不太在意很多事情的结果，有多大能量做多大的事情，但我不能接受我的人生是很单调没有色彩。

一开始，优客工场面临的困难跟大多数企业一样：融资、找场地、商业模式、客户投诉等，都需要不断突破。而且现在这个行业很弱小，市场没人验证过，联合办公业务到底未来市场有多大？这个行业在全世界也就出现了两三年，它以后会演变成什么样？还能衍生什么别的生意？包括摩拜单车、滴滴，目前也没有全搞明白未来的方向。

况且，在万科是帮企业创业，而此时给自己创业，和我原来的职场经验不一样。给企业打工都是已经有的商业模式，不用创办。重新创办一个可以盈利、影响他人、让员工也很幸福的商业模式就难上加难。

今天我经营企业，我才知道什么叫如履薄冰。因为每天都在如履薄冰。创业就像站在一个悬崖的边上，前面是美丽的花丛，背后退一步就粉身碎骨。站在前面看我的人，觉得我很精彩，很厉害，很光鲜，后面无限风光，但如果谁会从背后看我，会吓死。

对我来说创业很艰难，也有很多的不确定，但我仍然还能承受，因为有前面20多年的锤炼。和那时相比，现在更加焦虑，现在感觉站在悬崖边上。

但自从"迷"上跑步，发生了一些神奇的变化。

人生是一次长跑，我在跑中学习和反省

我曾经有轻度抑郁症，睡眠不好、拒绝与人交流、排他、自闭，跑步让我摆脱了这种状态。

郁亮经常说："没有时间锻炼，你就有时间生病；管不好体重，你就管理不了人生，也就管理不了公司。"跑步是一种独特的体验，融合了人类两种最原始的情感：恐惧和快乐。我们奔跑着逃离不幸，奔跑着追求幸福，跑步可以排解生理和心理的毒素。跑步会分泌很多快乐素，跑得越长，分泌的快乐素就越多。

"跑了才懂"是耐克的一句宣传语，很贴合跑步的感受。马拉松的快乐，只有身处其中才能感受得到，你不需要别人的理解，"你到我的世界里来，你才懂得我的快乐，否则请不要评价我"。沉浸于跑步的生活状态之中，我才知道我还可以如此醉心于一件事情。

前些年我常喝酒，孩子们眼里的父亲和员工眼里的领导整天醉醺醺的，爱上跑步我起码能给他们正向的引导。正向的沉溺不但会改变自己，还会改变很多周围的人。我曾问郁亮为何坚持运动。他说你看，万科4万多人，大批85后、90后的员工，我这个1965年的人跟他们有什么共同语言？他们天天活在APP里头，互联网思维我追不上他们，他们的时尚我也不懂，但有一件事情可以感召他们，

那就是健康向上的人生态度。

那时我就想，我要用运动建立起跟年轻人的沟通渠道和我的自信。

后来我发现，跑步真不是需要坚持的事情，如果你用坚持来形容自己跑步的状态，那是你没有真的爱上这个运动。冯仑对"坚持"做了很有意思的解释，他说"什么变成随身携带的需要，这个事儿就不用坚持了"，就如喝水、吃饭、睡觉无须坚持一样。跑步现在之于我，是随身携带的需要。

为生命而奔跑，生命的健康和精神的愉悦是更高级别的追求。跑步不会创造奇迹，但可以帮助你在某一段时间内，专注于内在，反省并学习如何料理自己的人生。到跑步中去领悟人生是一次长跑，不一定要超越别人的评判标准，而在于你可以坚持到最后。

跑步之于个人，是一种超越体育精神的进化，无论是狂风骤雨还是筋疲力尽的状态，都是对心理的磨炼，是精神的进化。人需要挑战一下自己不敢碰的东西，我的经历告诉我，没有打不开的窗户，如果有一件该做的事儿到现在还没成功，只能说那个窗口你还没有找到，或者是没有人帮你打开。人生就是一次马拉松，谈不上谁是冠军，生命的意义更在于走完这个过程。

人活一生不就是要多经历吗？

人的思想方法决定了结果，能力都是排其次的。我总跟年轻人说，我一条命能活出你几条命。就算我今天生命就结束了，我做的这些事情你恐怕80岁也干不了。人活一生不就是要多经历吗？我这个思想方法是受王石影响的。他是很不一样，不会被太多问题去左右和束缚，随着自己内心的渴望做事，因为做完一天少一天，那干吗让自己不爽快呢？

我是一个过程论者，我没经历过的事情，就要经历经历，没有弄过的事情，就得弄一下。我最大的思考点就是时间，钱和地位都是当下的感觉，但如果明天就给你下死亡通知书，你还会对这些东西感兴趣吗？你肯定是想把没见的人见了，把没吃的东西吃了，没有处理完的事情处理了。所以，如果你把每天都当作最后一天，那什么事情是重要的呢？我经常跟很多人说，你也这里弄半天，我也在这里，你什么也没想，没学，一上午就过去了，我都替你可惜。

创业其实也像马拉松，需要有耐力、

有意志，另外还要觉得快乐。马拉松我跑了那么多，没一个是舒服的，跑到半路有时候在想这是干吗呢，吃饱了撑的吧，但是跑完就有种巨大的快乐，推动我前进。每次很痛苦地跑四五个小时，就为了后面收获那个成就感，收获完过两天又想跑了。

创业得有瘾，不上瘾怎么坚持下来呢？

从来都没有不快乐的坚持，坚持不能喊口号，一做做几十年全靠坚持，这是不可能的，一定是很享受这个过程。别人觉得这个很辛苦，但是你觉得这个挺好，挺快乐，那么辛苦就是一个皮肉之苦，是有心理准备的苦。我创业有时候也想，这是在干吗呢，这事儿挺费劲的，有时候想想真够苦闷的，但是所有东西加在一起，还是觉得挺快乐。马拉松跑出去1公里就觉得挺累，后面还有41公里呢，什么时候是个头，快乐就在这里。这种难受就是亏了啊，往前多跑几步，就离终点近了几步，就要这种感觉。

我现在生活里就三件事：跑步、读书（包括写）、优客工场。

读书跑步这两个事情特别像，以前总说行万里路读万卷书，这也是非常美妙的事情。

中国的教育里面其实特别缺乏怎么读书，（学生读书）都是为了考试。我（读书时）会先看目录，然后重点看某些章节。并且给自己设定了要求，要求自己每个月去看一本书，其实这并不难，只要每天戒掉半小时看微信的瘾就行了。

读书要求自律，马拉松也要求自律，要求不要酗酒抽烟，不要干违反生活规律的事情，读书和马拉松为我和优客工场都带来养料。创业需要不断开拓自己的视野、补充能量，让自己能抗压，创业是一个需要不断应对折磨的事情。而书是能给你带来更多养分的东西。

创业是一个逐渐建立资源、积累资源的过程。我从无到有参与创办了北京凯德置地，又把北京万科从年销售额40亿元做到200亿元。我都像自己创业一样去投入。但这些已经是过去，如果说过去的收获，那就是因为曾经做成过那么一点点事情，社会给予了我信任。

做优客工场，我再次开始这个美妙的旅程：从0到1。

为什么中年创业？不得不说我的一个朋友，就是徐小平老师。当年新东方上市，他离开那个价值几百亿元的公司，成了一个亿万富翁。那个时候，徐小平老师已经是50多岁的人了，很多人以为他会退休。但是没想到，他开始做起了真格基金，而且是玩真格的。我记得真格基金成立的晚宴上，我们大海组合还去献歌一首。

命运让他做成了另一份伟大的事业。他帮助留学生创业，做他们的天使投资人，投资出了像兰亭集市、世纪佳缘、聚美优品等优秀的公司，帮助无数年轻人去实现他们的创业梦想。从做教育培训，到做天使投资，这是两个完全不同的事业，我相信，徐小平老师的心态也有一个归零的过程。

对未知的探索、对人生不断进取、往前蹚路就是我所追求的。我觉得人生经历就是一种尝试，我在这个过程里面，经常会看看王石、看看马云，知道他们都不容易。人家都是这么过来的，还有很多人连名字都没留下，创业失败了。但这件事有意思也在这里，人类就是因为有这股劲，对未知的挑战、对自我的挑战，才能不断去突破，达到新的高度，才有人类社会的进步。

跑得越慢，才能跑得越远，要用经历定义人生。

（原载于"投资人说"微信公众号）

刘欣诺
LIUXINNUO

KVB 昆仑国际金融集团
创始人、CEO

中国第一个非银行外汇企业

China's First
Non-Banking
Forex Company

成长伊始

1966年，也就是"文革"开始的那一年，刘欣诺在天津出生，他父母都是医生。那个年代里，毛主席号召知识分子上山下乡，到农村去接受贫下中农再教育。于是，父母就千里迢迢带着幼小的刘欣诺去到了偏远的广西柳江县土博乡。在那里，他度过了整个童年。

由于乡里的生活条件有限，刘欣诺一家就住在医院的大院里。

20世纪60年代的中国乡村，缺医少药是常态。常常是人被蛇咬了，没法治就死了。冬天村里发了狂犬病，狗把猫给咬了，

← 1971年12月，刘欣诺与父母弟弟在广西象州县百丈乡。

猫又把孩子给挠了，然后孩子又挠了大人，大人之间再相互传播，就这样一下子一家人就都没了。

还不到6岁的刘欣诺在院子里最经常听到的就是病人的哭声。而且每过几天，就有一些声嘶力竭的哭声。有的时候看见和自己年龄相仿的孩子在院子里瞎溜达，后来才知道，因为父母都去世了，孩子没有地方可以去，只能在院子里游荡。

这些生死一线的冷暖人间，构成了刘欣诺的童年记忆。

在土博乡的小学上学，学习只占总成绩的1/3，另外的2/3分别是需要靠交牛粪、干农活，才能够凑够学分。所以小小年纪的刘欣诺也插过秧、下过田，和拖拉机一起彻夜春耕。

冬天上课的时候，窗户破了，大家都在寒风中瑟瑟发抖，不过刘欣诺还稍微好一点，因为手里捧着父亲为他准备的小手炉，几块燃烧的小木炭温暖僵冷的手指。到广西之前，父亲是放射科医生，母亲是护士长。但是到了乡里，由于医疗条件有限，所以他们内科、外科、工伤、烧伤甚至是接生全都要做。

在刘欣诺的父母亲来之前，土博乡一直都没有一个像样的医疗环境，感恩的乡里乡亲给他们在整个公社里安排了最高的工资，比公社书记还高。当时赤脚医生一个月赚5块钱，刘欣诺父亲的工资是49块钱，加上10块钱补贴，一共是59块钱。那时农民们还在几分钱几分钱地算着收入和工分，很多农民的小孩一年才吃一次肉，而刘欣诺每个月都会吃一些。

在农村的田地里，刘欣诺成了野孩子。父母给了他自由的环境，让他有一个无拘无束的童年。对环境的适应力是刘欣诺最早树立的个性。当时他在不同的地方上学，经常换班。这对于一个孩子来说，毫无疑问是很有挑战的。时至今日，刘欣诺在不同国家、不同城市都敢于去直面挑战，创建自己的企业，

↑ 1989年5月，刘欣诺（后[排]左四）在天津外国语学院。

这和童年时塑造的个性息息相关。

前段时日，发小给他发来土博乡里的照片，他还是会觉得一切恍如梦境。他总希望有一天可以带着孩子回乡里再看一下，让孩子看一看那个数十年前不可思议的起点。

1976年，在刘欣诺10岁的时候，他从广西柳江县土博乡回到了天津。那时候"文革"刚刚结束，整个社会四处活跃着自由的思想。在天津有相声、有电影，从日本电影《追捕》到南斯拉夫电影《瓦尔特保卫萨拉热窝》，品类丰富、市场繁荣。刘欣诺从原来在广西土博乡一个月只能看一次相同的电影《地道战》，到了一个选择多样、格外繁华的世界。这极度贫瘠和丰富充分的反差对比，构建了刘欣诺对这个世界极大的好奇。

从田野到城市，从无拘无束的童年到充满好奇的少年。刘欣诺开始用他自己的方式认知这个世界。那时候他就定下目标，学好一门外语，有机会走出国门去认识一个更广阔的世界。

再回过头来看这些少年时代的选择的时候,刘欣诺更多的是感恩。因为他会觉得其实在学生时期,身边有很多同学智力和能力都在他之上,但可能是上帝的眷顾,独独让他有了今天不同于常人的成就。

1985年,刘欣诺如愿以偿地考上了天津外国语大学歌德学院,开始学习德语。如果说语言是他认识新世界的钥匙,那么教授语言的人更是帮他打开了思维方式的大门。

当年的歌德学院专程从德国特聘了语言教授,教授的一个小故事让刘欣诺发现原来人和人思维的方式竟然可以如此不同。

那会儿改革开放不久,天津新建了火车站,在建筑中心的穹顶上,参照意大利文艺复兴风格,绘制了一幅半裸体的女娲补天穹顶壁画,于是好多人都好奇去看,导致火车站经常挤得人仰马翻。这位德国教授知道后也想去看看。一天早上7点多从学校借了自行车去了火车站,9点多出来的时候他傻了眼。发现外面全都是自行车,而且都长一个样,都是飞鸽牌的。如果按照中国人的习惯,肯定就是拿着钥匙一辆一辆试一试,最后找到自己那辆自行车,但是这位老教授并不着急,自己走路先回去了。回到学校的时候,学校保管自行车的人还纳闷教授的自行车怎么没还呢?结果,半夜3点钟的时候教授又去了广场,那个时候整个广场已经空了,只有他的自行车在广场上,就这么不费吹灰之力,教授把自己的自行车骑回来了。

每个人在学习的过程当中都经历过醍醐灌顶的"顿悟时刻"。德国教授的这个故事就是刘欣诺在思维方式上的顿悟时刻。许多年以后,他在哈佛商学院学习的时候,发现那里的教授们用一句口头禅概括了他的这个感悟,叫think out of the box(跳出思维定式)。

← 1992年，刘欣诺就职于德国威娜公司，在拉萨出差。

    1989年毕业的时候，刘欣诺凭着优异的成绩进了天津第一家中德合资企业。"我其实是一个美发专家。"聊到这段经历的时候，他略带神秘地对我说。他任职的德国威娜公司（Deutsch Wella AG）曾执欧洲美发护发行业的牛耳，有将近150年的历史。虽然他的身份是翻译，但更多的时候是做总裁助理。这给了他近距离观察德国人如何办公司的绝好机会，相当于是建制度、创产品、管团队、做市场的全流程培训。

    在那个坐飞机还需要开介绍信的时代里，对他所有的出差，公司就要求必须符合一定的标准，火车坐软卧，远行坐飞机，宾馆必须住三星级以上，因为在德国人的观念里，这是作为一

→ 2018年8月，刘欣诺在香港ICC国际金融中心的昆仑集团公室，窗外是维多利亚港。

家国际公司应该具备的标准。管理学上也有"利他而后利己"的思维框架,意思是对员工好,在市场的交互中员工最终也会体现出企业的价值。

那时他一个月的基本工资1000块钱,曾一度是家里收入最高的。做医生的父亲,当时的工资也就只有200元左右。

在德国公司工作的这四年,是他在企业管理上脱胎换骨的四年,决定了后来他在创办KVB昆仑集团时候的一些基本态度。比如不会在路边建办公室(早期香港的汇率公司大多把办公室建在路边),办公必须在甲级写字楼里面,用最好的办公家具,制定最严谨的规章制度,聘用当地外国高管做雇员。这一套做法和传统的中国人做企业差别巨大,让合作的外国人格外惊讶。

2023年，刘欣诺刚刚搬了新办公室，在香港中环最核心的区域，选择了一栋超甲级写字楼租了整层。

虽然办公室已经是在最方便的位置了，但是他安排与人见面的时候，仍然会亲自给出详细的地图，包括各个标志性的位置给出图片，然后配上日程表，几点几分在哪接、坐什么车、在哪开会、在哪吃饭……事无巨细，无微不至。

即便已经有如此周到的安排，在见面前的15分钟，他还会亲自发信息或打电话，再度确认。这细致严谨的作风，常人很难做到，却是他已习惯的日常。医生父母的教育，德国企业的培养，高监管行业的要求已经让"严谨细致"成为他的标签，植入了他的性格，随之而来的动作也就自然而然。

这常人难及的性格，也帮他奠定了在高风险行业中常人难及的地位。他创立的KVB昆仑集团曾一度是外汇市场上华人做市商的一枝独秀。

1994年离开德国公司之后，他去了一家美国公司做贸易，也开始在金融市场小试牛刀。

当中国一线城市还在强调10万元起步的时候，顺着证券市场的东风，他就已经挣到了人生第一个100万元。年少得志，少不了犒劳一下自己，就买了一辆挺拉风的绿色凌志（现在这个品牌叫雷克萨斯）ES300轿车。有次开车还被警察拦下来了，以为自己有什么事，原来警察就是为了看看车。

有了语言能力和外企背景，也有了原始积累，对于刘欣诺而言，是时候到国外看看了，于是他报了新西兰、澳大利亚、美国的签证申请，其中新西兰批复的是最快的，他就带着几十万美元到新西兰办理投资移民。

看似这一路都顺风顺水，然而人生的第一次滑铁卢就在新西兰静悄悄地等待着刘欣诺。

→ 2023年9月，刘欣诺在昆仑集团香港中环的写字楼。

→ 2023年9月，刘欣诺在昆仑集团香港中环写字楼的IT部了解进展。

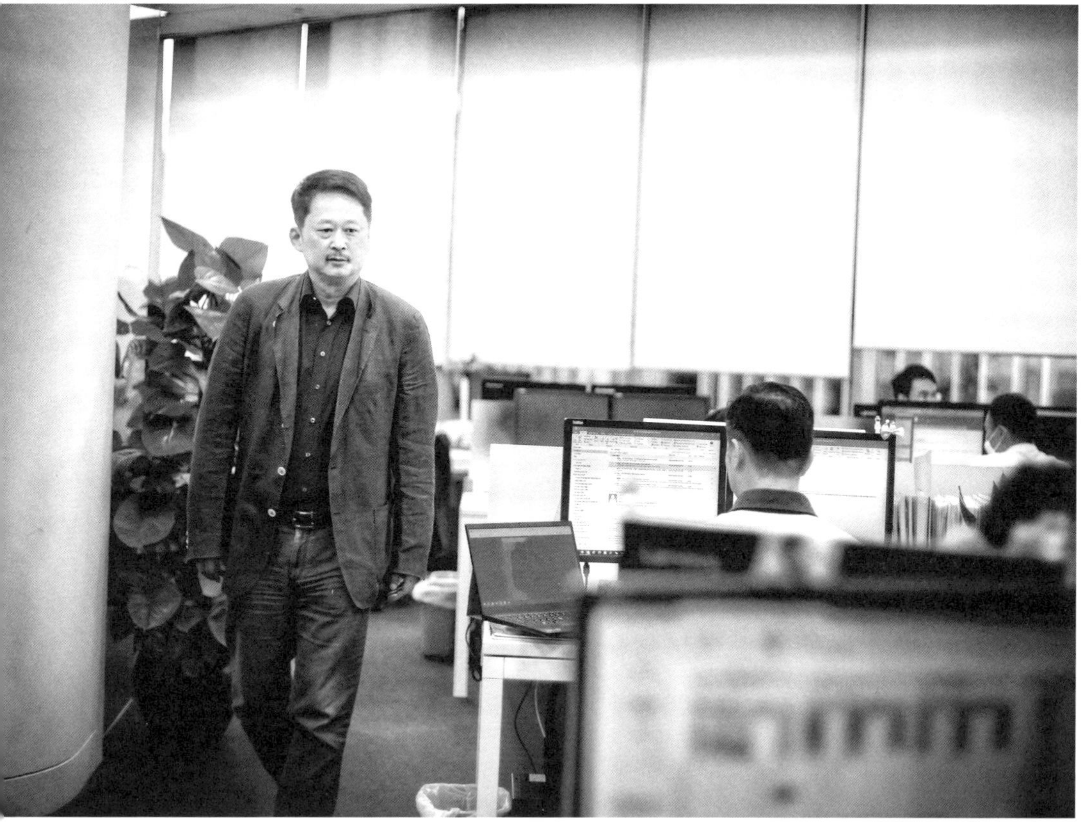

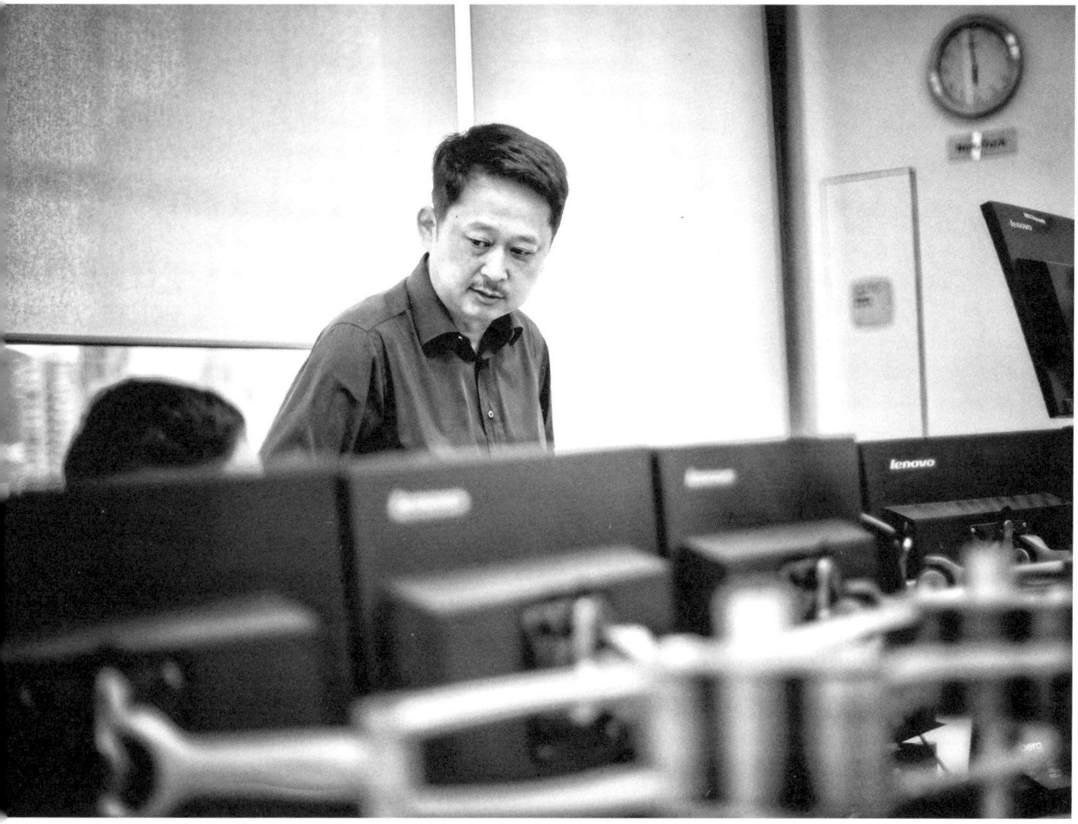
lenovo

深耕汇率市场

1996年的新西兰，来自中国的投资移民很少，要求也很严格，新移民必须把美元全部换成纽币（新西兰币种），而且得存在银行三年不能动。于是刘欣诺把所有的美元都放在了银行，但是，三年之后，美元大幅升值，等他需要将新西兰元换回美元时，汇率已发生大幅变化。钱放在银行里存了三年，莫名其妙地亏损了将近一半。

这个经历极大地震撼了刚刚步入30岁的刘欣诺，他感受到了从未有过的冲击。在与他这个年纪相仿的时候，万科集团的创始人王石也曾遭遇过相似的"飞来横祸"。当时的王石还在做饲料进出口生意，仓库里的数十吨玉米突然滞销，从原本的盈利变为负债数十万元。王石的做法是，逆流而上，大胆收购了市场上所有滞销的玉米，最终在市场恢复的时候实现了

↓ 2019年10月，刘欣诺与儿Richard在纽约的公寓。

垄断，盈利数百万元。

中文"危机"是由两个字组成，失败者看到的是"危"险，成功者看到的是"机"会。

恐慌之后，静下心来，刘欣诺在这次汇率损失里，看到了他人生最重要的机会。

汇率实际上是货币与货币的关系。西方世界的金融行业对此很早就有系统性的研究。不仅仅货币对货币，包括货币对黄金、货币与经济周期的关系等。由于中国的汇率相对稳定，所以大家习惯了在游泳池里游泳，一旦进入了西方自由汇兑的市场，才发现原来海上有这么大的浪。

刘欣诺意识到存在于他身上的问题，其实也存在于绝大部分走出国门的华人身上。

他从两个方面的需求看到了巨大的潜在市场，一方面，全球华人华侨移民会持续增多，离岸人民币市场会扩大。事实证明也是如此，1996年他刚刚抵达新西兰的时候，全球华人华侨移民在3000万左右，到今天，已经突破了5000万。另一方面，他看到了人民币国际化的趋势，人民币有迫切进入国际市场的需求。

但是，仅仅有需求未必能真正启动市场。2000年，最重要的东风来了，那就是互联网的发展。互联网可以让一个小公司就实现以前需要跨国公司用很大资金才能做到的事情。由此，一个大胆的设想在他脑中渐渐成形。这一年，刘欣诺向新西兰政府递交了一份计划书，申请汇率的经营牌照。

接到申请书的新西兰官员目瞪口呆，在他的职业生涯里，从来都没有想过会有一个30来岁的中国人来到他面前说——要做汇率市场。

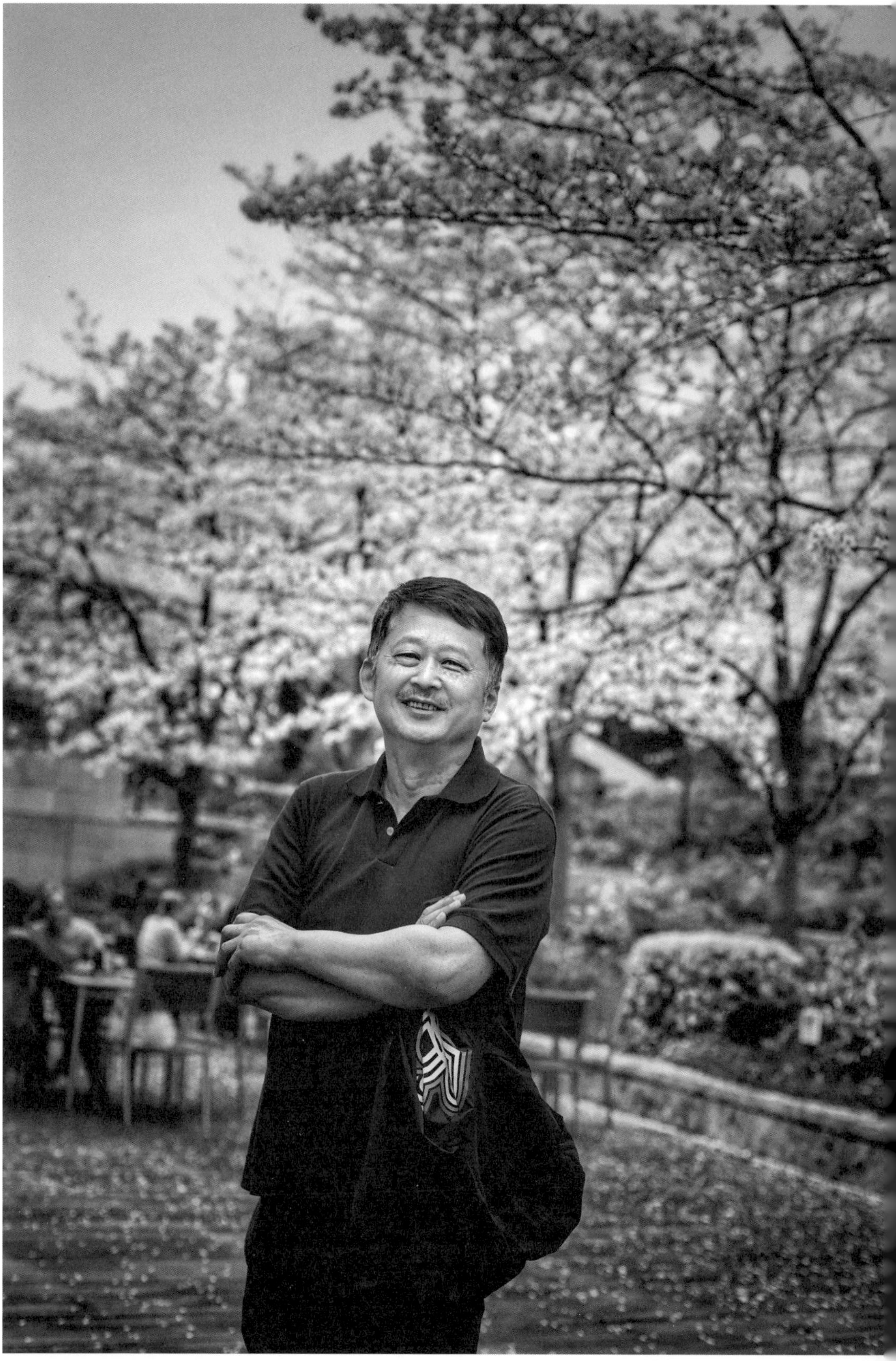

负责办理牌照的官员一脸狐疑地问了刘欣诺两个问题：你有这么多钱吗？这是一个非常难的事，你考虑清楚了吗？

进入汇率市场，意味着需要雄厚的资本金，同时需要建构一套昂贵且复杂的交易系统，光是这套系统的投资可能就是数百万美元。

对于这两个问题，当时的刘欣诺谈不上有多么充分的准备。但是他知道，"汇率市场是一个 Amazing（令人惊奇）的行业，赛道很长也很宽"。既然看到了这个方向那就应该义无反顾、破釜沉舟。后来，刘欣诺通过战略股东和之后基石股东的融资，解决了后期发展需要的资金问题，包括海航和中信都曾经成为过他的股东。至于那套昂贵的系统，他不仅建立起来了，而且从实际的市场竞争而言，还成了他差异化的优势。

市场证明了他的判断，西方成熟企业需要3—5年才能够实现盈亏平衡的领域，刘欣诺仅仅用1年半就开始盈利。因为市场足够大，而且由于互联网的进步，一套交易系统就可以做全球业务。

从2000年创立KVB昆仑集团，到2013年香港主板上市。仅仅用了13年的时间，刘欣诺打造了一个以外汇业务为主，包括贵金属、股指期货、大宗商品的流动性解决方案及外汇交易的综合性金融集团公司。

最初申请汇率经营牌照的时候，对于刘欣诺而言，除了资金和技术，最大的挑战是在人身上。

当时的新西兰政府从未接触过有中国人在这个领域当中申请牌照，谨慎起见就要求必须聘请本土新西兰人担任企业的CEO等核心职位，这倒也恰好符合刘欣诺最初的理念，于是他找到了一个当地银行的高管，请他做企业的CEO。但对于对方

2024年4月，刘欣诺在东京。

↑ 2001年10月，KVB公司初创时的团队合影。（前排右二为刘欣诺）

而言，这是一个艰难的决定。作为银行高管，有稳定的工作，信用卡也有计划好的固定支出，凭什么要冒这样一个风险，跟着一个中国人，进入一个从来都没有中国人进入过的行业？

银行高管花了一个月的时间做了刘欣诺的信用调查，最终刘欣诺说服了他。公司有CEO之后，刘欣诺给自己印的名片是"运营经理"。其后，走到哪儿都是老外CEO走在前台，他坐在一侧。不过，有时候形体语言和个人气场还是没法隐藏的，有一次会见大机构客户的时候，客户敏锐地感觉到，其实真正的老板是CEO旁边那位年轻的中国人。后来大家成为朋友，聊起这一段，彼此会心一笑。

运营这样一间高风险强监管的金融公司，成功聘请老外

CEO，在当地金融市场成为佳话，当时移民政策的东风给了刘欣诺一个充分的跨国人才池，刘欣诺一鼓作气，又成功引进了很多来自英国、南非等英联邦国家的移民银行家和技术人才加入公司。

刘欣诺做汇率市场这件事，可以说是在对的时间、对的地点，找到了对的人。

曹操在天下三分的时候，最大的感慨莫过于那一句"周公吐哺，天下归心"。

企业、行业的竞争最终都会落在人身上。聚集了"梦之队"，满眼望去人才济济的刘欣诺，开始在汇率市场上大展拳脚，他瞄准了第一个方向——技术的突破。

很难解释语言专业出身的刘欣诺为什么对技术如此痴迷，但是在这个领域里，他确实达成了一些同行未曾想过的成就，包括建立了一个高效的汇率交易平台。

在当时的汇率市场，中国几大银行的汇率交易在北京时间下午6点就停止了。然而金钱永不眠，汇率交易是一个7×24小时周转的市场。刘欣诺需要通过技术平台解决全周期交易的问题。除了交易周期以外，更为重要的是交易效率。可以进行汇率交易的国际银行，例如德意志银行或花旗银行，交易的规则都是公开透明的，对应标准的API接口，交易双方之间最为重要的就是毫秒级的交易响应和执行速度。举一个例子，客人要用100万美元兑换日元，那么外汇交易平台就要在毫秒级的相应时间里，比对数十家银行同时报价，然后选择最佳的汇率提供给客户，最终与银行握手完成交易。极限的时候，甚至需要在1/100毫秒内完成交易，"非银行交易平台都是赚毫秒之间的点差"。

← 2015年7月，刘欣诺在查尔斯河边的哈佛赛艇俱乐部训练

外汇场外交易是零和博弈。当一个汇率交易赚钱的时候，就代表你所不知道的另一个人亏了钱。因为这个最合适的汇率在你手里，你赚了100块钱，那么就意味着另一个换汇的人换早了或者换晚了，他就少赚100块钱。

毫秒级的反应决定盈亏，零和博弈的结果导向，对汇率交易平台而言，都是近乎残酷的评判标准。

条条大路通罗马，但刘欣诺选了最难的那一条。在金融行业里，这条路是——非银行外汇金融机构。有时候难而正确的道路，往往意味着一个意义非凡的目标。中国如果没有成功的非银行外汇金融机构，只是靠金融证券和发债做市场，那就很难拥有高盛和摩根士丹利这样成熟的金融机构。

亚洲有着非常巨大的外汇市场，然而在全球外汇市场上，亚洲目前也就占了20%的份额，而且交易基本集中在新加坡和日本。对于人民币外汇市场而言，想象空间是巨大的。

刘欣诺曾经和经济学家巴曙松合作出了本书《离岸金融市场发展研究——国际趋势与中国路径》，也曾经有过在天津推动做离岸金融区的设想，但是种种原因最后未能做成。

刘欣诺最初给公司起名字的时候选了"昆仑"二字，其实是借用了毛主席的诗词"横空出世莽昆仑"。他希望在外汇市场能够横空杀出一匹黑马。但是心有猛虎，也要细嗅蔷薇。他时刻提醒着自己1996年新西兰纽币暴跌让他损失巨大的那一幕。外汇市场上那只看不见的手，培养了他对行业的敬畏之心，"不要以为自己有多聪明，不知道哪来一只手就会在电脑后边把你干死了，你根本不知道是谁，甚至不知道是什么原因"。

或许正是这样的敬畏之心，使得他对科技的力量格外重视，在公司成立伊始，他就投入了大量的资金，用于建构公司的技术平台。

当大家还在传呼机上看汇率的时候，昆仑公司的网站上就可以直接查汇率下单交易。后来下载一个软件就可以看图表，不用去大户室，不用打电话，用键盘就可以给银行直接发指令，达成条件后在家里就可以完成握手交易。

系统成熟后，刘欣诺稳步扩张，脚步从新西兰一路扩展到了中国香港、澳大利亚、加拿大、新加坡，他当时的目标是在全球10个城市里建立交易平台，如果每个地区可以覆盖50万人，

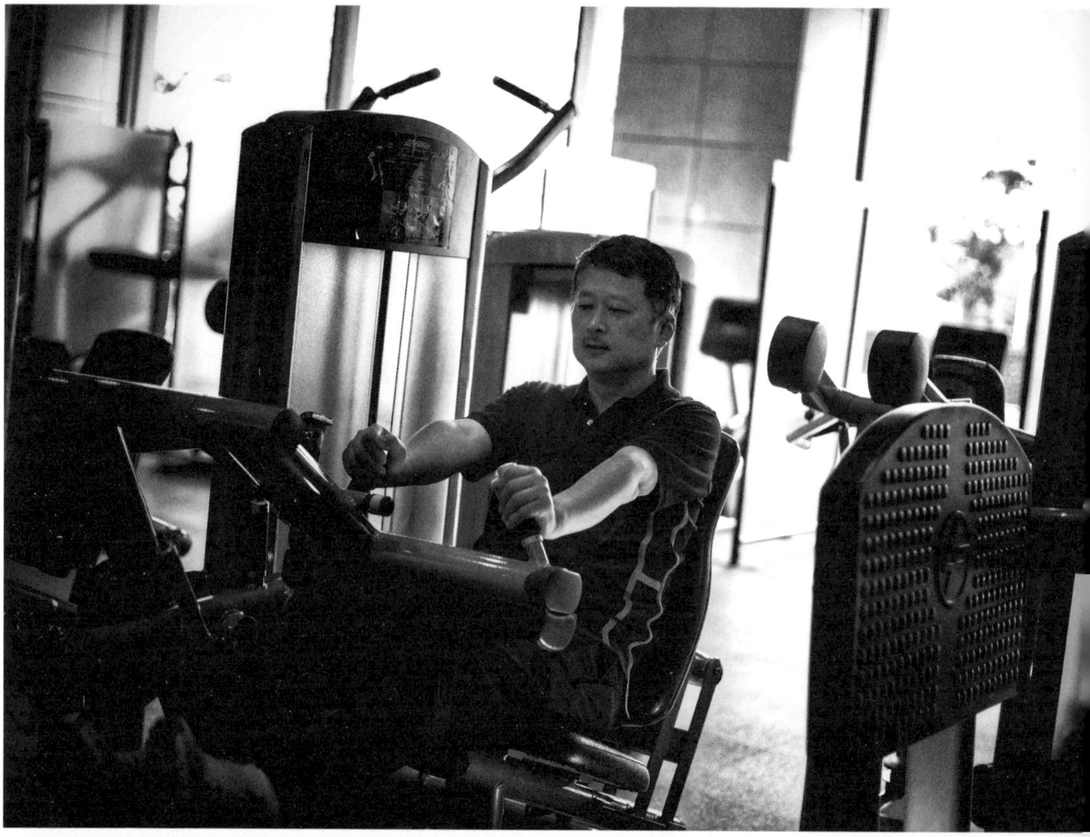

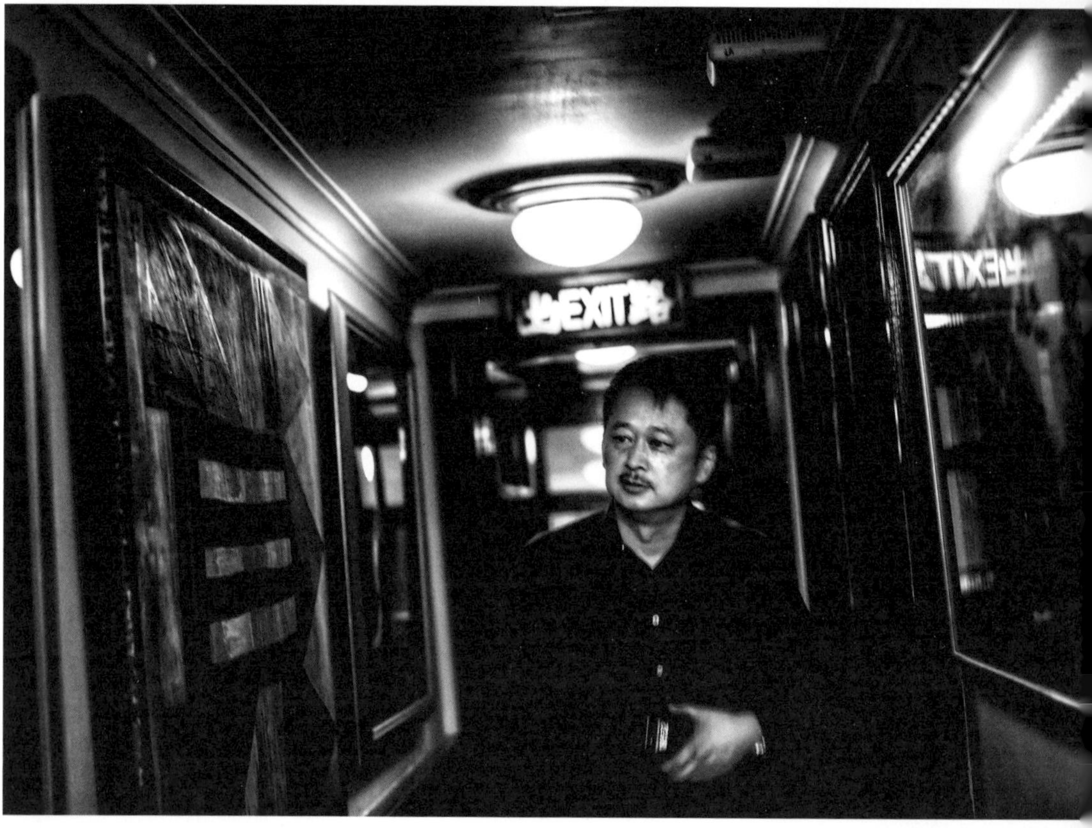
EXIT

那就是为累计500万华人这样一个高端客户群体提供服务。目前刘欣诺带领的上市公司团队已经累计服务全球近10万高净值客户。年外汇交易额数千亿美元，清算超过50种货币。

现在昆仑的整个系统已经与全球主流银行接口API化，客户可以直接使用API接口连到一线业务，彻底无纸化、电子化处理，以至于刘欣诺，"大部分时候我都不知道客户长什么样"。但是这些并不重要，就像很多欧洲公司一样，即便不知名，甚至隐形，但那也是一个世界级的公司。刘欣诺用他的思想加上技术手段，达成了这一目标。

非银行外汇市场，是一个"三高"行业，"高风险、高监管、高强度"。在这样的三高行业当中能够存活下来，仅仅靠理想和技术显然是不够的。

日常管理中，刘欣诺首先看中的是风险意识。"一艘小船在大海中能够生存，首当其冲的是风险管理。"刘欣诺在香港ICC环球金融中心的办公室可以看到维多利亚港的无敌海景，但让人没想到的是，他在这寸土寸金的办公室还隔出了一个小房间，里面放了一张折叠床。因为外汇交易是全球7×24小时运行的，所以需要应对突发情况的时候，他经常会在办公室过夜。这个小房间陪伴他经历过多次金融海啸、雷曼兄弟倒闭、瑞士法郎事件、英镑脱钩等。数十年如一日的第一线实战经验，积累了他在行业中卓绝的风险管控能力。

其次，外汇行业是一个高监管的行业，规章制度很多。尤其是反洗钱以及系统安全问题上是容不得毫厘差错的。刘欣诺花了大量的时间带领团队学习和掌握这些监管要求，"必须坚持底线思维，始终知道边界在哪"，在每个国家都做到完全达标。

最后一点，刘欣诺觉得差异化经营是自己的特色。"既然你

— 2024年4月，刘欣诺在日本东京公寓的健身房里锻炼。

— 2024年7月，刘欣诺在香港一家俱乐部餐厅，欣赏着走廊两侧的艺术品。

是一艘小船，那么就捞一些特定的鱼。大船用大网捞的鱼，我就不去碰。我只做我精专的事。"把差异化做好，其实就可以赚到超过行业平均水平的利润。

刘欣诺靠着这三点，在这个行业生存至今，并且成为大中华外汇市场的一面旗帜。

俗话说，"常在河边走，哪有不湿鞋？"

外汇业务服务人群庞大，币种多，需求也多元，如何保证在这么复杂、高危的环境里不出错？刘欣诺的态度是，"不用考虑太多条件，只要说这不是我的，我连想都不想"。他坚持的底线是，"一切都要有清晰的边界"，名誉是他最珍惜的财产。

非银行金融机构最容易出现的问题是客户资金处理不当，这是颠覆性的致命错误。山姆·班克曼－弗里德的FTX（一家数位资产现货与衍生品交易平台）、赵长鹏的币安（全球最大加密货币交易所）都曾经存在类似的问题，毁灭自我的同时，甚至对整个行业都产生了负面影响。"把公共利益变成私人利益的时候，那麻烦就来了，因为你没有分清谁的钱。"刘欣诺坚守的是，"客人的钱你就应该放在客人的账户里，你的钱就放在你自己那儿。你没钱周转了，那就做现有的生意就完了，无论如何不能去挪用客人的钱放杠杆，这是根本的原则。否则，多少年建立的信任就毁于一旦，（在这样的事儿上）摔一跤就摔死了"。

在刘欣诺看来，清晰的边界线，是公司是否能够存活的生死线。

他常会和人谈起一个案例，借此来说明边界的重要性。那是公司成立早期，公司还有外币现金兑换的业务。有一次柜台的职员家中有急事儿，就从柜台的现金中拿了100美元临时借用，然后在下班的时候归还了。刘欣诺知道之后，就有意把这

↑ 2015年7月，刘欣诺在查尔斯河边的哈佛赛艇俱乐部训练。

个事儿交给公司的CEO处理。曾在银行担任过高管的新西兰人听闻此事后极为震惊，给出的第一处理意见就是——必须立刻解雇这名职员。

刘欣诺清晰地记得这个新西兰人攥着那张归还的美元，紧贴着职员的脸，对着他咆哮，重复提一个问题："Whose money? Whose money? Whose money！"声音响彻了整层办公室，职员战战兢兢地回答，是公司的钱。所有的同事都停下了手里的工作，惊恐地伫立。

那一刻的场景至今想起，刘欣诺都会感到震撼，所有人在那一刻都明白了，"这就是边界，这就是你能否在这个行业当中

← 2015年8月，刘欣诺在哈佛Weld船屋DeepDive哈佛赛艇游学

生存的底线。不是你的钱，你一分钱都不能碰"。

如果不做外汇，刘欣诺说他最喜欢的职业是律师。凡事有度，边界清晰，这可能是刘欣诺常在河边走，又能不湿鞋的原因吧。

2016年，还在哈佛大学商学院OPM学习的刘欣诺接到了上市公司股东"12道金牌"催令他回国，因为股东正在进行母公司的审计调查，需要被投企业提供客户资料。这是一个违反行业规定的行动,刘欣诺不得不提前终止哈佛的学习,回到香港。

在刘欣诺看来,作为客户交易的执行人和托管人,保护客户资金和资料安全是不可逾越的鸿沟。即便是公司的股东,也没有权利要求提供客户资料。可惜这是一次无法调和的争执,双方的认知不同、要求不同。多次协调未果后,面对无法妥协的条件,2019年,刘欣诺最终选择退出了他一手创办的上市公司。

决定一出,行业震惊。

引进战略公司股东合作的时候,上市公司主要开展高频交易与杠杆业务。剥离上市公司业务,昆仑金融集团剩余的业务中还保留了金融科技公司以及跨境支付外汇业务,这样的话,对于需要再创业的刘欣诺来说,在电商支付、银联支付、离岸虚拟账号等相关的外汇业务上还有操作空间,而原来上市公司的业务刘欣诺断得决绝,不再触碰。

辞呈提交的时候正好赶上了疫情,刘欣诺也打算"静下来重新思考人生",考虑考虑如何去赶上时代的变化。

↓ 2017年9月,刘欣诺在哈佛商学院就读OPM。

未来的货币

刘欣诺最为关注的时代变化，应该是加密货币的未来。

有一次他在新加坡参加一个金融科技展，发现有一个展台宣传可以跟比特币连接的信用卡。他问参展商，在用的人多吗？参展商的回答是，这张卡最受欢迎的既不是在新加坡和香港，也不是在美国，是在委内瑞拉。因为委内瑞拉高通胀，所以大家发工资之后第一件事就是把钱赶快换成比特币存入卡内。

股神巴菲特对比特币持否定的态度，但是在汇率市场摸爬滚打数十年的刘欣诺则持完全不一样的观点。他用"结绳记事"打了比方，远古人交易的时候，一个绳结就记录一次买卖的价值，就是对交易双方支出和收入的一种代表，绳结本身没有价值，但是交易双方认可并相信就可以了，这样绳结就成了一个计量单位。

比特币是同样的道理，有人认可，有人需要，那么它就有价值。

刘欣诺认为比特币，或者说加密货币是未来明确的趋势，而且很快会到来。

加密货币是不是未来？其实这里面存在一个对未来的基本判断，那就是——究竟未来会是中心化还是去中心化？

作为加密货币的先锋，比特币最重要的贡献是去中心化意识的唤醒。"去中心化就是以你为主，你决定你是你的主人。"从人性的角度而言，比特币呈现了每个人都是独立个体，生而平等，享有自由。在区块链的web3.0时代，每个人都是互联网上一个无法替代的独立节点，用token（代币）定义自我价值，

→ 2024年4月，刘欣诺在东京。

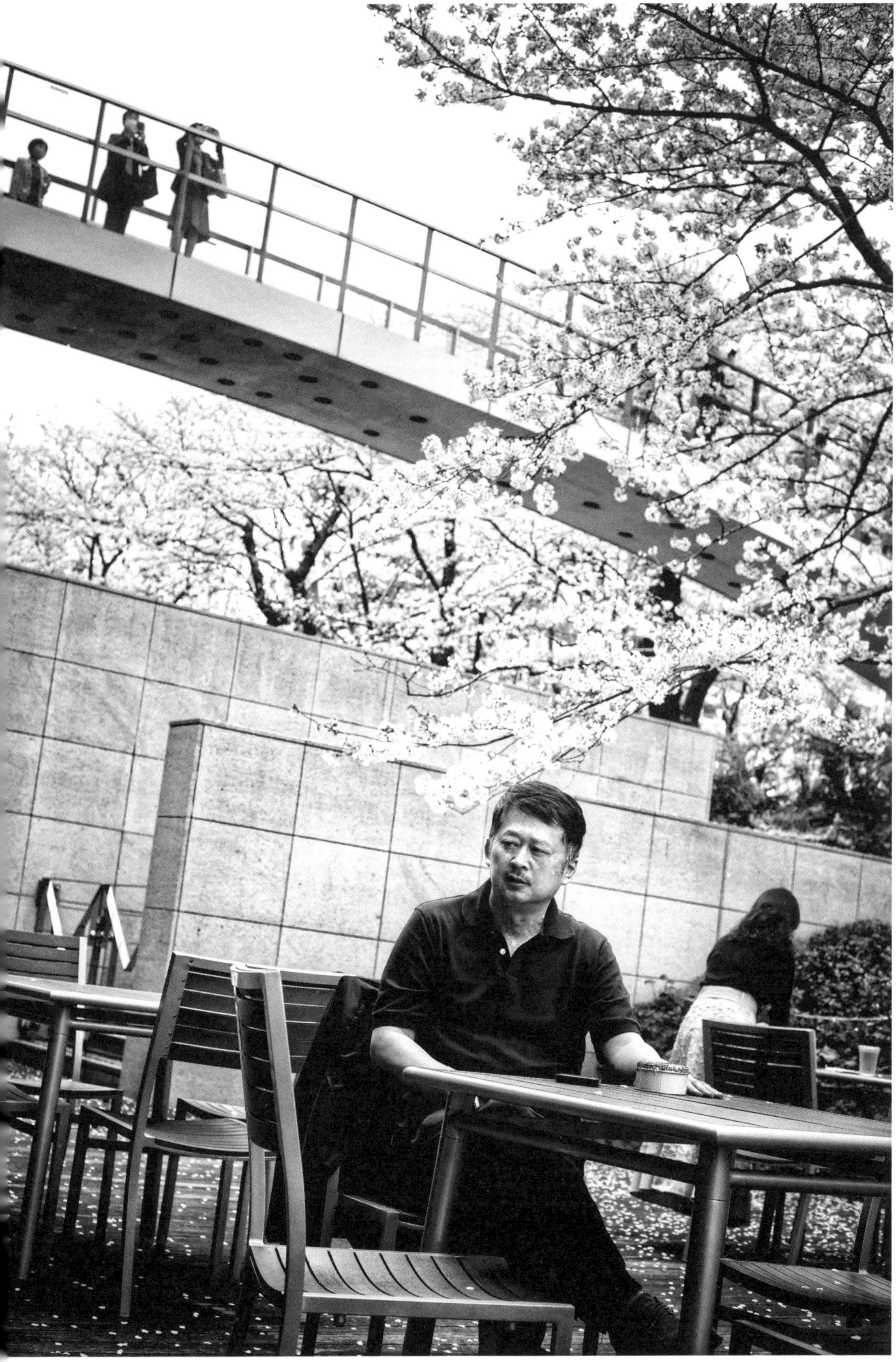

沿着这个方向，终一天世界货币就会出现。但是目前的全球金融体系并不支撑这一点，因为每个国家都有自己的货币主权，各自为政的中心化货币无法统一，"只有去中心化之后，世界货币的概念才会出现"。

比特币一旦出现，就无法消失，除非全世界的电脑都宕机才有可能。而且，即便比特币消失，去中心化的意识已经觉醒，也会有其他的代币出现。

做传统金融出身的刘欣诺，相信平行宇宙的概念。他似乎看到了比特币在另一个时空里是如何成为世界货币的。

科学界有一个无奈的笑谈，认为一个科学定律最终被接受的原因并不是因为它被证明，而是因为不接受的科学家们最后都去世了。乔布斯的那一句"死亡是上帝最好的发明"，其背后的含义也是死亡让人类得以进化。刘欣诺认为比特币就面对这样的进化终局，终有一天，比特币这样的加密货币会成为世界金融体系的核心货币。

"未来的年轻人甚至可能都不知道'汇率'的概念，只有'支付'的概念。"在刘欣诺的眼里，未来去往世界上任何一个国家，都不需要带现金，有一部手机使用数字加密货币就行了。"从这个角度而言，中国的支付宝、微信支付是相对领先的。"

中心化和去中心化当然会有一个漫长的博弈过程。目前全世界195个国家里，认可比特币的还不算多。虽然长臂管辖的可能性大幅减低，但很多交易的时候，比特币仍然需要和主权货币挂钩，最后的成交，比特币还是要找到自己的握手币。这个过程中，就存在支付速度、安全性与合规等问题，在这里面，刘欣诺看到了巨大的机会。

他现在面对的挑战是，"我一手要准备中心的（传统外汇业

2023年9月，刘欣诺在香港的一家俱乐部餐厅。

务），还有一手要准备非中心的（加密货币业务），而且得把两个东西同步记账"。刘欣诺正在建立一个系统，也有了自己的专利，他想让数字加密货币和传统金融可以更便捷地握手对接。

在回答"时代纪录三十六问"的时候，当被问到"你最希望拥有什么样的能力"时，刘欣诺最希望拥有的是远见，是"看穿未来的能力"。

30年前刘欣诺学德语的时候，经常看一本德国的杂志，叫 *Skala*（《刻度》）。有一天这个杂志发了一个征稿函，说杂志要重新起名字，请全世界的读者给提提建议，如果新名字被选中的话，那么就会有大奖。刘欣诺觉得好玩，琢磨了好几天，认认真真地给杂志提了一大堆很诗意的新名字，然后就在学校宿舍自信满满地等着中奖了。

← 2019年10月，刘欣诺在纽约的公寓。

　　后来杂志社揭了榜，结果是看了大家的建议之后，觉得最后还是应该用回老名字Skala。杂志社的这个举动让刘欣诺的幻想破灭了，但是极大地加深了他对Skala这个词的认识。某种程度上，这个词也成为影响他一生的词汇。

　　从那时起，在工作中也好，在生活中也好，"度"的把握是他时刻提醒自己的原则，"不管咱俩关系多好，一尺就是一尺，

2024年7月,刘欣诺在斯坦福大学校园。

一寸就是一寸。条件、规则的刻度不能改变"。

刘欣诺喜欢钓鱼。疫情这两年在新西兰钓鱼的时候,他突然发现鱼种都有所不同。最初还觉得好奇好玩,后来才发现这是气候极端变化导致的。

由于工作的原因,他常常全球旅行,所以相对而言,他可能比大多数人更多地在第一现场看到了全球各地显著的气候变化现象。澳洲和加州的大火,加拿大消失的红叶,格陵兰融化的冰原……

当看到7个曼哈顿岛那么大的冰川整体从南极大陆断裂分离,像城墙一样地扑面而来,在大洋里渐渐融化的时候,他感受到了触目惊心的窒息。

　　气候问题是房间里的大象，如此显而易见、心知肚明，但是大家却同时在保持沉默。既然这个巨大的潜在危机普遍存在，却又被普遍忽视，那么，"自然问题在未来会超过经济问题"是一个必然结果。这或许是刘欣诺欣赏埃隆·马斯克的原因，他觉得马斯克是有宇宙观的。

　　从宇宙观来看，人类到目前为止只干了一件有意义的事，就是当旅行者1号探测器快要飞出太阳系的时候，让它回过头来给地球照了张相，留下了那张著名的"暗淡蓝点"（Pale Blue Dot）照片。《宇宙》的作者卡尔萨根用这段话告诉世人："这个暗淡蓝点就是我们的家，就是我们。在这点上有所有你爱的人、你认识的人、你听过的人、曾经存在过的人，在活着他们各自的生命。集合了一切的欢喜与苦难……人类历史上的圣人与罪人，统统都住在这里：一粒悬浮在阳光下的微尘。"

　　然而，显然，我们对这个"蓝点"没有足够的感恩和敬畏。

→ 2022年7月，刘欣诺在南太平洋钓鱼。

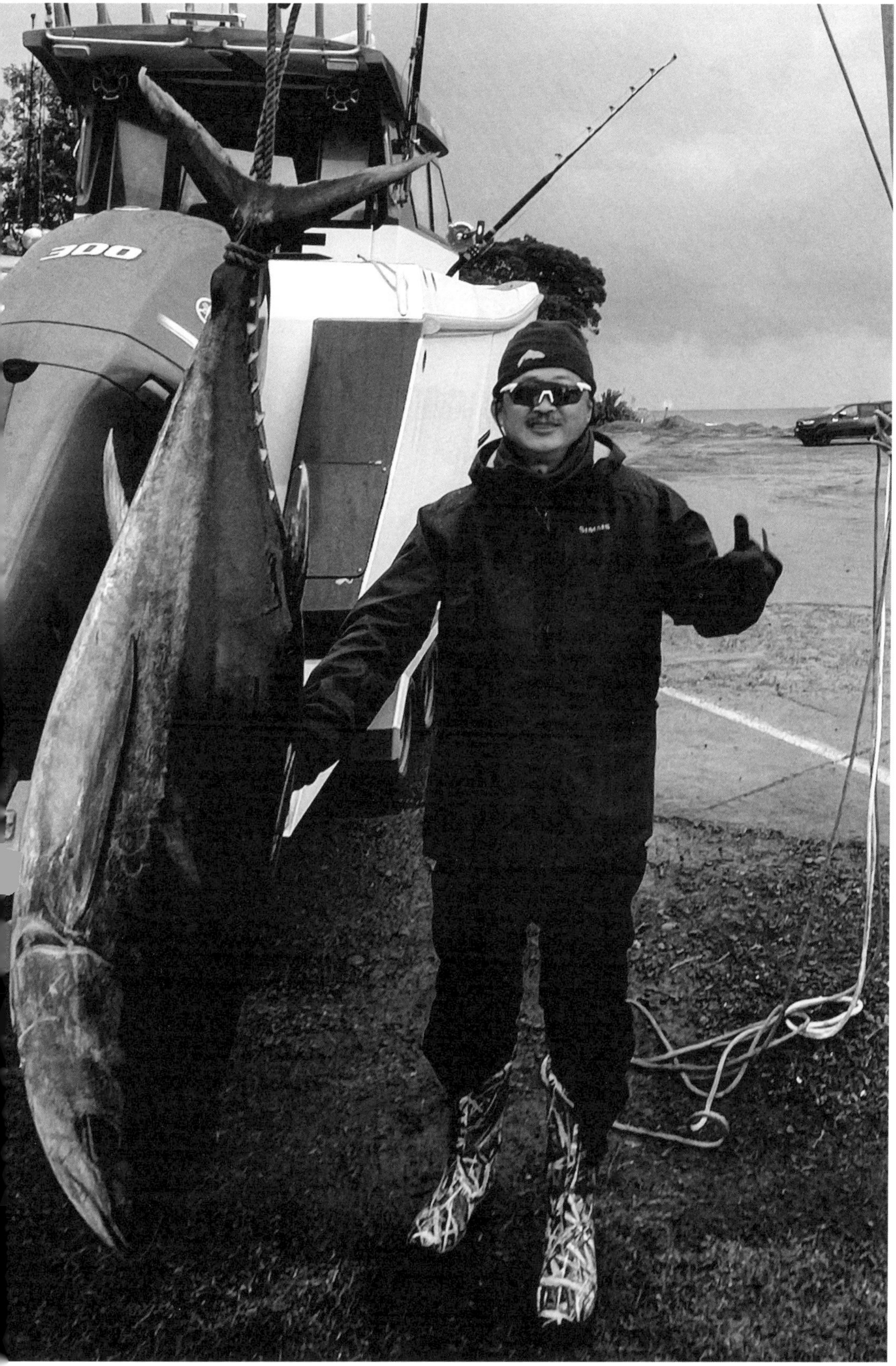
300

父亲

| 刘欣诺

　　我的童年在广西乡村的大自然怀抱中悠然度过，父亲的身影如影随形。每逢夏天，父亲都会带着我去下乡，走村串户给农民（当时叫贫下中农）看病送药。在大瑶山的自然风光中，到处都是奇花异草，父亲背着印有红十字的药箱，领着我走在田埂小路上，跨过小河潺潺流过的小石桥，路上父亲会时不时停在某一棵花草前，告诉我这个植物的名字、治什么病，我记得一种单朵花的植物叫七叶一枝花，可以解毒消肿，壮族视之为神药。

　　走累了，会找一处树荫下歇会儿，父亲先用竹竿在草地上滑来滑去，故意打草惊蛇。广西的毒蛇很多，这是我最害怕的动物。

　　下乡的路上来到大河边的水磨坊，里面有河水驱动着硕大木头轮子慢慢转动，发出吱吱响声，父亲跟里面的村民打招呼，一个伯伯笑眯眯往我小手里塞了一团花生米糕，我尝了一口，哇，好香啊，那浓郁的花生香味至今难忘，父亲跟我说这是村民用花生榨油过后的花生碎。

　　20世纪70年代我待过的广西农村，贫穷与简朴并存。行医到了村子里，年轻村民把我们带到了土墙垒起的屋子，那时没有电灯，透过从茅草屋顶透过来的细微光线，隐约看到熏黑的蚊帐里一老人躺在床上，父亲在昏暗中给老人问诊。接触不到外界的年轻村民显得局促又热情，指着木桶里玉米、红薯和水混在一起的粥，问我要不要喝一碗，我摇着头。多少年后当我回想起这一幕，我意识到父亲的行医对村民那就是生的希望，更体现了一种人与人平等的态度。

　　在大瑶山的壮苗族村落，妇女们的颈部由于缺碘而畸形肿大，但她们依然爱美，戴着银饰，脸上洋溢着质朴的笑容。这些点滴记忆，就像天上的星星，洒满了我的童年生活。

岁月流逝，我也步入成年，成了两个孩子的父亲。创业的艰辛和工作的忙碌让我几乎没有时间陪伴孩子们成长。公司稳定后，我发现儿子更愿意花时间在手机上，与我的关系相当平淡。我开始思考如何改变这一切。

2019年7月，我带上13岁的小儿子从香港飞往新西兰一个小镇皮克顿，从那里我们乘船穿越海峡到达一个偏远的岛屿，开始了一段为期8天的野外生存拓展训练，完全与外界失去了联系。我们在冬季寒冷和细雨中跑步，体温逐渐上升，最后甚至跳进冰冷刺骨的海水中。

这种极限体验中，每一天都充满了挑战。从湍急的河流中自救，到森林里的攀爬，再到背负重达三十公斤的行囊攀登高山，这些经历让儿子历历在目，他心疼地说我不应该陪他来这里。

我们在深山中度过了两个夜晚，只有帆布搭成的简陋帐篷作为庇护，彼此相隔几百米。第一个夜晚下着雨，我真担心儿子的安全，整夜雨淅淅沥沥下个不停，我竖着耳朵听着他那个方向有没有动静，万一他呼唤我呢……

第二天早上儿子安然无恙出现在我的帐篷前，我一颗悬着的心才放下来。接下来的一个白天一个夜晚，没有了手机，没有了任何可以娱乐的东西，偶尔有鸟飞到附近树梢停留鸣叫，食物就是每人两个苹果和一小袋干果。我们会聊各种话题，儿子说他现在才知道睡在家里床上有多么幸福，我们商量着回到城里第一顿饭吃什么。说累了我们靠着彼此睡着了，睡醒了继续聊，就这样父子两人从白天待到晚上。那天夜里，天空也是布满了星星，让我想起了童年在广西的景象，而此刻我意识到父亲是我，儿子是身边的男孩儿。

多年后的一个生日，就读美国大学的儿子送来了一首歌，他自己编写的歌词，用AI作曲。歌词提到了我们共同的野外生存经历，歌颂了那段时间的艰难和美好，以及我们之间的深厚感情。这首歌成了我们共同记忆中的一部分，也是对我们那段特殊经历的最美好的礼赞。

	译文：
The sky above us shines so bright	我们头顶上的天空如此明亮
Another year we've reached new heights	又一年，我们达到了新的高度
Stefan Dad you gave us all delight	老爸，你给了我们所有人欢乐
In your love we find our light	在你的爱中我们找到了光芒
Outward Bound we roamed so free	还记得野外生存拓展吗
Nature called you answered with glee	我们如此自由地漫行
Through the woods and by the sea	大自然召唤，你欣喜若狂地回应着
Together there we found our key	穿过森林，沿着海岸
	我们一起在那里找到了答案
Happy birthday Stefan cheers	生日快乐，老爸干杯
To the memories through the years	这些年来的回忆
In our hearts you'll steer	在我们心中，你一直掌舵
Guiding us through joy and tears	带着我们走过喜悦和泪水
Mountains tall and rivers wide	群山多么巍峨，河流多么宽广
With you there we took the ride	有你在，我们搭上了顺风车
Hand in hand and side by side	手牵手，肩并肩
Dad our hearts with pride	老爸，我们带着自豪的心
In the nights when stars align	在星星整齐排列的夜晚
With your wisdom we combine	有了你的智慧，我们结合在一起
Dad in you we find our sign	老爸，我们在你身上找到了我们的标志
Love and strength so divine	爱和力量是如此神圣

我的父亲今年八十多岁了，我也步入知天命之年。从父亲到祖父，从儿子到父亲，从乡村到城市，从赤脚医生的孩子到金融投资家，半个世纪的时光年轮，记录了我们每一个中国人的变化，半个世纪的时代际遇，也塑造了我们每一个中国人的人生。

冷冰川
LENGBINGCHUAN

当代艺术家，诗人，
清华大学美术学院教授

一刀刀
刻画失去

Carving the Loss

刀下博弈

20世纪60年代初,冷冰川在南通出生。

南通踞江海之会,扼南北之喉,千余年来文脉不断。张謇、梁启超、梅兰芳等人曾在这里发起建设中国第一座博物馆;吴昌硕、张大千等人参与了"南通金石书画会";赵无极也曾在此完成了最初的美术启蒙。这座长三角的历史名城,一度掀起业内可堪研究的"南通美术现象"。

冷冰川20世纪80年代初期开始学画,从南通市工艺美术高中毕业后,进入中央工艺美术学院进修。90年代,他出国留学,先是就读于荷兰国立米纳瓦设计艺术学院,后来又在西班牙巴塞罗那大学艺术系拿了博士学位。那个年代的中国,正值西方思潮涌入,在冷冰川看来就像一个"乱世",可以"乱来",由着自己的心意自主学习。他从鲁迅推荐的比亚兹莱、珂勒惠支、麦绥莱勒学习,从中国民间艺术,非洲土人艺术,毕加索、马蒂斯的神话里学习,从看懂看不懂的欧美、阿拉伯现当代文学绘画里学习,生吞活剥地把中西古典、各国民间艺术混糅一体,开始寻找他自己的"元艺术"。

有人见着冷冰川拿刀作画,便以为他的画作是版画,其实

← 20世纪80年代,冷冰川在南通工艺美术研究所。

冷冰川在国内创作。

这是误解，冷冰川早期学习的就是黑白绘画，只不过是以刀为笔，和版画可以无限复制的特点不同，他所有的画作只有一幅。

著名文艺批评家李陀先生曾经帮冷冰川的画作定了一个富有诗意的名字，叫"刻墨"。这是独属于冷冰川的一种全新的绘画方式。

刻墨的由来，其实是无奈之举。冷冰川学黑白绘画的时候由于木板材料难觅，所以大多都只能在纸板上作画，而当时水彩颜料也很贵，"生活费也就14块钱一个月，一盒12支的颜料要两块多"，如果在彩色版上作画，那么"刻一刀一块红烧肉就没了"。所以冷冰川采用的方法就是用墨汁反复地涂抹在白卡纸上，然后以刀为笔，在黑色的卡纸上一刀下去，底层的白色显露出来，每一次锋利决然地落刀，都像在幽微的黑夜里留下素白，为性灵提炼出一个情绪充沛有叙事感的黑白空间。这"一把刀，一张浓墨卡纸，最简单、纯真的表达"成了冷冰川鲜明的风格。

时至今日,"刻墨"竟开始慢慢成为绘画艺术的一个新品类。

冷冰川的刻墨,表现了植物葳蕤的庭院,精灵似的花鸟鱼虫,曲线妖娆又百无聊赖的美人,以及一些意想不到的事物:脸谱、骷髅、鸟笼、蛇、凉月、琴书……带着一点偷窥的欲望,在这"魔魅"画面中隐现,因为冷冰川主张:"我的画从来合情不合理,只要合乎自己天然的情致。"

女人体,是他作品中最常见的意象,寥寥数笔线条,勾勒出一个女人内心的澎湃。她们似乎被羁绊在平庸的生活里,却翕动着想要去冒险的触角,静止的画面上有种致命的张力。问他怎么看待创作中的暗黑能量,他说:"真正进到深度创作,是没有黑暗、欲望和廉价的冲动的。"他的创作不问中西,只归属创作时的"此时此地"和"冰川属性"。

冷冰川创作时唯一衡量的标准是他的心。绘画前,他不预设主题,也不打草稿,信马由缰地下刀子。"我从来没有复杂

← 1999年,冷冰川在西班牙塞罗那工作室。

2023年9月，冷冰川在北京中。

过。对于我，简单纯真往往直接收获真实有力的个人神话。"

但是简单、纯真来自复杂、厚重的训练。他几乎实践过中外各式黑白风格的绘画，从中外古版画、民间年画剪纸、古希腊陶瓶到毕加索、马蒂斯、夏加尔以及阿拉伯艺术等，甚至还用自己的风格临摹过几乎整本西洋美术图录，从中世纪绘画到后印象派风景、现代派风格，"把知识分子的情爱、皮囊和虚无，在纸上'深刻'戏仿了一遍"。

人们常常问起他创作里的独孤、技法，遇到这样的问题他总是答不上来。一张画对他而言，就是一场得到与失去的博弈，"我布上、纸上都用刀，一刀下去就是失去，一天到晚地失去"。但这失去对他而言也是"如释重负的礼物"。

"艺术家就是他非常认真地做了一桩什么都没说的事。"

荷兰留学之后，冷冰川与太太一起在西班牙住了30年。虽然被异邦热情奔放的国风熏蒸多年，但在创作的时候，他"江南的阴柔总会自己跑出来"。

冰川虽然是南通人，但是长得南人北相。鲁迅说南人的优点是机灵，北人的优点是厚重；梁启超讲北方是一种慷慨，南方是一种情怀。这些南北特点在冷冰川的作品里巧妙地融合，并形成反差。

作品如人，人也如作品。反差是冷冰川的标签之一。他名叫冷冰川，内心却喷涌着一座火山，尤其是遇到同道中人的时候。他外形高大粗犷，像个执铁板唱大江东去的关西大汉，但是刻画起杨柳岸晓风残月，手法却极精密细腻，按他父亲的形容："像李逵拿绣花针。"

对冷冰川来说，单纯的创作、生活是最好的。所以几十年来，他只做绘画这一件事情，画风也不去赶潮流，只有自我递进的阶段性变化。"这样一根筋也不一定是完美主义，只是自己觉得需要一种'没完没了'的表达。因为有些事它就是有这种无限空间和可能。"

很多人在冷冰川的画里看到了情色欲望，但是他说自己在创作时从没有拥抱过这种欲望，反而是无数次、千万次失去这种东西。对于他而言，诗画就是性灵消亡后的样子，"一段灵肉魂的归宿、不再受人间束缚。要表达的就是这些已经消失的、无法实现的愿望，欲望"。也因为此，死亡也是他作品的元素之一，常常浮现，多年前，那段关于溺水的同学的记忆让他常常想对死亡呐喊，"年少时突然来的无辜无名的死亡让我恼怒，那么年少瑰玮的肉体无因无果的人影不见，连一句告别也没有，令人失望透了"。

冷冰川相信自然创作，觉得不需要多完美的开始，只需从内心开始。事实上,可能也没有人在意一个艺术家是怎么开始的,一个直接、粗糙的开始,可能就是最好的开始。"我头脑简单,想到就去做。但好就好在简单,只在迫不得已的时候才做,这里面有一种对于自我的忠实。"他认为创作和现实生活中很多问题都是情志病,"就是因为内心欲望得不到满足造成的,我们记录下罢了"。

帕慕克在他获诺贝尔文学奖的作品《我的名字叫红》里,讲了几个波斯细密画的画家故事。冷冰川的刻墨版画,在技法上有和细密画相通的地方。

从细密画的"细密"二字,大体可以感受到画面呈现的基础要求,该画种源自早期波斯文化里的手抄本插图,在方寸之间可能包含多个故事,浓缩信息,以线条、色彩呈现。冷冰川的画同样常常布满了密集的线条,叙事浓烈、精细。要呈现这样的画作,刀工是基础。常年握刀给冷冰川也带来了意想不到的好处,那些年他在国外生活,没有灵感时,为了避免在创作上重复自己,他就跑去餐厅打工。因为使惯了刀,所以做菜很快,最后餐厅老板把二厨给开了,只剩下他独当一面。

外人常常以为他必有各种不同的刀具,适用不同的画法,其实不然,他常年手握的不过是一把普通得不能再普通的美工刀而已,"能书不择笔"说的就是他的状态。

但是细密画的画法对眼力要求极高,需要极其专注地在狭小空间里用精密的线条表达,波斯文化时代,常有画师因此失明。西藏的唐卡画师也常常因为这个问题创作年限受限,眼力不济时,创作也就枯竭了。而冷冰川除了面对细密线条的眼力要求,还需要面对执刀的握力要求。

执画笔和执画刀在体力上是两件事。随着年纪渐长,冷冰川越来越感慨创作周期短暂，而且会面对自然规律的上限，许多年轻时完成的画作当下已经无法复刻。

著名画家黄永玉先生很喜欢冷冰川，曾为他写诗，称赞他创作时的拙朴专注精神像宋朝人，会为一张卡纸刷上几百遍的墨。这与他成长过程中持续面对的规训有关，冰川坦言：从小到大一直是被规训的，从精神到现实生活。

从长期的被规训，到主动地自我规训，自律、约束、淬炼、执拗、率真、简单，这些关键词都深深植入了冷冰川的性格。因此他相信犹如性命一般重要的技艺是需要有精神的淬炼才有效，而且技法必须要深入浅出。20世纪80年代初，南通工艺美术研究所有一群热烈创造的青年人和整柜整柜的各式艺术资料，冷冰川在那里看到了诸位老师无私的创作示范，从张仃、吴冠中、黄永玉，到有"南通三杰"之称的袁运甫、袁运生、范曾等，"那个时代的人真实、谦逊、没有噪音"。

南通这座城市也是人杰地灵，新中国第一所纺织学校、第一所刺绣学校、第一所戏剧学校都在这里诞生。和同代人创作命运略有不同的是，冷冰川毫无顾忌地选择了多种创作方式和题材，绣、染、刻、剪、织……能接触到的各个艺术工种，他都尝试过。

长期接受规训的生活当然严肃又无聊，但是艺术有欢快，艺术带给冷冰川"朴素、直接、纯真的欢快"，让他始终能够保持本色自然，他相信，"如果不是本色自然，也没有什么能活着（那些一瞥之间能被偷走、说清的东西是无法停留的）"。

2023年9月，冷冰川在北京家中作画。

"无形画"下的真实

冷冰川性格中有着冷幽默的成分，有他的饭局，常常是笑声不断。但他本质上是一个十分严肃的人，有精神上的洁癖。他曾经因为找不到一本纯精神性的杂志，就自己上手，凭着"严肃的创作人内心都有一个不断追求美的理想和信念"，主编了《唯美》。书里找的都是他认可标准里那类自然的、纯粹的作者，出版的文章要写人心尖上的那点东西，"只要说真话，不要空话、假话、套话。希望是心尖上的那几句话，哪怕一句两句，一行两行，我也登在最重要的地方"。

人文艺术界的一众大咖携手呈现：金宇澄、叶兆言、韩东等小说家、诗人，黄永玉、何多苓、徐累等当代艺术家，文章、绘画、摄影形式俱全。

出版方的稿费预算有限，冷冰川索性把出版方给自己的报酬完全补贴给作者们。钱他可以一分不要，但是内容的话语权，冰川分毫不让。他对出版社说："我的要求会远远超出你们的期待，以及你们对自己的要求。"最终结果赢得了出版社的信任，冷冰川提供书稿，出版社无须过多修改就可以付印。

《唯美》至今已经出版了《上海，上海》《江南，江南》等数册，陆续获得了2023"最美的书"称号、英国D&AD大奖、Wood Pencil（木铅笔）铜奖等，一度成为爱好者的经典藏品。

但是也有读者认为书中不少内容晦涩难懂，冷冰川对此有自己的坚持，他拿音乐做了对比，认为抽象的音乐大家也会坐在那里想象其中的表达，那么书籍中的内容只要读者专心读进去，肯定就能读得懂："我一直说的是'我不等观众'，我们（创作者）是要进步，他们（观众）应该是跟着我们跑，只要有一部分人能看得懂就够了。"

当被问到为什么要做这本书以及如何形成风格，冷冰川的回答是："风格是骨子里提炼的东西，风格的事物是怎样存在的，这点不神秘，神秘的是它那样本性存在的。每一个创作者都有'播种'风格的习惯。"

虽然获奖不少，但是因为书籍的成本高，售价也不便宜，如何盈利一度是个问题。上海服装行业的一对夫妇在巴黎看到《唯美·上海，上海》非常感动，当即就决定购买1000本。冷冰川调侃说："这一下子就把一本书的成本给到了，现在我就懂怎么赚钱了，每本书找一个这样的人。"

20世纪80年代末，冷冰川在荷兰求学，到了荷兰的第一个冬季,他没有一个朋友,不会一句外语,也没有中文书。在寒假静寂、黑暗的宿舍楼里,他什么事都不能做。但他又是个精神情感需求比较密集的人,所以那个时候就开始"胡乱地"写诗,这一写就是四十年。

画家是他的显性身份,诗人是他的隐性身份,有显有隐,无主无次。早在1988年,他已写出若干新诗;到了1989年,又获得第7届全国美展的银奖——那时候,他留着浓发,而未蓄短髭。冷冰川最初之诗是《清白,一丝不苟落下》——"欲望画了我体内钢的琴/仿佛唱完了我赤身的草绳、鬼混"。

"欲望",似乎是他的刻墨与诗歌所共有的母题。

钱锺书曾谈到颇有一些诗人画家,认为诗与画,两者堪称"异名而同体"或"异体而同貌"。中国人把画称为"有形诗",把诗称为"无形画"。两者不但是"姊妹",还是"孪生姊妹"。诗人而为画家,画家而为诗人,可谓屡见于世界文学史和艺术史。比如王维或苏轼,比如布莱克(William Blake)或罗塞蒂(Gabriele Rossetti)。

"作品的欲望是无法隐藏的。因为那里只有烈火。"你可分得清楚,冷冰川这是在谈论他的新诗还是他的刻墨画?

冷冰川说:"诗句是我绘画之余,结结巴巴跑出来的天然吵闹。"这里所说的"结结巴巴",并非表达有障碍,而是他在诗歌表达的时候,醉心于语言的"陌生化",并且坚持拒绝所谓"流畅"与"圆熟"的结果。唐人张彦远曾经谈过这样的境界:"笔才一二,像已应焉。离披点画,时见缺落,此虽笔不周而意周也。"

不过话说回来,冷冰川的头脑有时候确实跟不上他的表达。20年前在巴塞罗那的海边,友人们聊天时,他结结巴巴的那一句"鱼儿离不开，开水"让大家笑了整个晚上，这句话也记了20年。

冷冰川觉得"诗歌这种自传式的、性灵化的本能叙述，叠加上'杀人放火'的语言，真是无法与人正常交流的"。98岁的诗人灰娃是冷冰川太太的奶奶，就曾多次"投诉"冷冰川，说看不懂他的诗。每逢此时，冷冰川只好羞涩地低下头，也不知如何作答。其实在内心，冷冰川并没有想过跟人交流诗歌，他就这样我行我素地自我繁殖，发明着专一的单纯，而且，他也不太喜欢诗人的身份，觉得诗人大多数时间都在吵吵闹闹地表演，有时候诗句也有水分。

生活·读书·新知三联书店的出版家汪家明认为冷冰川的诗、文、画是一体三面的，本质上没有什么区别。他是冷冰川在2019年出版的思想随笔集《七札》的责任编辑。这本书的出版，汪家明用了15年时间。他把冷冰川存留的几千条短文（有的就是格言）梳理成《七札》这本书，书里面包含了冷冰川对艺术的阐释，阅读过这本随笔集后，会让人更容易理解在2023年冷冰川出版的《一笔一划》这本诗集。

在黄永玉先生去世前不久，他为《一笔一划》诗集题了字："你每一页都厚得像字典，永远永远翻不完。"这是黄永玉对冷冰川诗集的评价。

冷冰川的诗集，经得住反复地看。

"我嘴很笨，所以只会说最朴素的情感和真实的东西。"

"纯真"是冷冰川坚持的创作态度，他认为艺术创作只有一个工具，就是自己的心，"没人可以为我思考一句想法，正如除我之外没人可以为我戴上帽子，没人可以代我自由堕落，连失败我也要自己的性命化身，不管真假……"这份坚持是孤独的

1995年,冷冰川在荷兰乡村创作。

决绝,"当我发现纯真无路可走时,我就知道,走对了"。

《一笔一划》是冷冰川出版的首本诗集。他最早给这本诗集起的名字是《荷兰的心》,源自他到荷兰第一个冬季那些想死的日子。绝望的字句匆忙、煎熬。他的写作意图是理清事实,所以他"借用一切来编织自己的语言"。他拒绝规矩,拒绝成熟,也拒绝完美。他所追求的只有朴素、童心、本色、原始与天然。数十年后再读起来,他发现自己"真诚的生机前我没有胆怯过",诗画过眼耳,一生亦赤条条呈现,竟有醍醐的快感,让他想起"从前穷困的日子有糊涂伟大的情趣"。

诗歌批评家胡亮评论冷冰川"常以奇崛的生造词,痛切的半截句,有意无意的歧义语,来匹配一种跨度极大的想象力"。冷冰川的语言体系中规避了常用的、为人熟知的词汇,甚至"生造"了一些字眼。这并不符合既定的语言习惯与出版要求,但是,想想看,其实我们的文字就是这样发展而来的,如果不去创造,文字就不会有发展。

难怪胡亮会感慨,冷冰川的新诗"并非一个画家的移情别恋,而是一个专业诗人的破茧化蝶"。

《一笔一划》这部诗集,包含了冷冰川潜心40年藏而未发的诗歌,精选99首,与他的刻墨画作交融呈现。知名设计师、"世界最美的书"奖项得主周晨操刀书籍设计,打造了将画"折叠"于诗歌之中的结构。所谓"折叠"的效果是,如果快速翻卷诗集,不容易发现书中还有冷冰川的刻墨画。这个有些阻碍阅读的设计是因为冷冰川已经出过很多图文书,这次他不想让他的画去干扰纯粹的文字,所以一开始就不肯在书中用画。但设计师提到,艺术家在书中不用画,又带有另外一种做作和不自然。于是冷冰川说:"可不可以把画藏起来?我们把画印好了,再拿

→ 2023年9月,冷冰川在北京家中"巨人肖像系列"之"伊洛斯"(希腊神话中的一个人物)前。

→ 2023年9月,冷冰川在北京家中作画。

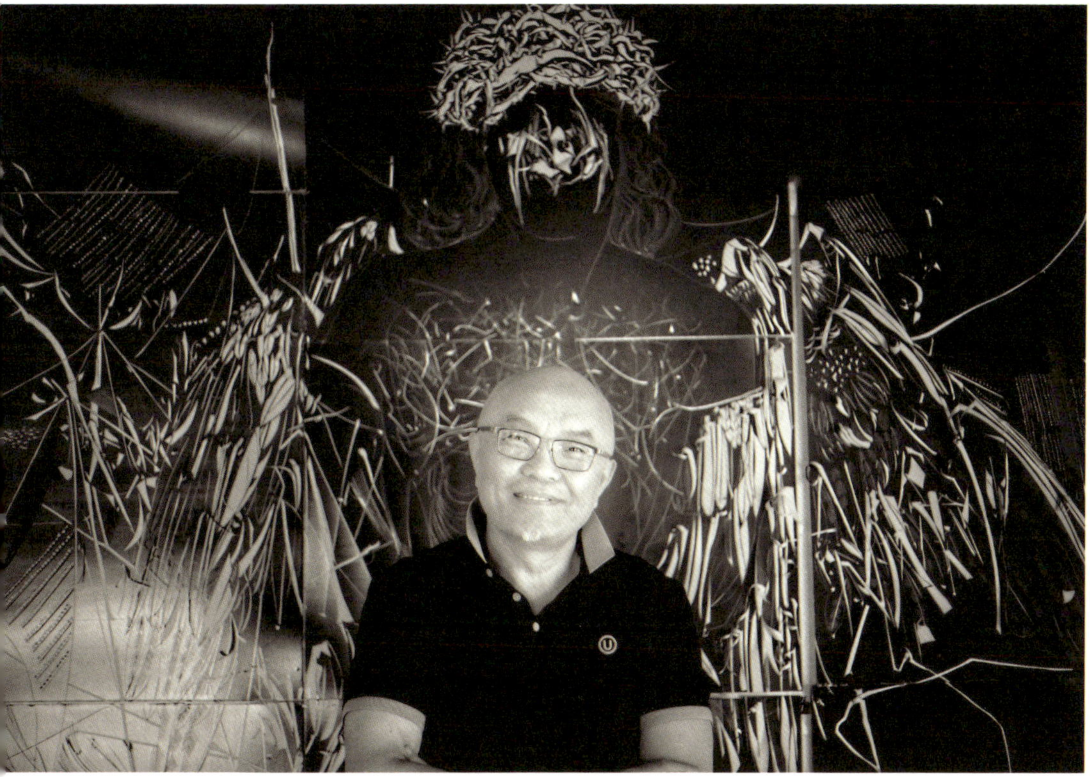

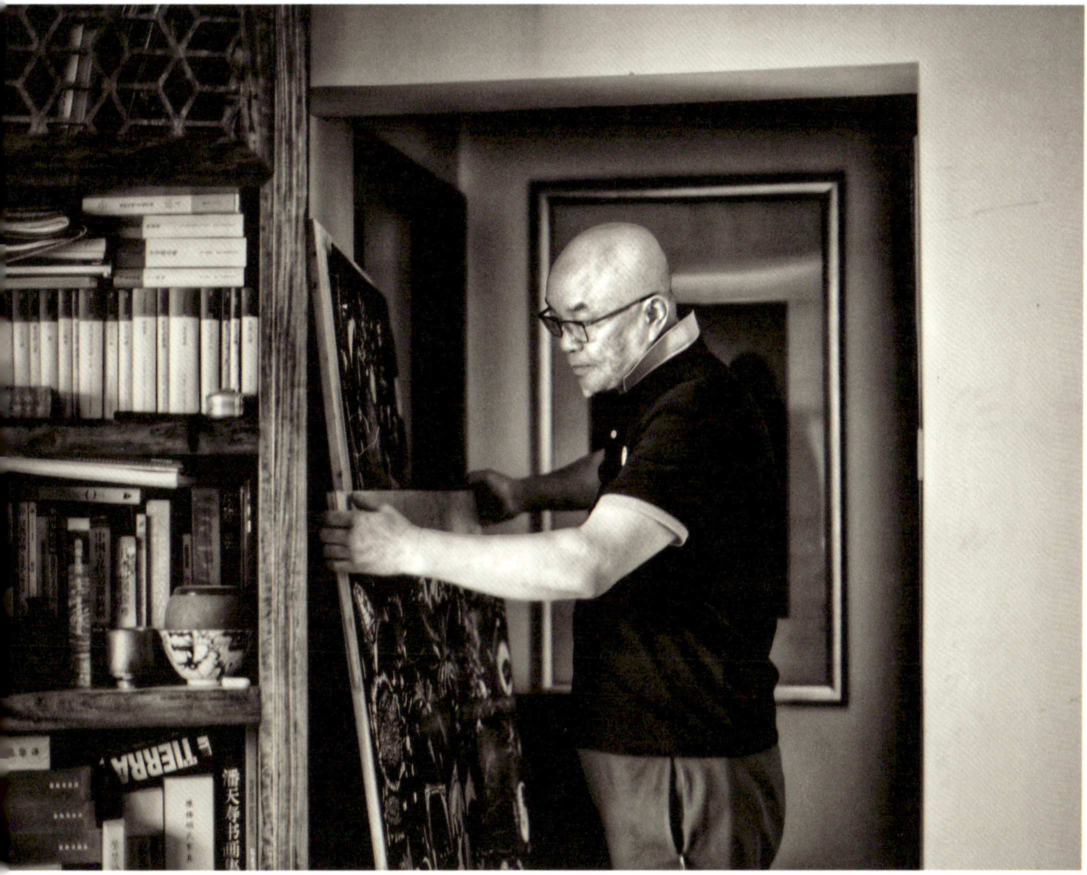
TIERRA
潘天寿书画

纸包起来。"于是就有了最后这样"折叠"的效果。

冷冰川早早知道自己诗画小众，不合时宜。但是他"不等观众，让读者追来"，他认为"纯彻"的创作应该抬高门槛，不必雅俗共赏。就像古代诗人一直描写的春风春雨，润物细声、静悄悄、不知不觉地侵入人心、影响感情和内心，如果你看不到就是没有。"艺术创作不能矮化，既然选择了小众和清高，那就不必在意世俗了。"

因为真实的创作，人和人离得像放牧一样遥远。"每个人都是一条唯一的道路。"如果创作"只有一个道路、一种传统，那绝不是创作"。

↑《流霞》，70cm×50cm，2004

↓《万卷如雪》，50cm×70cm，2012

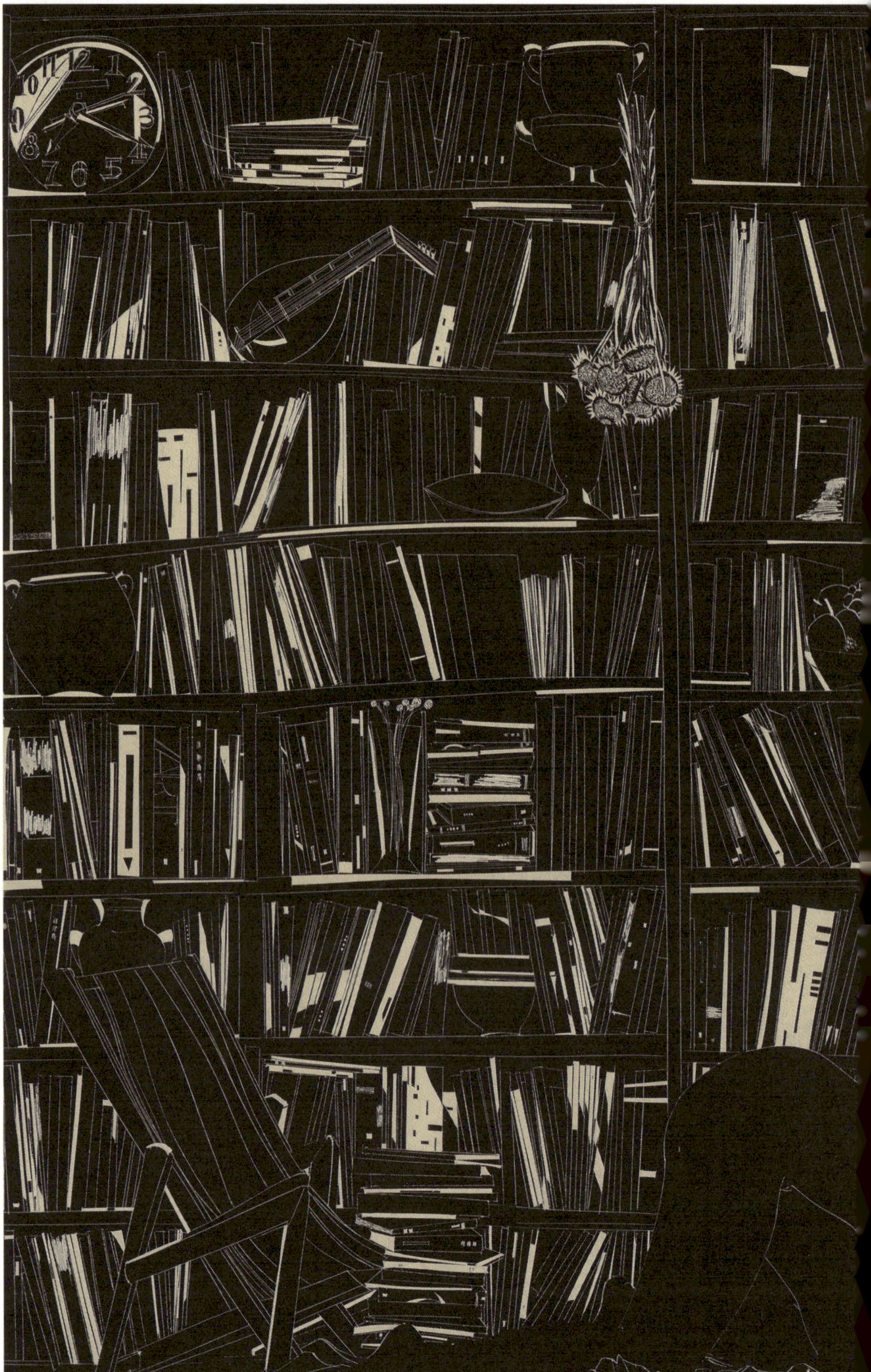

↑《夜如花的伤口》，52cm×35cm，1996

↑《触处似花开》，70cm×50cm，2003

↑《传说之三》，48cm×44cm，199

↑《美人蕉》，70cm×50cm，2012

↑《"伊卡洛斯"之一》，245cm×180cm，2020—202

《"伊卡洛斯"之三》，180cm×156cm，2020—2021

做个梦

冷冰川

你搂紧镰刀
无声划出
雪地
慢慢开花的口音
遇血分娩的真实腐殖 和无辜
暮色垂落　羞于赞美

如来之骨
磨出了你怀揣青山的卵石精血
和你草草英俊的标本

一个个留命的轮廓
无法无天　坐实你山腰
危险的风格、海、地形
和心惊

纤云弄巧的天地
再没有
撞响晚钟的翩翩黑鸦
赶着梦景
把绝命打发的名字留给你
　　　　　活着

你知道这菩萨的悲抑
在梦中跑得太快
所以死亡轻易的绊倒你单腿的破布
以宋朝的雷声、鸦群、慢慢长夜
最伤我心

1999.9

一面镜子
冷冰川

我仍可以看你
雪白的山脊

你略带羞涩的两捧稻米
无言　　无物
一次还清死亡，另一次还清
上帝火舌的诱引

两次成为雪的倾听
两次滂沱无聊的深刻
灼热高过我们的热血心头

纸上发烫的唇尖、斧头
和尘土的峭壁

一步一步过河

2011.12

一笔一划

冷冰川

只有你能映得我
我很少看见自己
　　　　　坐成一个一个孤坟
像一些荒芜的黄土遇见鲜花的贩子
每次遇见每一个颤抖都有刺

御风而退的白云一朵又不像一朵
蝴蝶的草图也慢得像雪花
哪里都不是那里
像偷吃了阿炳的稻田

过去的过去和现在
有不少时辰奏弄灰烬的角　　和尾巴
满口龋齿
不肯吐出一句白骨的国王
我跨过它贫穷的尸体
等它走完剩下的旷野
那坟上歌唱的草儿
有时比扑腾的蝴蝶更难成形

连着白骨的白骨戴着草帽
编着年少天真的指环
把海带来
一笔一划地写我冰冷的名字
就像人一笔一划地学习忘尘的日子
蜕掉一张张人皮

1997.2

领唱
冷冰川

盲人盲目的读这些肉欲诗行
没有限度

我是单独无力的
领
唱

单独用于缝补

2003

新年
冷冰川

荷兰夜的大雪
扎根似地横穿麦田
像天鹅出现在天鹅湖上
牛舌的表情盯着隔世的大街
骇人的深入

张开手的手抵着乌鸦谈心
徒劳地抄袭大海的样子
洗濯我不知名的死难和粗糙骨肉
请让那些焚身的幽灵通过

窗外的石墓、荆刺、牛、草站了起来
看我独自留门的江东江南
和我在雨后一团火似的秘密谷种和庄重

我在异乡从不唱歌　从不留下
离去时找不到的东西

1994年圣诞、新年校舍空无一人
　　雪落在铅静的墓园。

口语的角度
冷冰川

（一）
你像敏感的野兽
望着自己留下的尖刺爪印
低头岂是草丛和膝盖尺度
后来的事　就交给脊梁和呼吸
那么辽阔的虚词　细雨的梅花听得懂了

（二）
五月的脊梁那么小　小到单纯、枯燥
来不及左顾右盼就成了血与蜜的孤魂细软
让我想起家乡迎风的花枝
笔墨寡淡　无意描摹

（三）
最孤独的种子投在肉身嘹亮的地平线
水下的灵魂用了一种飞翔　说出了弓和树
这慵倦的晴天我想起一个女孩眉毛弯弯
她的胸中没有一点杂物　她的朴素是方

1991

荷兰的内心

| 冷冰川

我实在说不出写诗的事情。四十年来我从未发表、从未与人讨论过写诗，这种感性格命、多少多少瑕疵和骄傲的人情味，写好了，也不是艺术。

我实际上也不擅长用笔来转达、思考，因为我的头脑常常跟不上，也不明白我手写下的东西。我"随手"跌下去，一片天真明亮，我会很快活地唤出一身一心的无知和羞愧；这么欢心的吵闹，又不能换一个。

我曾在荷兰度过两年很低落的日子，也是在荷兰像真的写诗的人写了热烈的心；那些想死的日子，三十年后读起来竟是醍醐的快感。这直白的快感像童年，有的是时间让我想起从前穷困的日子有糊涂伟大的热情。——我从来没能富裕过，所以好。

我在荷兰被迫历练单纯和负能的东西，这可能是我最难让人理解的天真诗意。一个艺人在十分诚恳地用心、忘我工作时，常想象这等于为全数性灵服务了。"全数性灵"，这看起来很忙，又笨。怎么笨到真的去说出危险的放荡来呢？想起就难受。——没关系，我们有不同的天性、纯真、理解力和教养……其实有没有这些也没有什么。有谁想说出卑微的陶醉呢？卑微从不想客观、真情的呈现，因为它就是你不受约束的血肉。

放浪的时候人心很美——毁灭的价值我向来知道。

诗句是我绘画之余，结结巴巴跑出来的天然吵闹。是我若无其事地天真里想蛮野的兽。它一没有边界，二没有常识。另外，我也只肯随心性危险地高速从事创作；高速是不肯也不可回收的意思——毁灭的线索才会让我浮想联翩，实际上高蹈的危险是不受约束的"全神贯注的"当下——我要损毁，我还要在激情地损毁里转个欢向；独自上岸。我想创作的人心真实大致如此吧，那些不能传达的人心笨拙、和谐欢欣，没人可以为我思考一句想法，正如除我之外没人可以为我戴上帽子，没人可以代我自由堕落，连失败我也要自己的性命化身，不管真假……赤身的冒险、毁灭一直是我创作的原乡。我的创作理念是荒凉的冷漠，一句一句的冷淡，一刀一刀的笨拙，如火如水的荒凉，但不知道怎么了，我想要的都没能做到。（荒野狂喜的情报都送到敌人那里去了。）

"没能"是诚实的，所以笨拙的自尊心也所剩不多了。好在重要的已不是写字画押了，诗心我都要说到痛恨和敌人那里了。

蛮荒冷淡、笨拙堕落……这么多敌人的东西，我怎么忙得过来呢。我已绝望，你呢。

"你快点绝望吧，我等不及了。"

傅高义
EZRA FEIVEL VOGEL

美国社会学家,哈佛大学社会学博士。哈佛大学荣休教授,曾任费正清东亚中心主任。傅高义精通中文和日文,被认为是美国唯一的一位对中日两国事务都精通的学者。

中国先生

Mr.China

傅高义（Ezra Feivel Vogel）教授的家就在哈佛设计学院旁边。家里一楼的客厅摆放了一圈沙发和凳子，方便大家围坐。退休后，这个客厅是他主要花费时间的地方。哈佛师友和学生、四方宾客络绎不绝。傅教授总是不断强调了解他人、理解他人的重要性。在他看来，只有真正理解他人，才是一个"有人情味的学者"。"人们对事物的看法并不都是一致的，要有能力了解和共情，换位思考和学习。"

20年前，70岁的傅高义开始频频奔波于中国大地。他去过邓小平留下了足迹的很多地方。每到一个地方，傅高义教授都尽量去参观那里的历史博物馆。他还通过种种渠道，与那些熟悉历史情况的人交谈，这些人包括一些历史人物的家人、秘书，也包括研究历史的学者。创作《邓小平时代》的10年来，受访者有300多位，也包含不少中外政要。有时候，被采访者会言说各异，但这正是令傅高义着迷的地方，他善于兼听并蓄，然后自己慢慢去揣摩产生差异的原因。写作的过程，也是研究的过程，他不断地发现新课题，反过来又促使他去了解更多的人。

书虽然命名为《邓小平时代》，但傅高义写的不是一个人，而是一群人，是一个伟大的时代。傅高义要展示给读者的是，1978年发生在中国大地上的这场波澜壮阔的变革，到底是如何发生的，由谁主导的，影响又如何。

傅高义坦承："我的看法在未来几年里，可能不会有大的改变。但是如果以后能够采访到更多的人，了解到更多的信息，我将要不断修订与补充这本书。我的一个愿望是，几十年后，那时的人们如果想要了解这个改革时代，了解这个时代的中国，他们会觉得读我的书是个不错的选择。"

"最近一百多年的中国历史，我认为邓小平的贡献是最大

→ 2019年2月，傅高义教授于波士顿剑桥家中，在《邓小平时代》上签名。

↓ 2019年2月，傅高义教授于波士顿剑桥家中。

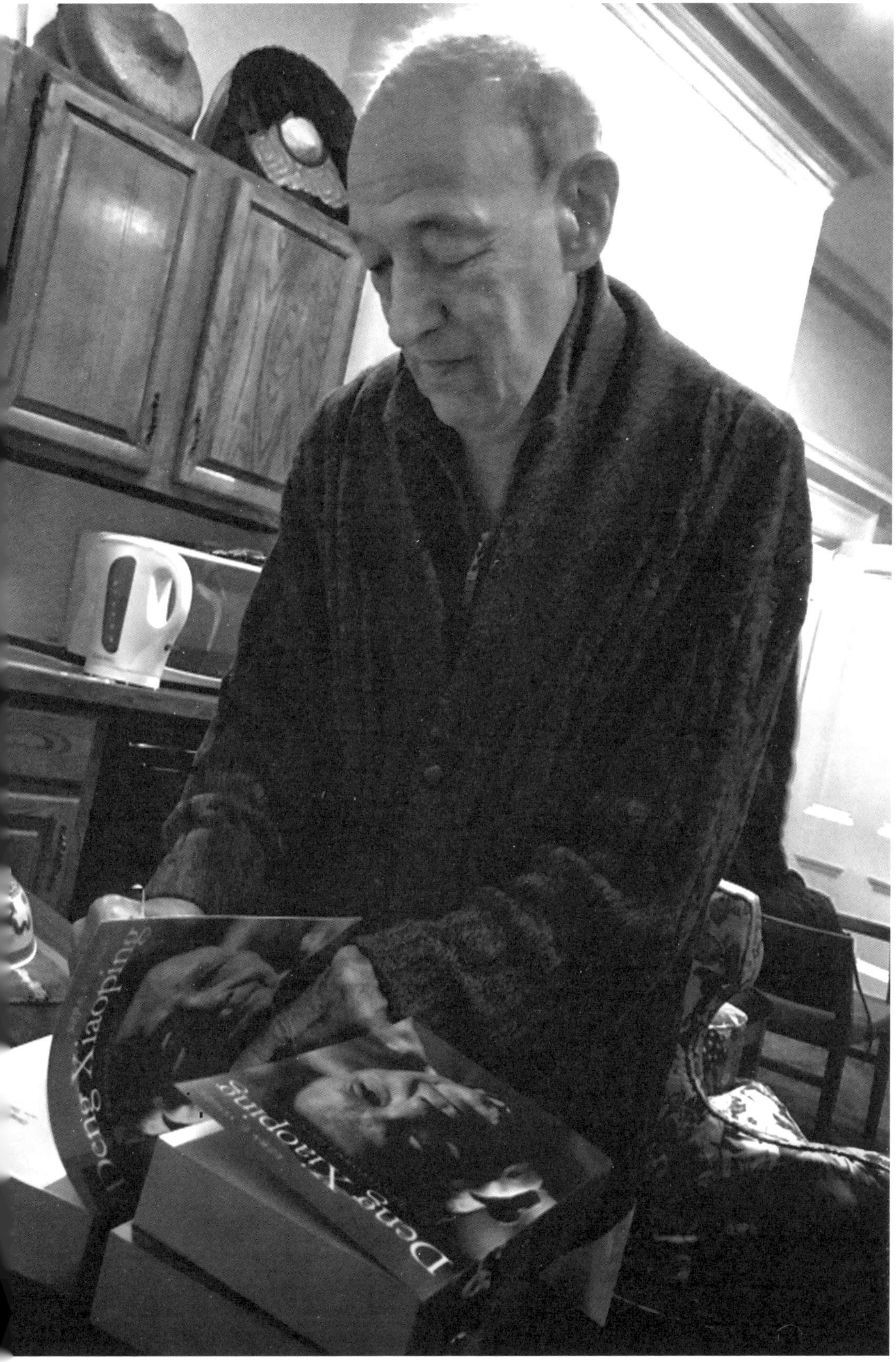
Deng Xiaoping
Deng Xiaoping

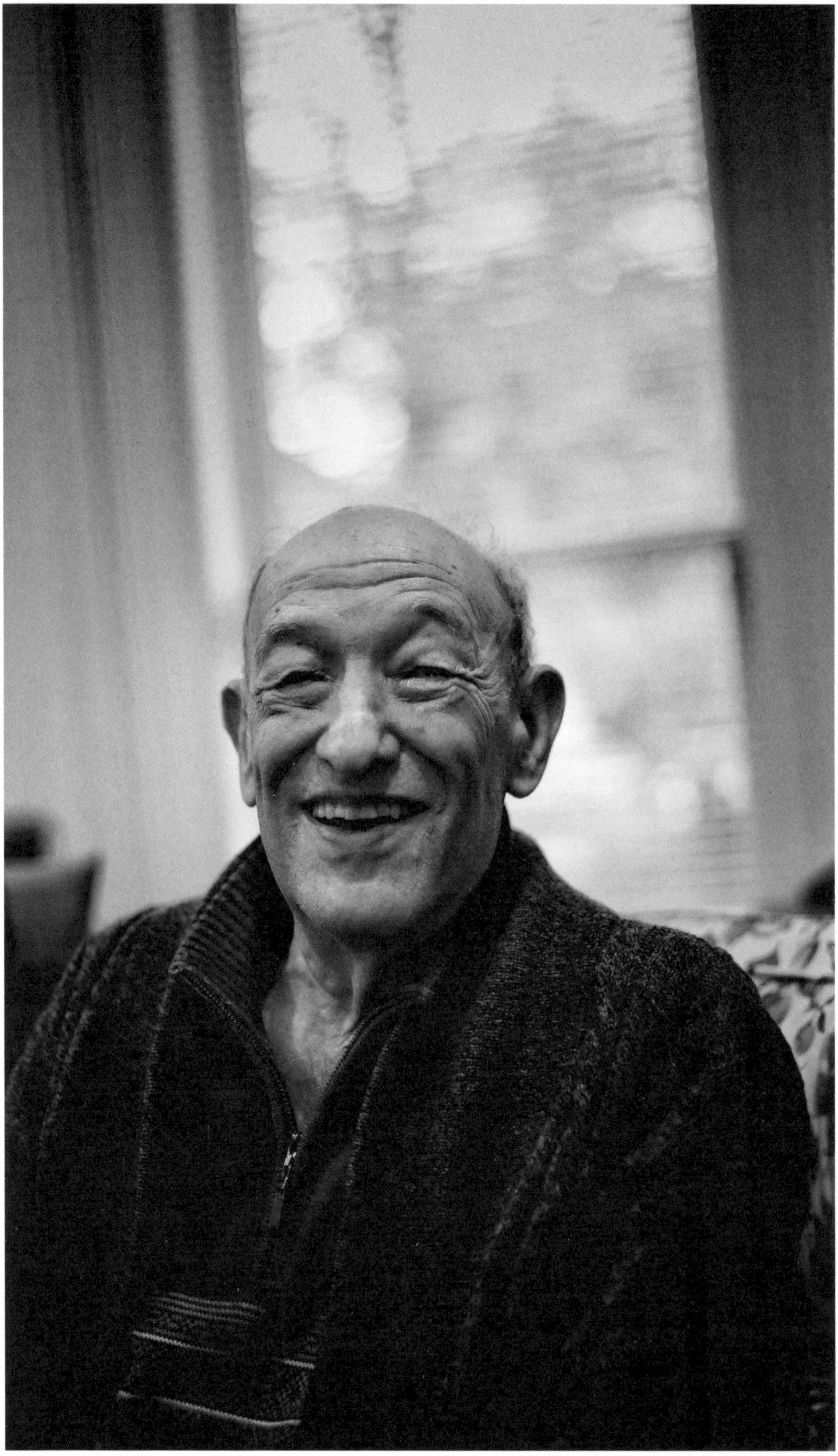

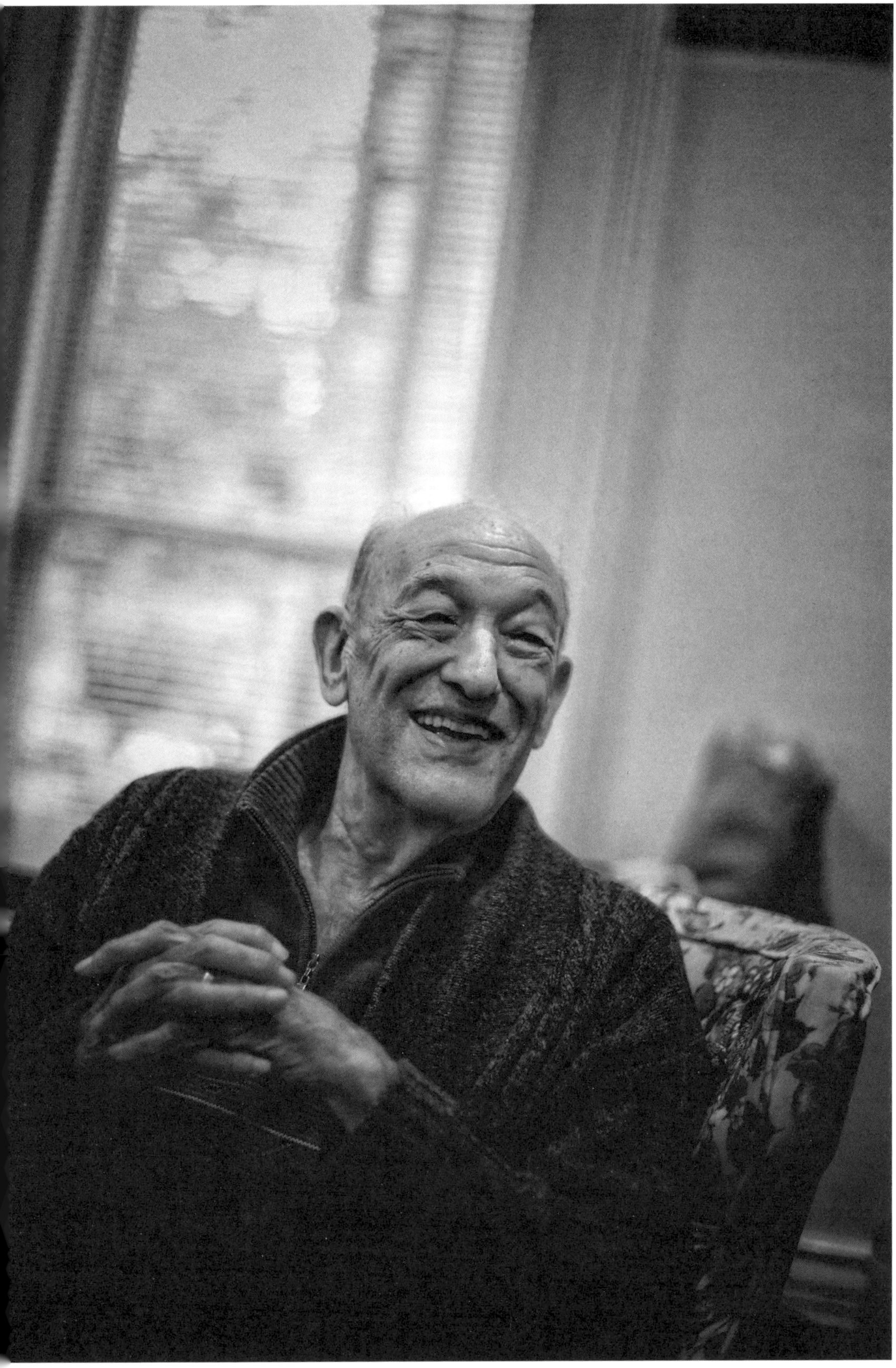

的。我认为邓小平对世界有着巨大的影响,改变了一个当时还承受着'大跃进'与'文革'后果的国家的前进方向。我希望中国人民认可这本书(指《邓小平时代》)是对理解改革开放时代的一次严肃的尝试。"傅高义教授说。

↑ 2019年2月,傅高义教授在波士顿剑桥家中。

回忆起当时中美建交的一幕,傅高义教授说:"当时(1979年1月)在华盛顿美国国家美术馆里,举行一场中美两国正式建交的招待酒会。现场人很多,有点吵,然后邓小平在现场发表演讲,他像个战士一样,非常认真,一个字一个字地把演讲稿念完。"

"1979年中美建交以后,我们都觉得中美关系会有前途,会有希望。我们像是第一次见面的朋友,虽然还不太熟悉,不太了解,但是我们(中美)内心深处都想变成朋友。我认为邓小平推行改革开放的政策非常聪明,希望和外国搞好关系是正确的。所以80年代,我们的关系还是很不错的。"

傅高义教授写作《邓小平时代》的一个缘由,是他想告诉美国读者:需要重新认识邓小平。傅高义评价说:"一个拥有十几亿人口的大国,坚定地搞改革开放,没有前路可循,一切只能摸着石头过河,一边实验一边推进,这是需要胆略的。中国面对的是一项苛刻的、史无前例的任务,在此之前,还没有哪个共产主义国家成功完成了经济体制改革,走上持续发展的道路。"

在中国之外,傅高义对日本也拥有浓厚的研究兴趣,他曾出版了《日本第一》《日本新中产阶级》等著作。

他的太太埋怨说,傅高义就是一个地地道道的工作狂,退而不休,对家务从来不搭不理。说到这里,傅高义的脸上涌起了幸福的笑容——他并不为这种埋怨而感到烦恼,反倒似乎自得其乐。

傅高义先生，1930年7月—2020年12月20日。

谢谢您。RIP.

参考报道：

傅高义：《中美需要更多有"人情味"的学者》，澎湃新闻，2018年11月29日。

傅高义：《让世界理解改革开放的中国》，海外网，2018年9月4日。

鸣谢：吕瑛英（哈佛大学GSD设计学院博士）

时代纪录　三十六问

谢伟山

NOAH XIE

对话视频

1. 如果你可以和世界上任何人共进晚餐，你会选择谁？

   迈克尔·波特。

2. 在打一通电话之前，你会排演在电话中说什么吗？为什么？

   很少，我只会想好这个电话的目的是什么。

3. 你认为最完美的快乐是怎样的？

   内心真正的开心和舒适。

4. 如果你可以活到90岁，并能在30岁后让体态或者大脑其中之一一直保持在30岁，你会选哪个？

   大脑。体态虽然也能够给你带来很好的愉悦，但是真正带来深度滋养的还是大脑，还是你的思想。如果我拥有一个很好的体态，大脑完全贫瘠的话，那种悲哀是你看不见的。

5. 你最希望拥有哪种才华？

   创造力。

6. 你认为自己最伟大的成就是什么？

   开创了新一代战略。

7. 何时何地曾让你感觉到最快乐？

   客户取得成就。

8. 你觉得最奢侈的是什么？

   自己想做什么就能做什么，随心所欲。

9. 你最糟糕的一段回忆是什么？

   创业失败，受人嫌弃。

10. 你的人生中是否有过非常尴尬的时刻？

    由于创业失败，马路上见到以前很尊重我的部下，给他打招呼，他把脸撇到一边去了。

11. 你上一次在别人面前哭是什么时候？在自己面前哭是什么时候？

    公司的一个内部培训。我其实经常哭，看到一些短视频电视剧，我都会哭。

12. 有什么事情或者人是绝对不能开玩笑的？

    我觉得都可以开玩笑，没有什么不能开玩笑的，我最喜欢开玩笑了。

13. 如果你知道你一年之后会死去，你会想改变任何你现在的生活方式吗？为什么？

    不会，因为我找不到比现在的工作和生活更让我开心的事情。

14. 你最珍惜的财产是什么？

    我脑袋里的知识。但是在外界其实是一本书，叫《哲学纲要》，这本书给了我哲学人生的指引。

15. 你最恐惧的是什么？

    死亡。

16. 你最痛恨自己的哪个特点？

    有些时候还是有点犹豫，有点心软。

17. 你最痛恨别人的什么特点？

    说谎。

18. 你人生到目前为止最大的教训是什么?

    心软。

19. 你对自己的外表哪一点不满意?

    头发太少了。

20. 你认为自己的哪种美德是被过高地评估的?

    我所有的美德可能都被高估了。

21. 你最喜欢的职业是什么?

    战略咨询。

22. 你使用过的最多的单词或者是词语是什么?

    好的。

23. 你这一生中最爱的人或东西是什么?

    最爱的人是我的家人,最爱的东西是《哲学纲要》。

24. 你最后悔的事情是什么?

    看错了人。

25. 如果你可以改变你的家庭一件事,那会是什么?

    多陪孩子。

26. 你希望以什么样的方式死去?

    突然死去,没有挣扎的时期,快速地死去。

27. 人生中你最感激的是谁?

    我的家人。

28. 还在世的人中,你最钦佩的是谁?

    最钦佩的人都过世了,在世的人中,最钦佩迈克尔·波特。

29. 你最喜欢女性身上的什么品质?

    善良。

30. 你最喜欢男性身上的什么品质?

    真诚。

31. 你觉得哪一个年龄段是人生最好的阶段?

    30—60岁之间,因为那段时间思想逐渐成熟丰满。

32. 当钱不是问题时,你最想要过的理想生活是怎样的?

    想旅游就旅游,想度假就度假,这是生活,而不是时间全部被霸占完了。

33. 除了工作,你最大的爱好是什么?

    看书,锻炼,看电影。

34. 你的人生是否依然有梦想?这个梦想是什么?

    让全世界的这些商界精英来中国听我讲课,听我讲战略,就像巴菲特在他的城市向全世界的投资人讲他的投资理念一样。

35. 一生中你有没有不变的信条或者座右铭?

    真诚、善良、付出。

36. 在你面前,未来是一幅怎样的图景?

    我无法预测,但是我觉得它一定会越来越好,超乎我想象的好,因为过去的这些年每年都超乎我的想象。

杨澜 YANGLAN

对话视频

1. 如果你可以和世界上任何人共进晚餐，你会选择谁？

    苏东坡。

2. 在打一通电话之前，你会排演在电话中说什么吗？为什么？

    不会，如果是商业谈判的话就会。

3. 你认为最完美的快乐是怎样的？

    快乐只有真实的或者是长久的，没有完美。

4. 如果你可以活到90岁，并能在30岁后让体态或者大脑其中之一一直保持在30岁，你会选哪个？

    大脑。

5. 你最希望拥有哪种才华？

    希望我有识人的才华。

6. 你认为自己最伟大的成就是什么？

    践行了我相信的事情。

7. 何时何地曾让你感觉到最快乐？

    人生由很多的快乐组成，每一天都有快乐。

8. 你觉得最奢侈的是什么？

    别人愿意把他的时间拿出来跟你交流。

9. 你最糟糕的一段回忆是什么？

    创业和经营管理企业时，身边人的背叛和给公司带来伤害的经历。

10. 你的人生中是否有过非常尴尬的时刻？

    采访时嘉宾拍拍屁股就要走，还有叫错孩子老师名字的时候。

11. 你上一次在别人面前哭是什么时候？在自己面前哭是什么时候？

    上一次在别人面前哭是儿子结婚的时候，上一次自己哭是看《繁花》时，汪小姐说"江湖再见"。

12. 有什么事情或者人是绝对不能开玩笑的？

    每一个人对于玩笑的接受程度非常不一样，比如一个比较自卑的人，就不要轻易跟他开玩笑，因为他很容易误解你。

13. 如果你知道你一年之后会死去，你会想改变任何你现在的生活方式吗？为什么？

    不会，我现在每天都当最后一天活。

13. 你最珍惜的财产是什么？

    我能够给予我家人的爱，和我留下的几千小时的作品。

14. 你最恐惧的是什么？

    老了以后得阿尔茨海默症。

15. 你最痛恨自己的哪个特点？

    没有。

17. 你最痛恨别人的什么特点？

　　损人而不利己的恶意。

18. 你人生到目前为止最大的教训是什么？

　　不会看人。

19. 你对自己的外表哪一点不满意？

　　我都接受。

20. 你认为自己的哪种美德是被过高地评估的？

　　有些人认为我非常有智慧地去规划了人生的每一步，但其实我是一个比较听从直觉、冲动型的人。

21. 你最喜欢的职业是什么？

　　做传媒，做一个提问者。

22. 你使用过的最多的单词或者是词语是什么？

　　你和我。

23. 你这一生中最爱的人或东西是什么？

　　我的家人。

24. 你最后悔的事情是什么？

　　没有。

25. 如果你可以改变你的家庭一件事，那会是什么？

　　让老公一起锻炼。

26. 你希望以什么样的方式死去？

　　没有太多病痛，没有阿尔茨海默症。

27. 人生中你最感激的是谁？

　　父母。

28. 还在世的人中，你最钦佩的是谁？

　　埃隆·马斯克，他是充满激情和想象力的人。

29. 你最喜欢女性身上的什么品质？

　　对真理的热爱，对他人的善意和对美的渴望。

30. 你最喜欢男性身上的什么品质？

　　一样。

31. 你觉得哪一个年龄段是人生最好的阶段？

　　当前。

32. 当钱不是问题时，你最想要过的理想生活是怎样的？

　　就是现在的生活。

33. 除了工作，你最大的爱好是什么？

　　旅行。

34. 你的人生是否依然有梦想？这个梦想是什么？

　　有，每一天都有不一样的内容。

35. 一生中你有没有不变的信条或者座右铭？

　　虽然人有时候会做很愚蠢糟糕的事情，但是我还是相信人的良知和智慧。

36. 在你面前，未来是一幅怎样的图景？

　　有太多不确定性，但长远的未来我对人类社会的集体智慧还是有信心的。

黄亚东

HUANGYADONG

1. 如果你可以和世界上任何人共进晚餐，你会选择谁？

    爱因斯坦。

2. 在打一通电话之前，你会排演在电话中说什么吗？为什么？

    如果是重要会议电话会准备一下，普通电话不会。

3. 你认为最完美的快乐是怎样的？

    能做你自己想做的事情。

4. 如果你可以活到90岁，并能在30岁后让体态或者大脑其中之一一直保持在30岁，你会选哪个？

    大脑。

5. 你最希望拥有哪种才华？

    音乐方面的才华。

6. 你认为自己最伟大的成就是什么？

    把ApoE4从心血管方面转到神经方面，新的理论也在逐渐被证实。

7. 何时何地曾让你感觉到最快乐？

    和夫人一起旅游。

8. 你觉得最奢侈的是什么？

    答不上来，很少想这个事情。

9. 你最糟糕的一段回忆是什么？

    有两年夫人身体不太好、每天发烧的时候；提出理论的前五年不被接受，拿不到科研基金的时候。

10. 你的人生中是否有过非常尴尬的时刻？

    以前有次开讲座，因为我英语不好，学生说只听懂了30%。

11. 你上一次在别人面前哭是什么时候？在自己面前哭是什么时候？

    上一次在别人面前哭是因为导师的儿子去世，他决定将卖房所得捐给实验室，说不会有比这个更好的用途了。自己哭是因为从小学初中开始最好的三个朋友中的老四在去年去世了。

12. 有什么事情或者人是绝对不能开玩笑的？

    没有。

13. 如果你知道你一年之后会死去，你会想改变任何你现在的生活方式吗？为什么？

    想把药研发出来，也想多陪夫人，如果真发生了我也不知道会选哪一个。

14. 你最珍惜的财产是什么？

    多年积攒下来的科研经历。

15. 你最恐惧的是什么？

    夫人生病的那两年，因为刚开始一直查不出是什么病。

16. 你最痛恨自己的哪个特点？

    不够直接。

17. 你最痛恨别人的什么特点？

    不尊重人。

18. 你人生到目前为止最大的教训是什么？

19. 你对自己的外表哪一点不满意？

　　再高点就好了。

20. 你认为自己的哪种美德是被过高地评估的？

　　乐于助人。

21. 你最喜欢的职业是什么？

　　做一个scientist（科学家）。

22. 你使用过的最多的单词或者是词语是什么？

　　千万不要小看每一件小事儿。

23. 你这一生中最爱的人或东西是什么？

　　父母、爱人。

24. 你最后悔的事情是什么？

　　不太会后悔，什么事做完就是做完了。

25. 如果你可以改变你的家庭一件事，那会是什么？

　　希望夫人可以成为医生，也希望她能回到当初健康的身体。

26. 你希望以什么样的方式死去？

　　安静地死去，不要像疾病那样拖很长时间。

27. 人生中你最感激的是谁？

　　夫人和父母。

28. 还在世的人中，你最钦佩的是谁？

　　我的导师Robert W. Mahley。

29. 你最喜欢女性身上的什么品质？

　　豁达，通情达理。

30. 你最喜欢男性身上的什么品质？

　　努力、坚韧。

31. 你觉得哪一个年龄段是人生最好的阶段？

　　50—60岁。

32. 当钱不是问题时，你最想要过的理想生活是怎样的？

　　现在的生活就挺好。

33. 除了工作，你最大的爱好是什么？

　　和朋友交流。

34. 你的人生是否依然有梦想？这个梦想是什么？

　　在我有生之年把药做出来，解决老年痴呆。

35. 一生中你有没有不变的信条或者座右铭？

　　做自己最想做的事，事在人为。

36. 在你面前，未来是一幅怎样的图景？

　　把老年痴呆的药做出来，解脱病人们的痛苦，和夫人身体健康、长时间地在一起。

刘诚

LIUCHEN

1. 如果你可以和世界上任何人共进晚餐，你会选择谁？

    James Watson，1962年诺贝尔生理学或医学奖获得者，DNA双螺旋结构的发现者，分子生物学开创者。

2. 在打一通电话之前，你会排演在电话中说什么吗？为什么？

    不会。我肯定是想好了想说的主题，但想先认真听一听对方想说的话。

3. 你认为最完美的快乐是怎样的？

    "山重水复疑无路，柳暗花明又一村。"

4. 如果你可以活到90岁，并能在30岁后让体态或者大脑其中之一一直保持在30岁，你会选哪个？

    体态。我希望有90岁的智慧，30岁的身体。

5. 你最希望拥有哪种才华？

    体育才华（可惜自己没有）。

6. 你认为自己最伟大的成就是什么？

    创造了一个平台，和一群志同道合的人，为人类的共同理想（攻克癌症）奋斗着。

7. 何时何地曾让你感觉到最快乐？

    1993年的一个周末，在伯克利读博士的实验室里，第一次测到了组氨酸膜转运酶的生物活性，那是我的第一个科学发现。

8. 你觉得最奢侈的是什么？

    一个人坐着发呆。

9. 你最糟糕的一段回忆是什么？

    离婚后的8年官司。

10. 你的人生中是否有过非常尴尬的时刻？

    1988年5月，我北大即将毕业，因为我是细胞生物学第一名，被选中参加美国公费留学（CUSPEA）的考试。当同学们都在毕业前尽情狂欢，我却每天在图书馆看外文教材。

    突然间系里通知，CUSPEA今年改了计划，不要我参加了，改为在北大读研究生。我年轻气盛，一气之下，就赌气拒绝在北大上研究生（虽然我的导师是中国细胞生物学届的泰斗翟中和教授），要退学回到家乡做待业青年。当时的系主任顾晓程老师，耐心地告诉我："年轻人，人生的路很长。你还是拿上录取书吧，也许会改变主意。"

    一个月后的一天，我在北大未名湖旁读完了金庸先生的《书剑恩仇录》，之后就夹着尾巴到系里报到了。

11. 你上一次在别人面前哭是什么时候？在自己面前哭是什么时候？

    我没有在别人面前哭过。自己哭，是父亲癌症（胰腺癌）晚期，已经是弥留之际。我接到通知，紧急从旧金山飞回中国的路上。

12. 有什么事情或者人是绝对不能开玩笑的？

一个人热爱的事业是绝对不能开玩笑的。

13. 如果你知道你一年之后会死去，你会想改变任何你现在的生活方式吗？为什么？

不会。因为我现在就在最幸福地活着，做着最热爱的事业。

14. 你最珍惜的财产是什么？

朋友的信任。

15. 你最恐惧的是什么？

失信于人。

16. 你最痛恨自己的哪个特点？

不会说"No"。

17. 你最痛恨别人的什么特点？

说谎（善意的谎言除外）。

18. 你人生到目前为止最大的教训是什么？

自负的代价。

19. 你对自己的外表哪一点不满意？

身高（我父亲1.8米）。

20. 你认为自己的哪种美德是被过高地评估的？

喜欢交朋友，我实际上是个社恐。

21. 你最喜欢的职业是什么？

科研创新。

22. 你使用过的最多的单词或者是词语是什么？

没关系。

23. 你这一生中最爱的人或东西是什么？

曾经最爱：中学的一位女生。

现在最爱：我的三个孩子。

24. 你最后悔的事情是什么？

没有去表白中学的那位女生。

25. 如果你可以改变你的家庭一件事，那会是什么？

多点耐心。

26. 你希望以什么样的方式死去？

一叶扁舟，在茫茫的太平洋上，驶向落日的地平线。

27. 人生中你最感激的是谁？

我的初中数学老师张淑慧。

28. 还在世的人中，你最钦佩的是谁？

投资家、慈善家朱伟人先生（Sandy Chau）。

29. 你最喜欢女性身上的什么品质？

善良。

30. 你最喜欢男性身上的什么品质？

胆量。

31. 你觉得哪一个年龄段是人生最好的阶段？

现在。

32. 当钱不是问题时，你最想要过的理想生活是怎样的？

平时上班搞科研，偷闲打高尔夫球。

33. 除了工作，你最大的爱好是什么？

高尔夫球。

34. 你的人生是否依然有梦想？这个梦想是什么？

在癌症治疗上有突破，让人类不再惧怕癌症。

35. 一生中你有没有不变的信条或者座右铭？

精诚所至，金石为开。

36. 在你面前，未来是一幅怎样的图景？

充满阳光和欢笑。

张晖 ZHANGHUI

1. 如果你可以和世界上任何人共进晚餐，你会选择谁？

   梅西，我带我女儿去。

2. 在打一通电话之前，你会排演在电话中说什么吗？为什么？

   不会。

3. 你认为最完美的快乐是怎样的？

   和我在乎的人一起就是快乐。

4. 如果你可以活到90岁，并能在30岁后让体态或者大脑其中之一一直保持在30岁，你会选哪个？

   大脑。

5. 你最希望拥有哪种才华？

   音乐。

6. 你认为自己最伟大的成就是什么？

   儿女，学生。

7. 何时何地曾让你感觉到最快乐？

   小时候在哈尔滨抓虫子喂蚂蚁，在北大39楼道里和同学在9寸的黑白电视为国足欢呼或痛骂，在伯克利Sproul Hall前抗议人群中读学术文章，在CMU和学生讨论找到突破科研难题的新思路，在匹兹堡和太太看儿子足球比赛终场前绝杀进球，在Conviva感谢顾客表达对我公司的产品由衷的认可，在电话上祝贺以前的学生员工取得学术和创业的成功，在大海和高山上和大自然融为一体。

8. 你觉得最奢侈的是什么？

   快乐的家庭。

9. 你最糟糕的一段回忆是什么？

   每个过去经历都让我更珍惜今天和憧憬明天。

10. 你的人生中是否有过非常尴尬的时刻？

    高考数学只得了120满分中的89分。

11. 你上一次在别人面前哭是什么时候？在自己面前哭是什么时候？

    妈妈墓前。

12. 有什么事情或者人是绝对不能开玩笑的？

    不能拿别人在乎的事开玩笑。

13. 如果你知道你一年之后会死去，你会想改变任何你现在的生活方式吗？为什么？

    不会。我按自己的价值活好每一天。

14. 你最珍惜的财产是什么？

    人生经历中积累的智慧。

15. 你最恐惧的是什么？

    罗斯福说，"唯一的恐惧是恐惧本身"。

16. 你最痛恨自己的哪个特点？

    宽容自己，接受自己，不痛恨自己。

17. 你最痛恨别人的什么特点？

    选择自己喜欢交往的人，接受自己选择交往的人。

18. 你人生到目前为止最大的教训是什么?

   每人都有自己的路,不需要盲从他人,要有自信和勇气不断尝试,走好自己的路。

19. 你对自己的外表哪一点不满意?

   宽容自己,接受自己。

20. 你认为自己的哪种美德是被过高地评估的?

   高智商。

21. 你最喜欢的职业是什么?

   我从事过两个职业:教授和创业,我都非常喜欢和珍惜。

22. 你使用过的最多的单词或者是词语是什么?

   不断认识自己,提高自己。

23. 你这一生中最爱的人或东西是什么?

   家人。

24. 你最后悔的事情是什么?

   "人生如棋,落子无悔。"我珍惜我每个经历。

25. 如果你可以改变你的家庭一件事,那会是什么?

   再多生几个儿女。

26. 你希望以什么样的方式死去?

   没想过。

27. 人生中你最感激的是谁?

   妈妈。

28. 还在世的人中,你最钦佩的是谁?

   爸爸。

29. 你最喜欢女性身上的什么品质?

   善良。

30. 你最喜欢男性身上的什么品质?

   正直。

31. 你觉得哪一个年龄段是人生最好的阶段?

   很难评论别人,但我的每个人生阶段都幸运地有宝贵的经历。我希望以后60年要活得更精彩。

32. 当钱不是问题时,你最想要过的理想生活是怎样的?

   有充实的学习和工作,有充满爱的家庭,有无杂念的友情,有球踢,有书读。

33. 除了工作,你最大的爱好是什么?

   家人,朋友,足球,读书。

34. 人生是否依然有梦想?这个梦想是什么?

   下一个60年要活得更精彩。

35. 一生中你有没有不变的信条或者座右铭?

   天生我才必有用。

36. 在你面前,未来是一幅怎样的图景?

   无数的不确定,无数的机遇。

张旭

ZHANGXU

对话视频

1. 如果你可以和世界上任何人共进晚餐，你会选择谁？

    巴菲特，毕竟巴菲特的午餐非常值钱。

2. 在打一通电话之前，你会排演在电话中说什么吗？为什么？

    会在心里提前想清楚这通电话关键要表达的要点，一般不会超过三点，把一件事的目的、目标、逻辑能够讲清楚。

3. 你认为最完美的快乐是怎样的？

    跑完马拉松以后。

4. 如果你可以活到90岁，并能在30岁后让体态或者大脑其中之一一直保持在30岁，你会选哪个？

    大脑。

5. 你最希望拥有哪种才华？

    可以记住所有的东西。

6. 你认为自己最伟大的成就是什么？

    没有感觉自己伟大，人类历史长河中，你就是几千年几万年这么多人里面的一个，所以你没什么伟大的。

7. 何时何地曾让你感觉到最快乐？

    跑完马拉松的时候；当你设定一个目标，然后通过非常艰辛的、长时间的努力去实现这个目标的时候。

8. 你觉得最奢侈的是什么？

    可以好好地睡一天觉，休息，跟小孩儿一起去度个假。

9. 你最糟糕的一段回忆是什么？

    最糟糕的记忆通常都会让人很难忘记，会成为人生当中的一段基因，让你能够在未来尽量规避类似的事情再次发生。

10. 你的人生中是否有过非常尴尬的时刻？

    人的一生当中会有很多尴尬的场景，印象当中比如当年身边的人都认为我的学习成绩非常优秀，结果大学没有考得非常理想；再比如在工作上目标、业绩没有达成等，这些都属于是让人非常尴尬的事情。

11. 你上一次在别人面前哭是什么时候？在自己面前哭是什么时候？

    这两个都是发生在童年的时候了。

12. 有什么事情或者人是绝对不能开玩笑的？

    在股东、领导、客户面前肯定是不能开玩笑的；在工作上，面对工作任务、业绩指标等也是不能开玩笑的。

13. 如果你知道你一年之后会死去，你会想改变任何你现在的生活方式吗？为什么？

    会，比如要把遗嘱写好，资产要分配好，对家人该嘱托的、该照顾的都要安排好，会有很多事情要做。

14. 你最珍惜的财产是什么？

    有地方住，有家回，你才可以再出发，

所以房子是最重要的财产，书也是最重要的财产，可以每天去读。

15. 你最恐惧的是什么？

身体不好。

16. 你最痛恨自己的哪个特点？

色弱，识别颜色的能力不如别人。

17. 你最痛恨别人的什么特点？

不讲真话。

18. 你人生到目前为止最大的教训是什么？

最大的教训是，有的时候认知跟行动没有达到完全一致，或者说对一件事已经有了认知，但最后付诸行动时的落地程度还不够，这应该是大部分人的问题，或者说是大部分组织、企业甚至整个社会都普遍存在的问题。比如万科很早就认知到了要"活下去"，但没有很好地贯彻到行动上去。从历史的角度看，这也是一个普遍的问题，比如当年波斯打希腊的时候，波斯人其实已经知道了战争的结果，但还是选择攻打希腊，以后有机会可以再详细聊一聊。

19. 你对自己的外表哪一点不满意？

头发花白了，如果更年轻一些的话可以做更多的事情。

20. 你认为自己的哪种美德是被过高地评估的？

我觉得每个人都认为自己是诚实的，但可能在很多的时候也还是有自己的缺点。

21. 你最喜欢的职业是什么？

当然是今天做的职业了。

22. 你使用过的最多的单词或者是词语是什么？

我认为、我想。

23. 你这一生中最爱的人或东西是什么？

女儿和书。

24. 你最后悔的事情是什么？

没有后悔的事情，都是我选择做过的。

25. 如果你可以改变你的家庭一件事，那会是什么？

希望可以和小孩居住在同一个地方，经常可以来往。

26. 你希望以什么样的方式死去？

悬崖式的，不要给后人、别人添麻烦的方式。

27. 人生中你最感激的是谁？

感谢父母，感谢子女。感谢父母是因为是他们将我们带到了人间；感谢子女是因为是他们让我们的人生有了传承。

28. 还在世的人中，你最钦佩的是谁？

王石主席。

29. 你最喜欢女性身上的什么品质？

勤劳，注重家庭。

30. 你最喜欢男性身上的什么品质？

坚韧不拔。

31. 你觉得哪一个年龄段是人生最好的阶段？

我觉得是中年，年富力强，可以做更多的事情。

32. 当钱不是问题时，你最想要过的理想生活是怎样的？

读万卷书，行万里路。

33. 除了工作，你最大的爱好是什么？

　　读书和跑步。

34. 你的人生是否依然有梦想？这个梦想是什么？

　　当然有梦想，现在最大的梦想就是把万纬这个平台做成功。

35. 一生中你有没有不变的信条或者座右铭？

　　诚实、讲真话；坚持读书、坚持学习等，都是我不变的人生信条。

36. 在你面前，未来是一幅怎样的图景？

　　从长远来看，世间万物不过是宇宙发展过程中的一颗粒子、一粒尘埃；短期来看就是如何能够把当前的生活过好，把当前的事情能够做到最好。

毛大庆 MAODAQING

1. 如果你可以和世界上任何人共进晚餐，你会选择谁？

   丘吉尔。

2. 在打一通电话之前，你会排演在电话中说什么吗？为什么？

   不。

3. 你认为最完美的快乐是怎样的？

   做的每件事都是遗愿清单上的事。

4. 如果你可以活到90岁，并能在30岁后让体态或者大脑其中之一一直保持在30岁，你会选哪个？

   大脑。

5. 你最希望拥有哪种才华？

   运动。

6. 你认为自己最伟大的成就是什么？

   让孩子拥有了自由的灵魂。

7. 何时何地曾让你感觉到最快乐？

   在2023年2月完成777挑战赛的时候。

8. 你觉得最奢侈的是什么？

   可以自由掌控时间。

9. 你最糟糕的一段回忆是什么？

   创业中做出的错误决定。

10. 你的人生中是否有过非常尴尬的时刻？

    有。

11. 你上一次在别人面前哭是什么时候？在自己面前哭是什么时候？

    没哭过。

12. 有什么事情或者人是绝对不能开玩笑的？

    生死的事情。

13. 如果你知道你一年之后会死去，你会想改变任何你现在的生活方式吗？为什么？

    会，因为目前还不够100%按意愿做事。

14. 你最珍惜的财产是什么？

    时间和孩子。

15. 你最恐惧的是什么？

    失去时间。

16. 你最痛恨自己的哪个特点？

    不够果断。

17. 你最痛恨别人的什么特点？

    虚伪。

18. 你人生到目前为止最大的教训是什么？

    看错人。

19. 你对自己的外表哪一点不满意？

    高度差一点儿。

20. 你认为自己的哪种美德是被过高地评估的？

    能力。

21. 你最喜欢的职业是什么?

　　画家。

22. 你使用过的最多的单词或者是词语是什么?

　　快乐。

23. 你这一生中最爱的人或东西是什么?

　　自己。

24. 你最后悔的事情是什么?

　　做企业时的错误判断。

25. 如果你可以改变你的家庭一件事,那会是什么?

　　我自己用更多时间去爱他们。

26. 你希望以什么样的方式死去?

　　睡眠中。

27. 人生中你最感激的是谁?

　　父母。

28. 还在世的人中,你最钦佩的是谁?

　　父亲。

29. 你最喜欢女性身上的什么品质?

　　韧性。

30. 你最喜欢男性身上的什么品质?

　　温暖。

31. 你觉得哪一个年龄段是人生最好的阶段?

　　都是。

32. 当钱不是问题时,你最想要过的理想生活是怎样的?

　　干的每件事都是"心愿"。

33. 除了工作,你最大的爱好是什么?

　　写书。

34. 你的人生是否依然有梦想?这个梦想是什么?

　　完成我的"遗愿清单"。

35. 一生中你有没有不变的信条或者座右铭?

　　过好每一天。

36. 在你面前,未来是一幅怎样的图景?

　　非常"精彩"。

刘欣诺

LIUXINNUO

1. 如果你可以和世界上任何人共进晚餐，你会选择谁？

    马斯克。

2. 在打一通电话之前，你会排演在电话中说什么吗？为什么？

    不会，没有这个习惯。

3. 你认为最完美的快乐是怎样的？

    能够convince（说服）自己。

4. 如果你可以活到90岁，并能在30岁后让体态或者大脑其中之一一直保持在30岁，你会选哪个？

    大脑。

5. 你最希望拥有哪种才华？

    看穿未来的能力。

6. 你认为自己最伟大的成就是什么？

    没有。

7. 何时何地曾让你感觉到最快乐？

    从哈佛毕业了。

8. 你觉得最奢侈的是什么？

    几代人的平安和团聚。

9. 你最糟糕的一段回忆是什么？

    不想再回忆。

10. 你的人生中是否有过非常尴尬的时刻？

    没有。

11. 你上一次在别人面前哭是什么时候？在自己面前哭是什么时候？

    疫情中有朋友离开了。自己哭是在南极的时候，同事去世。

12. 有什么事情或者人是绝对不能开玩笑的？

    我不能拿我家人开玩笑，而且不允许别人拿我家人开玩笑。

13. 如果你知道你一年之后会死去，你会想改变任何你现在的生活方式吗？为什么？

    会跟家人把过去缺失的时间补上。

14. 你最珍惜的财产是什么？

    名誉。

15. 你最恐惧的是什么？

    活得不明不白。

16. 你最痛恨自己的哪个特点？

    没有。

17. 你最痛恨别人的什么特点？

    浪费我的时间。

18. 你人生到目前为止最大的教训是什么？

    识人方面的失误。

19. 你对自己的外表哪一点不满意？

    不够高。

20. 你认为自己的哪种美德是被过高地评估的？

    善良。

21. 你最喜欢的职业是什么？

    律师。

22. 你使用过的最多的单词或者是词语是什么?

好的。

23. 你这一生中最爱的人或东西是什么?

我妈。

24. 你最后悔的事情是什么?

没有。

25. 如果你可以改变你的家庭一件事,那会是什么?

未知。

26. 你希望以什么样的方式死去?

在宇宙中飘荡。

27. 人生中你最感激的是谁?

母亲。

28. 还在世的人中,你最钦佩的是谁?

特朗普。

29. 你最喜欢女性身上的什么品质?

母爱慈善。

30. 你最喜欢男性身上的什么品质?

坚强。

31. 你觉得哪一个年龄段是人生最好的阶段?

40岁。

32. 当钱不是问题时,你最想要过的理想生活是怎样的?

三五好友自由穿行天地,做自己想做的事。

33. 除了工作,你最大的爱好是什么?

驾驶。

34. 你的人生是否依然有梦想?这个梦想是什么?

把自己熟悉的行业做好,传承下去。

35. 一生中你有没有不变的信条或者座右铭?

失败是成功之母。

36. 在你面前,未来是一幅怎样的图景?

人类的想法已经跟世界的承载力背道而驰。理想的世界应该多元丰富,但我担心未来是否还能看到南极的企鹅和海豹,对此我是有些悲观的。

冷冰川

LENGBINGCHUAN

1. 如果你可以和世界上任何人共进晚餐，你会选择谁？

   古人。古代任一个朴素真实的人。男女不限。

2. 在打一通电话之前，你会排演在电话中说什么吗？为什么？

   我没有排演。所以我一直害怕电话里交流。

3. 你认为最完美的快乐是怎样的？

   遗憾，我还没有过最完美的快乐。对于我可能因为品德而眷恋一个人。这是一件美好的事情。

4. 如果你可以活到90岁，并能在30岁后让体态或者大脑其中之一一直保持在30岁，你会选哪个？

   体态。

5. 你最希望拥有哪种才华？

   "无法满足"的才华。

6. 你认为自己最伟大的成就是什么？

   自然的位置。

7. 何时何地曾让你感觉到最快乐？

   独处的无聊。

8. 你觉得最奢侈的是什么？

   天然的错误。

9. 你最糟糕的一段回忆是什么？

   一切特意为你而来的贫困都是。

10. 你的人生中是否有过非常尴尬的时刻？

    无聊地探索自我。

11. 你上一次在别人面前哭是什么时候？在自己面前哭是什么时候？

    小时候。我无法感激的时刻。

12. 有什么事情或者人是绝对不能开玩笑的？

    死人的事情。

13. 如果你知道你一年之后会死去，你会想改变任何你现在的生活方式吗？为什么？

    不睡觉了。因为以后要睡的时间太长。

14. 你最珍惜的财产是什么？

    家庭。

15. 你最恐惧的是什么？

    不能自觉。

16. 你最痛恨自己的哪个特点？

    羞怯。

17. 你最痛恨别人的什么特点？

    神话。

18. 你人生到目前为止最大的教训是什么？

    不肯承认的教训。

19. 你对自己的外表哪一点不满意？

    不能动的都不满意。

20. 你认为自己的哪种美德是被过高地评估的？

    良心。

21. 你最喜欢的职业是什么？

    自由作业。

22. 你使用过的最多的单词或者是词语是什么？

    朴素的单词。

23. 你这一生中最爱的人或东西是什么？

    单纯的人和他们的眼神。

24. 你最后悔的事情是什么？

    孩子生得太晚。

25. 如果你可以改变你的家庭一件事，那会是什么？

    转变。

26. 你希望以什么样的方式死去？

    一个人随便躺着。没有什么轮回或另外一次生命来麻烦我。

27. 人生中你最感激的是谁？

    无聊的时间。

28. 还在世的人中，你最钦佩的是谁？

    没有。

29. 你最喜欢女性身上的什么品质？

    自然教养。

30. 你最喜欢男性身上的什么品质？

    灵肉做减法的时候。

31. 你觉得哪一个年龄段是人生最好的阶段？

    无羁的每一个时段。

32. 当钱不是问题时，你最想要过的理想生活是怎样的？

    最简单的感受。

33. 除了工作，你最大的爱好是什么？

    工作以外事的我都喜欢。

34. 你的人生是否依然有梦想？这个梦想是什么？

    初心的初心。

35. 一生中你有没有不变的信条或者座右铭？

    没有座右铭了。

36. 在你面前，未来是一幅怎样的图景？

    无法无天的各种奇点、量变、技术等"随机"、叠加在一起的天翻地覆般的挑战和巨变。

后记

> 你同样也是历史,你的脸往往是你自己的自传。
>
> ——威尔·杜兰特

不知走过多少路,做了多少回访谈,按了多少次快门,点滴记录才得以汇聚成这本集子。

感谢每一位书中的人物,让我们有幸在旁注目、观察,捕捉那些属于未来的历史。这些来自科学、商业、人文和艺术领域的关键人物的故事,正在推动时代前行,这也让我们对每一次出发都充满期待。

以前我认为,我们的工作是收集散落的碎片,为读者拼接人物的一点故事,后来在记录的过程中,我渐渐明白了时间跨度的意义——我们收集的,不是简单的片段,而是生命的珍珠;我们呈现的,不是一张张静止的拼图,而是每一位人物用生命线串联起来的独一无二的项链。

虽然摄影机会往往稍纵即逝,但我们希望,快门所承载的不只是刹那的影像,而是每位人物人生电影里值得铭刻的永恒。

虽然文字有时或许显得局限，但我们希望，它不仅是记录，更是桥梁，连接过往与未来，映照每一个鲜活的灵魂。

我们从不惧怕等待，我们甚至擅长等待。
历史如同一幅描绘人类戏剧的宏伟画布，充满了重复。
我们发现，这些人物的片段总可以在遥远的某些人或某些事上找到微妙的映像，这些看似无形的连接，有一种玄妙而难以言喻的力量，也让每位读者在这些故事里，有机会找寻自己，和自己的内心深处对话。正是这些玄妙的共鸣，让我们的等待充满意义。

那些未知的下一颗珍珠，无论在不在我们的预设里，我们都无比期待。正是这些不可预知的光点，点亮了历史的画卷，赋予生命以意义。

对于让这一切得以发生的每一个人，我们怀有深深的感激。这份感激，如同每颗珍珠的光芒，流淌在我们记录的每一个瞬间之中。

书　贤

2024年12月26日

特别鸣谢
Special Thanks

联合出品人

| 施宏俊 | 方 陆 | 潘 浩 | 杨保成 |

特别鸣谢

刘欣诺　　张　璐　　陈明键　　彭伟宏　　王　石

联合创作

吴浩然　　　　Tina

www.TimeDoc.tv

Copyright © 2001 - 2025 TimeDoc.